IEFI 国际财经中心
International Economics and Finance Institute

2016 世界与中国经济研究

周强武／主编

中国财经出版传媒集团
中国财政经济出版社

图书在版编目（CIP）数据

世界与中国经济研究.2016 / 周强武主编.—北京：中国财政经济出版社，2017.8

ISBN 978－7－5095－7489－8

Ⅰ.①世… Ⅱ.①周… Ⅲ.①世界经济－研究②中国经济－研究 Ⅳ.①F11②F12

中国版本图书馆 CIP 数据核字（2017）第 115474 号

责任编辑：孙　腾　　　　责任校对：徐艳丽

封面设计：汪俊宇　　　　版式设计：录文通

中国财政经济出版社 出版

URL：http：//www.cfeph.cn

E－mail：cfeph＠cfeph.cn

社址：北京市海淀区阜成路甲 28 号　邮政编码：100142

营销中心电话：88190406　北京财经书店电话：64033436　84041336

北京富生印刷厂印刷　各地新华书店经销

787×1092 毫米　16 开　19.5 印张　384 000 字

2017 年 9 月第 1 版　2017 年 9 月北京第 1 次印刷

定价：48.00 元

ISBN 978－7－5095－7489－8

（图书出现印装问题，本社负责调换）

本社质量投诉电话：010－88190744

打击盗版举报热线：010－88190414　QQ：447268889

序言

2016年，全球经济基本延续复苏态势，但复苏动能不足，国际贸易增长低迷，金融和大宗商品市场波动加剧，地缘政治风险累积，特别是在英国脱欧和特朗普当选美国总统后，全球经济不确定性显著上升。在短期政策刺激效果减退，深层次结构性改革尚在推进的当下，全球经济正处在复苏的“十字路口”。

从近期形势来看，美国经济增长势头减弱，2016年GDP增速仅为1.6%，为近6年来最低。特朗普当选美国总统曾一度为美国经济增长带来积极预期，但其医改、税改和基础设施投资等政策主张阻力重重。欧元区经济复苏受到了货币宽松、油价下跌、劳动力市场改善等因素支撑，复苏动能有所增强。英国脱欧对欧洲一体化进程造成重大打击，但其在经济领域的负面影响尚未显现。随着主要国家选举结果出炉，法、德核心作用有望得到进一步加强。日本经济有所改善，连续四个季度保持增长，但受结构性改革迟滞、企业投资不足、个人消费低迷等因素影响，其持续增长前景并不乐观。新兴经济体方面，受大宗商品价格下跌、外部需求疲弱、地缘政治冲突加剧、货币贬值和资本外流等多重因素影响，增速趋于放缓，并继续呈分化趋势。俄罗斯、巴西、南非复苏压力较大，印度、印尼、越南等新兴经济体仍保持相对较快增长。值得关注的是，由于保护主义和内倾倾向抬头，区域合作在2016年遭遇逆风。已达成协议的TPP由于“群主退群”而陷入停滞，TTIP谈判同样被搁置，RCEP谈判也未按预期在2016年年底前结束。作为全球经济增长的重要引擎，区域经贸合作面临的政治压力上升，急需由点带面，尽快取得突破。

作为全球第二大经济体，中国经济运行缓中趋稳、稳中向好，GDP增长6.7%，对全球经济增长的贡献率超过30%，经济发展的质量和效益明显提高。中国还成功主办了G20杭州峰会，取得了一系列开创性、引领性、机制性的重要成果，在全球经济治理中留下深刻的"中国印记"。更难能可贵的是，面对世界经济和贸易增速7年来最低、国际金融市场波动加剧、地区和全球性挑战突发多发的外部环境，面对国内结构性问题突出、风险隐患显现、经济下行压力加大的多重困难，面对改革进入攻坚期、利益关系深刻调整、影响社会稳定因素增多的复杂局面，中国经济顶住了来自国内外的下行压力，交出了令人满意的答卷。

但我们清醒地看到，世界经济增长低迷态势仍在延续，"逆全球化"思潮和保护主义倾向抬头，主要经济体政策走向及外溢效应变数增大，不稳定、不确定因素明显增加。而中国经济仍处在"爬坡过坎"的关键阶段，经济运行存在不少突出矛盾和困难，要想实现GDP增长6.5%甚至更好的结果，仍需要在稳中求进工作总基调下，坚持推进供给侧结构性改革，通过积极的财政政策和稳健的货币政策，推动新旧动能转换和结构优化升级。在这方面，需要我们深入研究、提前谋划的问题还有很多，作为财经研究工作者，我们深感使命艰巨，责任重大。

国际财经中心密切跟踪2016年以来的全球经济走势，并就国内宏观经济、世界经济、区域合作、国别热点等领域的重要问题进行了深入研究。现将2016年部分研究成果汇编成书。本书将是国内财政工作者了解国际财经的良师益友，也将是相关领域研究人员的重要参考。

国际财经中心的同志们将继续加强对重大经济问题的研究，以创新的思维和科学的方法，不断开拓研究思路，继续密切关注国际政治经济形势的发展和国内外因素的变动，继续为世界经济把脉，努力为中国经济发展建言献策。

编者

2017年8月

目　录

第一部分　全球宏观经济

第二部分　亚洲经济

第三部分　欧洲经济

第四部分　美洲经济

第五部分　全球经济治理

■ 第一部分

全球宏观经济

2016年第一季度世界经济形势分析及展望*

2016年第一季度，世界经济温和复苏。美英等发达经济体经济复苏低于预期，欧盟和欧元区通缩阴霾再现，主要新兴经济体下行压力不减反增。政策层面，美联储加息进程放缓，欧央行、日本央行宽松货币政策继续加码，特别是日本央行出台的负利率政策震动全球，悲观情绪有所升温。全球金融市场再现剧烈波动，大宗商品价格持续低位运行，欧元区和日本等通缩压力仍然存在。未来一段时期，美联储加息进程将成为影响世界经济走势最重要的因素，中国力推的国内和G20结构性改革也值得高度关注。

一、第一季度世界经济总体情况

第一季度，全球经济复苏低于预期且不平衡。受美联储加息预期、中国经济增长放缓和日本央行实施负利率等因素影响，全球资本市场大幅波动，受“冻产”影响，大宗商品价格有所反复，但总体仍在低位运行，短期内欧元区和日本难以恢复目标通胀水平。新兴经济体下行压力增大。巴西、俄罗斯经济陷入衰退；印度、越南等新兴经济体虽增长较快但势头有所放缓。

政策层面，主要发达经济体货币政策走势分化。美联储年内加息进程放缓，2016年至多有2—3次加息；欧元区通缩前景依然不容乐观，负利率等超预期宽松货币政策收效甚微，二季度宽松货币政策或继续加码；日本央行1月份实施的负利率政策震动全球，但负利率政策没有伴随着每月资产购买规模的扩张，进一步扩大QQE规模的政策空间或受限。以金砖国家为代表的新兴经济体财政政策走势分化。印度力推“变革印度”计划，加大财政刺激政策的力度；巴西、俄罗斯和南非纷纷减支，以实现财政平衡。

* 本文写于2016年4月15日。

二、主要经济体经济表现

（一）美国

1. 主要经济指标

一季度，美国经济延续了 2015 年四季度的温和扩张态势，就业市场表现强劲，通胀水平有所上升，制造业出现扩张势头，房地产市场较为稳定。但消费活动出现收缩，贸易逆差有所扩大，美元指数大幅下降，一季度 GDP 增长预计将略低于 2015 年四季度 1.4% 的增速。政策方面，3 月份美联储决定维持联邦基金利率 0.25%—0.5% 不变，加息进程或放缓。

就业市场表现强劲。一季度，美国就业市场表现强劲。1—3 月份，美国新增非农就业岗位分别为 15.1 万人、24.2 万人和 21.5 万人，均高于市场预期；失业率 1—2 月份为 4.9%，2008 年以来首次低于 5%，3 月份小幅回升至 5.0%，基本处于美联储预估的充分就业水平；劳动参与率稳步提升，1—3 月份分别为 62.7%、62.9% 和 63%，逐步摆脱了 62.4% 的近 40 年低点，创 2014 年 3 月以来最高水平。

通胀水平稳步上升。美国 1 月份 CPI 环比保持不变，2 月份 CPI 环比下降 0.2%。剔除食品和能源，1 月份、2 月份核心 CPI 同比分别上涨 2.2% 和 2.3%，2.3% 为 2008 年 10 月份以来最大涨幅；核心 PCE 物价指数 1 月份、2 月份同比均上涨 1.7%，创 2014 年 10 月份来最高。一季度因燃料价格走低，CPI 数据出现下滑，但核心 CPI 和 PCE 物价指数等数据稳步上升，表明美国通胀水平正在向美联储 2% 的目标迈进。

制造业出现扩张势头。一季度美国制造业活动逐渐扩张。1 月份 ISM 制造业 PMI 指数为 48.2，2 月份升至 49.5，3 月份突破 50 的枯荣线至 51.8，结束了去年 11 月份以来的收缩态势。3 月份制造业新订单指数创下 11 月份以来新高。一季度或将成为制造业由收缩转为扩张的拐点。

消费活动出现收缩。美国 1 月份、2 月份个人可支配收入环比分别增长 0.5% 和 0.2%，1 月份、2 月份个人消费支出环比均增长 0.1%；1 月份、2 月份，美国商品零售额环比分别下降 0.4% 和 0.1%；而从消费者预期上看，美国 1 月份、2 月份谘商会消费者信心指数分别为 98.1 和 92.2。相对于增加消费支出，居民更倾向于增加储蓄。

房地产市场较为稳定。一季度美国房地产销售温和增长，住宅营建相对稳定，非住宅营建相对疲弱。1 月份、2 月份新屋销售年化总数分别为 50.2 万户和 51.2 万户。1 月份、2 月份成屋销售总数年化分别为 547 万户和 508 万户；1 月份营建支出环比上升 2.1%，2 月份初值微降 1.6%。

贸易逆差略有减少。美国1月份贸易逆差450亿美元，环比增加10亿美元。2月份，进出口均有一定改善，但进口反弹幅度大于出口，贸易逆差增至471亿美元，创近6个月以来新高。修正通胀因素后，2月份贸易赤字为633亿美元，创2015年3月份以来新高。贸易赤字扩大或将拖累一季度经济增速。

美元指数大幅下跌。一季度，受美联储3月份维持联邦基金利率不变、加息进程可能延后等因素影响，美元指数从上年年底的98.7跌至3月底的94.6，跌幅超过4%，创2010年三季度以来最大单季跌幅。

2. 政策措施

3月初，奥巴马政府发布2017财年预算案，2017财年美联邦政府将推动完善国内税制、强化税法执行、推动经济增长和就业、投资基础设施建设、支持小微企业。

2月份，美欧举行了"跨大西洋贸易和投资伙伴关系协定"（TTIP）第12轮谈判，双方就监管合作、贸易规则和市场准入三大议题进行了讨论，取得了一些积极进展，但仍未能达成协议。双方表示计划在上半年完成大部分议题的磋商，力争年底前结束谈判。

货币政策方面，一季度美联储放缓了加息进程。3月份美联储维持联邦基金利率0.25%—0.5%不变，并维持宽松货币政策以支持就业市场发展和通胀率回归2%。2016年加息进程或从之前普遍预期的4次降至2—3次。

（二）欧盟与欧元区

1. 主要经济指标

一季度，欧盟和欧元区通缩压力增加。1—2月份，欧盟和欧元区通胀年率均为0.3%和-0.2%，欧盟和欧元区通胀率再度降至零以下，欧元区3月份通胀率小幅回升0.2个百分点至0%。欧央行预计，2016—2018年，欧元区通胀率将分别为0.1%、1.3%和1.6%。就业市场略有改善。1月份欧盟和欧元区失业率为8.9%和10.3%，环比均下降0.1个百分点；制造业扩张速度放缓，1—3月份，欧元区制造业PMI分别为52.3、51.2和51.4；国际贸易收缩，1月份欧盟进出口额分别为1216亿欧元和1327亿欧元，同比均下降4%。欧元区进出口额分别为1453亿欧元和1391亿欧元，同比分别下降1%和2%；欧央行预测，2016—2018年欧元区GDP增速分别为1.4%、1.7%和1.8%。

欧盟主要经济体中，德国受能源价格大幅下降影响，1—3月份通胀率分别为0.5%、0%和0.3%。就业市场稳定。1—2月份，德国失业率均为6.2%，继续维持历史低位。德国央行预测，德国一季度GDP增速将达0.3%。法国通缩压力加大。1—3月份，法国通胀率分别为0.2%、-0.2%和-0.1%。法国央行预计法国一季度GDP增长0.3%。英国通胀率有所好转。1—3月份，英国通胀率分别为

0.3%、0.3%和0.5%，为2015年1月份以来最高水平。英国央行将英国2016年经济增长预期下调至2.2%；将2017年增长预期下调至2.4%。

2. 主要政策措施

政策方面，欧盟和欧元区推出的政策措施：一是难民政策方面，欧盟将拨款7亿欧元协助相关国家进行难民安置。二是批准总额10亿欧元的一系列跨国合作项目，以促进欧盟边境地区经济和社会发展。三是2016年1月1日全面实施欧洲单一清算机制（SRM）。SRM通过解决欧元区清算问题，对需清算银行制定清算框架提升金融系统弹性，避免金融危机。

法国宣布进入“经济紧急状态”，计划投入20亿欧元，实施“紧急计划”，旨在通过出台激励措施、增加培训项目等举措应对法国失业率等挑战。

货币政策方面，欧央行将主要再融资利率下调5个基点至0%，隔夜贷款利率下调5个基点至0.25%，隔夜存款利率下调10个基点至-0.4%；同时，将每月资产购买规模从600亿欧元增至800亿欧元并至少持续至2017年3月份；2016年6月起，欧央行计划实施新一轮4年期定向长期再融资操作（TLTRO II）。英国央行则维持基准利率0.5%和资产购买规模3750亿英镑不变。

（三）日本

1. 主要经济指标

一季度，日本经济继续平稳复苏，但受新兴经济体增速放缓影响，日本出口和产出疲软。通胀水平依然较低，但若原油价格逐步回升，日本或将在2017财年实现2%的通胀目标。具体来看，日本1月份CPI为102.6，同比持平；2月份CPI为103.2，环比微增0.1%，同比增长0.3%。1月份、2月份服务业PPI均维持在102.5，同比均增长0.2%。就业形势不断改善，失业率维持在较低水平，1月份、2月份失业率分别维持在3.2%和3.3%。家庭支出有所增长，1月份实际消费支出同比下降3.1%，但2月份同比增长1.2%。1月份工业产出环比增长3.7%，但由于日本国内和海外市场需求疲软，2月份环比大幅下降6.2%，创2011年3月份以来最大跌幅。

2. 主要政策措施

货币政策方面，1月29日，日本央行意外宣布引入三级利率体系，分别实施正、零、负利率，部分银行存放在日本央行的存款准备金将适用于-0.1%的利率，以督促QQE增量资金进入实体经济。在负利率政策影响下，日本国债收益率不断创历史新低，导致收益率曲线走平甚至出现倒挂，债市流动性从过去的充裕状态骤然转为紧缩。

财政政策方面，3月29日，日本国会通过了支出总额为96.72万亿日元的2016财年预算案，支出方面，基本支出总额为73.11万亿日元，同比增长约3%。

预计2016财年财政赤字为10.8万亿日元，同比减少2.6万亿日元；债务依存度为35.6%，国债发行总量和债务依存度自2011年以来已连续六年下降。

综合改革政策方面，2016财年，日本社会保障支出同比增加4412亿日元，重点领域：一是调整医疗护理预算；二是基于《2015年经济和财政治理与改革基本政策》主要内容，确定机构改革的政策和路线图，稳步实施各项改革；三是为达到总和生育率为1.8的目标，将增加支出1191亿日元、295亿日元、154亿日元和197亿日元，分别用于提升育儿能力建设、确保育儿人力资源、支持多子女家庭和单亲家庭，以及减轻教育负担。

（四）新兴经济体

1. 主要经济指标

2015年新兴经济体GDP增长3.7%，经济增速持续放缓。2016年一季度，主要新兴经济体经济增长压力加大，贸易下行，债务风险凸显。巴西、俄罗斯陷入衰退，南非增长低迷。总体上，多数其他新兴经济体仍保持中速增长，但受到一系列趋势性和不确定性因素影响，下行压力仍存。

受大宗商品价格低迷、国内政治危机等因素影响，巴西经济正式陷入衰退。2015年巴西经济萎缩3.8%，为1990年以来表现最差的一年。截至2月份，巴西CPI年率同比上升10.36%，远高于2.5%—6.5%的目标区间。失业率高企，1—2月份，巴西失业率分别为7.6%和8.2%。

改革政策继续支持印度经济增长。印度2016年经济增速或为7.4%。1—2月份，印度通胀温和放缓，CPI同比上升5.69%和5.18%。

由于经济制裁、油价下跌、卢布贬值和地缘政治冲突等多重因素影响，俄罗斯经济持续衰退。2015年俄罗斯经济萎缩3.7%。2016年一季度，俄经济或萎缩1%—2%。1—2月份，俄罗斯通胀有所放缓，CPI同比分别增长9.8%和8.1%。

通胀加剧、货币大幅贬值以及财政赤字高企使南非经济面临严峻挑战。2015年南非经济增长1.3%。1—2月份，南非CPI同比增长6.2%和7%，高于3%—6%的目标区间，为2009年5月份以来最高水平。

一季度，新兴经济体中墨西哥、土耳其经济增长相对较好；东盟国家中，2015年越南经济增速创2008年以来新高，其他国家经济温和增长。自身结构性问题以及美元升值导致债务水平大幅攀升是许多新兴经济体面临的共同挑战。

2. 主要宏观经济政策

货币政策方面，在综合考虑通胀前景、经常项目风险和国内外不确定性因素后，巴西央行维持基准利率14.25%不变；为实现通胀目标，俄罗斯央行维持基准利率11%不变；因通胀增速温和放缓，印度央行下调回购利率25个基点至6.5%，为半年来首次降息，达2011年3月份以来最低水平；为遏制通胀并稳定汇率，南非央行两次上调基准利率25个基点至7%。

财政政策方面，印度加大了财政刺激力度，巴西、俄罗斯、南非则纷纷减支。2月29日，印度财政部向议会提交了2016—2017财年预算草案，维持赤字率3.5%的目标不变，支出较上一财年大幅增长10.81%，重点支出领域包括“三农”、基础设施、金融部门、税制改革等，凸显印度政府推行“变革印度”的决心；3月22日，巴西政府宣布将削减更多财政预算以满足2016年的财政目标；油价低迷导致俄罗斯财政收入锐减，俄罗斯暂缓实施针对油气工业的减税计划；为保证财政可持续性，南非政府计划三年内通过削减差旅费、建设、信息和通信等方面的支出以节省250亿兰特财政支出。

整体而言，大宗商品价格持续低迷、发达经济体宏观政策的外溢效应以及国际贸易形势是影响新兴经济体经济增速的主要外部因素。为提振经济增长率，各经济体需致力于解决内部结构性问题，同时应对债务风险。IMF预测，新兴经济体2016年经济增速或为4.3%。

三、大宗商品及资本市场价格走势

（一）大宗商品市场

2016年一季度，全球大宗商品价格持续低位运行，跌幅较2015年四季度有所收窄。1月份大宗商品价格下跌8.1%，其中原油价格大幅下跌18.2%，均价为29.9美元/桶，同比下跌近40%，非能源类大宗商品价格小幅下跌0.2%；2月份大宗商品价格回升2%，为9个月以来首次上涨。其中原油价格上涨3.8%，均价为31.1美元/桶，非能源类大宗商品价格上涨1.4%；一季度，受原油冻产协议有望正式达成、厄尔尼诺现象持续等因素影响，大宗商品价格跌势有所放缓，原油价格超跌反弹。冻产协议及地缘政治冲突或使大宗商品供给过剩的现状有所改善，短期内大宗商品价格有望延续反弹趋势。

（二）资本市场

2016年初，全球股市出现暴跌，2016年第一周全球市值就蒸发2万多亿美元。2月份全球股市也可谓是“哀鸿遍野”，美国、法国等股指持续下跌。进入3月份以来，全球股市迎来上涨行情。综合来看，截至3月30日，美国道琼斯工业平均指数累计上涨1.21%，报17633.11点；标普500指数累计上涨0.55%，报2055.01点；纳斯达克综合指数累计下跌3.2%，报4846.625点；法国CAC40指数累计下跌5.83%，报4366.67点；上证指数累计下跌17.5%，报2919.83点；深证指数累计下跌20.29%，报10094.71点；创业板指数累计下跌20.69%，报

2152.55 点。

汇率市场并未出现剧烈震荡。至 2016 年年中，人民币兑美元汇率或维持在 6.5 的水平。2016 年全年人民币兑美元的贬值幅度在 3%—4%。欧元兑美元第二季度或升至 1.16。英镑兑美元可能回升至 1.46 的水平，预计欧元兑英镑在接下来的几个月里继续跌向 0.76—0.75 区间。一季度，美元兑马来西亚林吉特触及七个月以来最高点的 3.95。美元兑巴西雷亚尔汇率升值，一季度上涨 10.54%，重回 3.6 的重要关口。

四、2016 年第二季度世界经济形势展望

2016 年第二季度，世界经济下行压力仍然较大，仍将面临一系列挑战：一是主要发达经济体货币政策走势分化。美联储 2015 年 12 月正式开启了利率正常化进程，2016 年或有 2—3 次加息；欧洲央行 2016 年 3 月份反其道而行之，进一步扩大量化宽松的货币政策，把基准利率由 0.05% 下调至 0%；日本央行更是实行负利率，持续推动量化宽松的货币政策。美、欧、日等主要发达经济体货币政策分化，或增加全球金融市场波动的风险。二是新兴市场国家经济下行压力依然存在。金砖国家中，巴西、俄罗斯都陷入了衰退，特别是巴西，经济增长持续萎缩，2015 年 GDP 萎缩 3.8%，预计今年将萎缩 3.66%，有可能经济危机、货币危机和政治危机同时爆发。俄罗斯经济也陷入泥潭，未来三年内，俄经济难有实质性改善。三是大宗商品价格恐持续低位运行。大宗商品价格低位运行特别是油价下跌不仅威胁石油出口国经济，对石油进口国的积极影响也相对有限，且进一步压低了主要经济体通胀预期。四是地缘政治风险上升。中东地缘政治风险、朝核问题等加大了亚洲地缘政治风险。此外，乌克兰危机尚未偃旗息鼓，难民危机持续发酵及其引发的诸多社会事件使得欧洲国家社会动荡加剧，政治风险上升。五是恐怖袭击事件频发。土耳其首都安卡拉爆炸案、布鲁塞尔连环爆炸恐怖袭击等冲击波给这些国家带来经济损失的同时，也对这些国家和相关区域的经济发展带来不确定性和不利影响。

总的来看，未来一段时期，世界经济仍将处于国际金融危机后的修复期，政策措施的有效性下降，新的增长动能尚未确立，仍会维持“低利率、低通胀、低增长、高负债”的“三低一高”态势，复苏将依然疲弱乏力。IMF 已将 2016 年全球经济增长预期从此前的 3.4% 下调到 3.2%；世界银行则将 2016 年世界经济增长预期下调至 2.9%；OECD 也将 2016 年全球经济增长预期从 3.3% 调降至 3%，为近五年来最低。

（世界经济课题组）

2016 年第二季度世界经济形势分析及展望*

2016 年第二季度，世界经济总体呈弱复苏态势。英国脱欧成为影响世界经济的“黑天鹅”事件，金融市场和大宗商品市场跌宕起伏。美国经济增势仍然稳健，英国脱欧对英国和欧元区经济的冲击不容小觑。新兴经济体保持中速增长，受外部环境影响，下行风险不减反增。政策层面，美联储加息进程进一步放缓，欧央行、日本央行持续宽松货币政策，全球主要央行货币政策分化迹象减弱。近期英国脱欧的影响在进一步发酵，英国脱欧和美联储加息进程放缓或成为影响世界经济走势的最重要因素。

一、二季度世界经济总体情况

二季度，全球经济复苏力度低于预期。经济增长缺乏动能，贸易增长继续低于经济增速，贸易保护主义抬头，主要金砖国家经济下行压力依存。受英国脱欧、美联储加息进程放缓等因素影响，全球资本市场大幅波动，市场避险情绪升温，美元走强。大宗商品价格企稳回升，受供给侧影响，年内油价有望回升至 60 美元/桶。石油出口国的经济下行压力有望缓解，日本等致力于使目标通胀回升至 2% 的国家也将从中受益。

政策层面，主要发达经济体货币政策分化的迹象有所缓解。美联储加息进程放缓，年内至多有 1 次加息。以金砖国家为代表的新兴经济体致力于实现财政平衡，同时推进结构性改革，促进经济增长。

* 本文写于 2016 年 7 月 11 日。

二、主要经济体经济表现

（一）美国

1. 主要经济指标

二季度，美国经济增长势头较一季度明显加强，就业市场总体稳定，居民消费继续扩大，通胀指标稳步走高，制造业稳定复苏。美国二季度 GDP 增速有望达到2.5%左右。基于5月份新增非农就业数据，美联储6月份并未加息，受英国公投脱欧等因素影响，美联储加息进程或进一步延后。

就业市场总体稳定。二季度，美国就业市场总体表现稳定。4、5月份，美国新增非农就业岗位分别为12.3万人和3.8万人，6月份非农就业数据大幅升至28.7万人，创2015年10月份以来新高。失业率稳中有降，4月份为5.0%，5月份大幅下降至4.7%，创2007年8月份以来新低。劳动参与率出现一定回落，5月份劳动参与率从4月份的62.8%降至62.6%，6月份回升至62.7%，显示仍有部分劳动者选择退出劳动力市场。

通胀指标稳步走高。4月份 PPI 同比上涨2.1%，为2012年3月以来最大增幅；CPI 同比增长2.0%，创2013年7月以来最大升幅；核心 CPI4、5月份同比分别增长2.2%和2.1%。而美联储重要的通胀参考指标核心 PCE 物价指数4月份、5月份同比增速均为1.6%。

制造业延续扩张势头。二季度，受美元走强和海外需求疲软等因素影响的美国制造业继续稳步复苏，制造业 ISM 指数在3月份突破了50的枯荣线后连续4个月保持扩张，并在6月份大幅升至53.2，创近16个月以来新高。

居民消费继续扩大。4月份居民个人收入环比增长0.4%，个人消费支出增长1.0%，增幅创2009年8月以来最高水平；5月份个人收入增长0.2%，个人消费支出增长0.4%。4月份美国商品零售额环比增长1.3%，创一年多以来最大增幅；5月份继续增长0.5%，显示消费增长势头不减。而从消费者预期上看，美国6月份谘商会消费者信心指数从5月份的92.4大幅提高至98，创2015年10月份以来新高。消费扩张将对第二季度 GDP 增速走高形成有力支撑。

房地产市场量价齐升。4月份，美国新屋销售年化61.9万户，较3月份上涨16.6%，新屋价格中值升至32.11万美元，创2008年1月份以来最大单月涨幅；成屋销售4月份环比增长1.7%，5月份扩大至1.8%，成屋销售年化总数创2007年2月份以来新高。成屋价格中值连续51个月上涨。

贸易数据有所改善。美国4月份贸易逆差为374亿美元，略高于3月份修正后的约355亿美元，但较1月份、2月份400亿美元以上的逆差已出现明显改善。5

月份贸易赤字受美元走强影响，再次扩大到400亿美元以上。

美元窄幅震荡。第二季度，美元指数在94.6—96.6的区间内窄幅震荡，但受英国脱欧影响，第二季度末美元走强，美元指数明显走高。

2. 主要政策措施

4月初，美国财政部出台打击税收倒置新规，进一步加强对跨国公司监管，限制美国公司通过并购交易和剥离收益等方式避税。4月份，美欧完成TTIP第13轮谈判。双方在监管合作、中小企业发展方面取得重要进展，但仍有很多敏感议题被搁置。由于英国脱欧公投，TTIP谈判或将面临新变数，今年年内几无可能完成谈判。二季度，希拉里和特朗普基本被锁定为民主党和共和党的总统候选人提名。大选因素对美国宏观经济的影响值得关注。

货币政策方面，受英国公投预期等因素影响，美联储并未在6月份加息，而是继续维持联邦基金利率0.25%—0.5%不变，并密切关注通胀指标和全球经济和金融形势。

（二）欧盟与欧元区

1. 主要经济指标

二季度，欧元区和欧盟通胀率和劳动力市场均有所改善。4—6月，欧元区通胀年率分别为-0.2%、-0.1%和0.1%，通胀率再次回归零以上。欧盟4、5月份通胀年率分别为-0.2%和-0.1%。5月份，劳动力市场略有改善，欧元区和欧盟失业率分别降至10.1%和8.6%。制造业扩张速度加快，4—6月，欧元区制造业PMI分别为51.7、51.5和52.6。资产购买计划有序推进，4—6月，欧央行资产购买计划分别增持851.63亿欧元、851.03亿欧元和815.2亿欧元，购买速度超出预期目标。欧央行预测，2016—2018年，欧元区GDP增速将分别为1.5%、1.6%和1.7%，2016年、2017年增速预期较一季度预测下调0.2个百分点；失业率将分别为10.1%、9.7%和9.3%，较一季度预测分别下调0.2、0.2和0.1个百分点。

欧盟主要经济体中，德国经济依旧强劲，短期商业前景明显改善，7—9月，德国商业景气指数分别为106.7、107.8和108.7，呈持续上升态势。劳动力市场维持改善态势，4—5月，德国就业人口同比均增长1.3%，失业率均为4.2%。受英国公投影响，IMF将德国2016年经济增速上调0.2个百分点至1.7%，但将2017年增速下调0.1个百分点至1.5%。法国国家统计局预测，法国2016年工业、建筑业和服务业等领域将进一步改善，2016年GDP增速或提至1.6%。通缩情况有所好转，4—6月，法国CPI同比分别下降0.2%、持平和上升0.2%。制造业持续萎缩，4—6月，法国制造业PMI分别为48、47.9和48.3，出口订单和就业持续下降。

6月23日，英国举行脱欧公投，“脱欧派”以51.9%比48.1%战胜“留欧派”，英国脱欧的政治进程正式启动。脱欧公投结果超出了国际社会的普遍预期，如顺利推进，英国将在2—3年后正式失去欧盟成员国身份，这必将对全球政治经济格局和国际金融市场产生深刻影响，也将对危机后步履蹒跚的全球经济复苏和区域一体化进程带来冲击。英财政部预测，脱欧将使英国2018年GDP增速较预期下降3.6个百分点，失业人口上升约50万人。严重情形下，GDP增速将较预期下降6个百分点，失业人口上升约80万人。

2. 主要政策措施

政策方面，一是6月份欧盟峰会，各成员国敦促英国政府尽早启动脱欧程序和相关谈判。各成员国首脑与欧央行行长认为，英国启动脱欧将使英经济增速大幅下降，欧盟则面临新的不确定性，并对全球经济产生负面冲击。为应对英国脱欧的挑战，各成员国表示将在欧盟框架下紧密合作，共同推动各项改革，促进经济发展。二是欧委会提交欧盟2017年预算草案，重点关注经济增长、就业和难民问题。

货币政策方面，欧央行维持现行货币政策不变，即欧元区保持现有购债规模不变，主要再融资操作利率、贷款利率和存款利率维持在0%、0.25%和-0.4%。英国脱欧公投后，英国财政大臣奥斯本就英国退欧公投结果发表声明，称英财政部、英央行及各主要金融机构已做好预案应对金融市场波动，并安排充足的互换货币额度确保央行能在必要时以外币贷款，同时提供2500亿英镑资金支援商业银行和市场。

（三）日本

1. 主要经济指标

二季度，日本经济继续平稳复苏，受新兴经济体增速放缓影响，日本出口疲软。通胀水平依然较低，但若原油价格逐步回升，日本有望在2017财年上半年实现2%通胀目标。具体来看，日本4月份CPI为103.4，环比上升0.2%，同比下降0.3%。5月份CPI为103.6，环比上升0.1%，同比下降0.4%。4月份和5月份PPI环比分别下降0.3%和0.2%，同比均下降4.2%。就业基本稳定，日本4月份和5月份失业率均维持在3.2%。制造业平稳发展，6月份制造业PMI初值为47.8，环比增长0.1个点。企业景气指数有所下降，二季度短观大型企业景气指数为12，环比下降1个点。出口市场表现疲软，4月份和5月份出口额同比分别下降10.1%和11.3%；进口额同比分别下降23.3%和13.8%。货币供应方面，日本4月份和5月份M2存量分别为937.9和934.8万亿日元，同比分别增长3.4%和3.3%；M3存量分别为1256.3和1252.8万亿日元，同比分别增长2.8%和2.7%。

2. 主要政策措施

货币政策方面，二季度日本央行维持“QQE+负利率”政策不变，以实现2%

的通胀目标。财政政策方面，日本首相安倍晋三表示，将在 2016 秋季推出大胆的综合经济政策，一是把消费税上调至 10% 的实施时间推迟至 2019 年 10 月；二是进一步推进财政收支改革，避免通缩，促进经济复苏；三是通过构建全民“积极努力型”社会，应对人口老龄化及生育率下降等问题；四是通过公私部门共同努力挖掘潜在需求。

（四）新兴经济体

1. 主要经济指标

2016 年二季度，新兴经济体经济增速持续放缓。主要新兴经济体经济增速继续呈分化态势，贸易形势不容乐观，通胀压力略有缓解。金砖国家中，巴西、俄罗斯持续衰退，南非经济增速环比下降。总体上，新兴经济体仍保持中速增长，但受外部环境不确定性增加、各经济体内部深化改革和结构调整等因素影响，下行风险犹存。

受财政赤字激增、制造业走弱、国内政治环境不稳定等因素影响，巴西经济持续衰退。巴西一季度 GDP 环比萎缩 0. 3%，同比萎缩 5. 4%。截至 5 月份，巴西 CPI 年率同比上升 9. 32%，较上一季度有所回落，但仍高于 2. 5%—6. 5% 的目标区间。失业率高企，截至 5 月份，巴西失业率达 11. 2%，较去年同期大幅上升。

改革政策继续支持印度经济走强。印度一季度 GDP 增速为 7. 9%。4—5 月份，印度通胀压力加剧，CPI 同比上升 5. 47% 和 5. 76%，涨幅创 19 个月新高。

由于油价反弹、货币政策效果显现、外部环境略有好转等多重因素影响，俄罗斯经济艰难复苏。俄罗斯一季度 GDP 萎缩 1. 4%，降幅收窄。4—5 月份，俄罗斯通胀有所放缓，CPI 同比均增长 7. 3%。

矿产品价格大幅下跌、干旱等使南非经济持续遭受打击。南非一季度 GDP 环比下降 1. 2%。4—5 月份，南非 CPI 同比增长 6. 2% 和 7%，接近 3%—6% 的目标区间。南非一季度失业率攀升至 26. 7%，达八年来高位。

二季度，新兴经济体中墨西哥经济增速相对较好；东盟国家中，菲律宾、印尼经济增长成为亮点，其他国家经济温和增长。外部环境进一步恶化、贸易保护主义抬头以及自身结构性问题仍是多数新兴经济体面临的共同挑战。

2. 主要宏观经济政策

货币政策方面，由于通胀高企、经济持续衰退以及国内政治环境恶化，巴西央行维持基准利率 14. 25% 不变；由于通胀预期和通胀风险降低，俄罗斯央行下调基准利率至 10. 5%；印度央行维持基准利率 6. 5% 及存款准备金率 4% 不变；为遏制通胀，南非央行维持基础利率 7% 不变。

财政政策方面，各主要新兴经济体致力于在实现财政平衡的同时促进经济增长：印度进一步放宽对外商直接投资限制，开放包括国防、民用航空、制药等领域的外商投资；巴西代总统特梅尔宣布推出措施降低公共债务、为公共开支增幅设限，并提出2016年巴西财政赤字目标为1705亿雷亚尔（约487亿美元）；考虑到通胀预期，俄罗斯财政部建议将未来三年财政支出锁定在每年15.78万亿卢布（约2428亿美元）的水平。如实现，俄联邦预算的实际支出与2016年相比将减少20%；为保证财政可持续性、粮食安全以及南非农业良好运转，南非财政部将小麦进口关税由每吨911.2兰特提高至1224.31兰特。

整体而言，大宗商品价格触底反弹、英国脱欧引发外部环境不确定性上升以及全球贸易疲软是影响新兴经济体经济增速的主要外部因素。为提振经济增长率，各经济体需加大推进解决内部结构性问题的力度，加强宏观政策协调。

三、大宗商品及资本市场价格走势

（一）大宗商品市场

2016年二季度，全球大宗商品价格继续上涨，较2016年一季度涨幅有所扩大。4月份大宗商品价格上涨4.7%，其中原油价格上涨9.1%，均价为40.7美元/桶，非能源类大宗商品价格上涨2.3%；5月份大宗商品价格继续上升6%，实现连续四个月上涨。其中原油价格上涨12.8%，均价达46美元/桶，非能源类大宗商品价格小幅上涨1.15%；二季度，由于长期价格疲弱改善了市场供过于求的情况，美国与尼日利亚等地原油减产，以及美元贬值，大宗商品价格延续上涨趋势，原油价格持续强势反弹。受原油供给暂时缺乏弹性而英国脱欧后续影响未明等因素影响，短期内大宗商品价格温和上涨趋势有望持续。

（二）资本市场

2016年第二季度，全球主要股指呈现跌势。特别是6月24日英国决定脱欧之后，全球股市出现震荡。欧洲主要股指盘中跌幅一度超过10%，亚太区多数股指也大幅走软。全球股市市值蒸发约2万亿美元。综合来看，截至6月30日，美国道琼斯工业平均指数累计上涨0.77%，报17929.99点；标普500指数累计上涨1.26%，报2098.86点；纳斯达克综合指数累计下跌1.46%，报4842.67点；英国富时100指数累计上涨5.83%，报6504.33点；法国CAC40指数累计下跌1.96%，报4237.48点；德国DAX30指数累计下跌1.17%，报9680.09点；上证指数累计下跌2.38%，报2928.61点；深证指数累计下跌1.06%，报10489.99点；香港恒指累计上涨1.24%，报20794.37点；日经225指数累计下跌2.65%，报15735.21点；韩国KOSPI指数累计上涨0.51%，报1983.7点。

受英国脱欧影响，国际汇率市场也出现震荡。英镑对美元汇率大幅跳水，跌至1985年来最低水平；欧元走弱；美元持续走强；日元上涨；人民币对美元汇率有所贬值。中国外汇交易中心6月27日早上公布，人民币对美元汇率中间价报6.6375点，大幅贬值599点，为2010年12月23日以来最低水平，为2015年8月13日以来最大降幅；6月30日，离岸人民币汇率突然出现“高台跳水”，短短10分钟内跌超400点，从6.6600附近暴跌至6.7021，至2月份以来最低水平，稍后又回升到6.6599附近。短期内，英国脱欧或将使英镑和欧元的汇率进一步贬值，从而推升美元指数，进一步增加人民币兑美元的贬值压力。

四、2016年第三季度世界经济形势展望

2016年第三季度，全球经济仍将受困于弱复苏和低增长，下行风险上升，形势难言乐观：一是英国脱欧带来的不确定性。英国脱欧成为引发全球经济及金融市场剧烈震动的“黑天鹅事件”。英国脱欧放大了市场避险情绪，加剧了全球金融资产的价格波动。同时，可能引发欧元区国家退出欧元区，对欧元区产生系统性挑战，荷兰、丹麦、瑞典和法国的右翼和反移民政党纷纷要求进行脱欧公投。英国进入“脱欧”程序后，欧盟内部是否对英国采取严厉的报复性行动，欧盟其他成员国是否采取跟随行动，均存在不确定性。英国脱欧更大的影响是对全球化的冲击，全球或将走向贸易保护主义。二是美联储加息进程和美国大选对美及世界带来的不确定性。英国脱欧公投压缩了美国加息空间，市场判断美联储12月底前有22%的概率会加息1次，美联储加息进程大幅放缓，降息或提上议事日程；2016年美国大选已进入非常关键的时期，希拉里和特朗普在各项政策方面立场不同，无论最后谁当选都或将会对美及世界的经济、政治等带来一定影响。三是贸易主义保护抬头。世界贸易组织指出，从2015年10月份到2016年5月份，G20出台贸易限制措施的速度，达到2008年金融危机以来的最快水平，全球贸易保护主义有所抬头。这些贸易限制措施或将对全球贸易流动进一步产生负面影响，进而对经济增长带来不利影响。四是地缘政治风险增加。中东地缘政治风险犹存，朝核问题、南海争端、日本新安保法的实施等都将进一步加大亚洲地区的地缘政治风险。此外，英国脱欧、苏格兰或将举行的第二次“独立公投”等也将改变欧洲地缘政治格局。五是恐怖袭击事件频发。土耳其首都安卡拉、比利时首都布鲁塞尔的爆炸袭击带来的恐慌情绪还未散去，美国奥兰多又发生了令人震惊的恐怖枪击案，土耳其伊斯坦布尔国际机场也连遭三起自杀式爆炸袭击，造成数百人伤亡。这些恐怖袭击给美国和土耳其带来巨大冲击，给社会稳定和经济发展带来负面影响。六是自然灾害风险。亚太地区发生“连锁强震”。阿富汗、巴基斯坦、缅甸、日本、菲律宾、巴布亚新几内亚、厄瓜多尔等相继发生强震，这些地震震级较高，发生次数频繁，具有极大的破坏力，造成较大的人员伤亡，并给受灾国带

来巨大的经济损失，对这些国家的经济发展带来不确定性和负面冲击。

总的来看，未来一段时期，全球经济增长仍将疲弱，或将面临新一轮的衰退。世界银行已将2016年全球经济增长预期从此前的2.9%下调至2.4%；同时将2017年的全球经济增长预期从3.1%下调至2.8%；OECD也将2016年全球经济增长预期从此前的3.3%下调至3%，连续第二年创2008年危机以来的最低增速。

（世界经济课题组）

2016 年第三季度世界经济形势分析及展望*

2016 年第三季度，世界经济总体延续了弱复苏态势。英国脱欧的影响有所减弱，欧盟经济整体稳中向好。美国经济继续稳健复苏。新兴经济体保持中速增长，受外部环境等因素影响，复苏力度低于预期。政策层面，美联储暂缓加息进程，欧央行、日本央行持续宽松货币政策，全球主要央行货币政策延续分化态势。G20 杭州峰会成功举办，力求加强宏观政策协调，以创新和结构性改革引领世界经济强劲、可持续、平衡增长。

一、第三季度世界经济总体情况

第三季度，全球经济复苏力度低于预期。经济增长缺乏新的增长点，贸易增长持续低于经济增速。主要发达经济体中，美国通胀指标持续改善，经济或延续强势；英国脱欧对欧盟经济的影响逐渐减弱，通胀水平稳中有升，劳动力市场逐渐向好。主要金砖国家经济下行压力不减。大宗商品价格小幅下跌，振幅收窄。受美联储加息预期等因素影响，资本市场避险情绪升温，四季度美元或重拾强势。

政策层面，美联储第三季度暂缓加息，12 月份加息预期急剧升温。9 月份 G20 杭州峰会发表了《杭州峰会公报》和 28 份具体成果文件，第一次推出衡量结构性改革进展的指标体系，力推结构性改革取得实质性进展。

二、主要经济体经济表现

（一）美国

1. 主要经济指标

* 本文写于 2016 年 10 月 20 日。

三季度，美国经济增长势头较二季度有所增强，就业市场总体稳定，通胀指标继续改善，居民消费和制造业扩张势头有所放缓，房地产市场喜忧参半，贸易逆差维持高位。预计美国三季度 GDP 增长 2% 左右，受益于出口数据改善和企业投资增长提振，二季度 GDP 终值从 1.1% 上调至 1.4%，预示三季度美国经济增速或延续强势。

就业市场总体稳定。三季度，美国就业市场总体表现稳定，7 月份，美国新增非农就业岗位 25.5 万个，延续了 6 月份的势头；8、9 月份新增非农就业岗位分别为 16.7 万和 15.6 万个，基本符合预期。失业率保持基本稳定，7、8 月份均为 4.9%，9 月份小幅升至 5.0%。劳动者对就业市场预期改善，三季度劳动参与率明显回升，9 月份升至 62.9%，为近半年来新高，显示更多劳动者开始进入劳动力市场。

通胀指标持续改善。三季度美国通胀数据继续稳中有升，核心 PCE 物价指数已接近美联储目标值。7 月份 CPI 环比持平，同比增长 0.8%，8 月份 CPI 环比增长 0.2%，同比增长 1.1%；核心 CPI7 月份同比增长 2.2%，8 月份扩大到 2.3%，创近 6 个月来新高；核心 PCE 物价指数 7 月份同比上升 1.6%，8 月份升至 1.7%，已接近美联储 2% 的目标值。

制造业扩张势头放缓。三季度，美国制造业扩张势头较二季度有所放缓，制造业 ISM 指数在 6 月份创下近 16 个月新高后，7 月份回落至 52.6，8 月份继续降至 49.4，自 2 月份以来首次低于 50 的枯荣线，9 月份反弹至 51.5。

居民消费较为疲弱。三季度居民消费支出与二季度相比明显疲软，7、8 月份个人消费支出环比分别增长 0.4% 和 0%；8 月份商品零售总额下降 0.3%，为近半年来首次下降。从消费者预期上看，谘商会消费者信心指数连续 3 个月上涨，从 7 月份的 97.3 升至 9 月份的 104.1，创全球金融危机以来新高。

房地产市场走势分化。三季度以来，美国房地产市场结束上半年量价齐升的态势，新屋和成屋销售出现分化。7 月份美国新屋销售年化总数为 65.4 万户，环比增长 12.4%，创 2007 年 10 月份以来新高，8 月份小幅回落；成屋销售方面，受库存不足和价格上涨等因素影响，7 月份成屋销售总数年化 539 万，环比下降 3.2%，8 月份连续第 2 个月下滑，环比下降 0.9%。

贸易逆差维持高位。6 月份美国贸易逆差 445 亿美元，创 2015 年 8 月份以来最高水平。进入三季度，贸易数据虽有所改善，但逆差规模仍维持在 400 亿美元以上。

美元指数窄幅波动。三季度，美元指数在 94.1—97.6 的区间内窄幅震荡。由于主要经济体货币政策持续宽松，且英国脱欧影响仍在发酵，美元指数已逐步摆脱二季度的低位。随着美联储 12 月份加息预期升温，四季度美元指数或进一步走强。

2. 主要政策措施

随着奥巴马任期即将结束，三季度美国政府经济领域几无新政出台，美国政坛进入“选举时间”。希拉里和特朗普在提振经济、完善税制、改善民生、维护国家安全和重塑美国全球影响力等方面针锋相对，双方支持率非常胶着，大选对美国经济和宏观政策的影响仍在继续发酵。

三季度末，美国政府关门风波再起。最后时刻美国国会批准了临时融资法案以支持联邦政府运营至 12 月份。贸易谈判方面，7 月份 TTIP 第 14 轮谈判在布鲁塞尔举行。但双方未能取得实质性进展。由于欧洲方面态度消极，不排除 TTIP 谈判最终搁浅的可能。TPP 方面，从目前走势看，美国国会年内批准 TPP 也几无可能。

货币政策方面，美联储并没有选择在 9 月份加息，而是继续维持联邦基金利率 0.25%—0.5% 不变，货币政策立场仍然保持宽松，以支持劳动力市场进一步改善，使通胀水平回归 2% 的目标水平。结合美联储官方表态分析，12 月份加息的概率大幅增加。

（二）欧盟和欧元区

1. 主要经济指标

三季度，欧盟和欧元区通胀走势稳中有升。7—9 月份，欧盟通胀率分别为 0.2%、0.3% 和 0.4%，欧元区分别为 0.2%、0.2% 和 0.4%。劳动力市场基本稳定。7、8 月份，欧盟失业率均为 8.6%，为 2009 年 3 月份以来最低；欧元区失业率均为 10.1%，为 2011 年 7 月份以来最低。青年失业问题有所改善。8 月份欧盟、欧元区青年失业率分别为 18.6% 和 20.7%，同比分别下降 1.5 和 1.6 个百分点。制造业扩张速度加快。7—9 月份，欧元区制造业 PMI 分别为 52、51.7 和 52.6。其中，9 月份出口订单增速创两年半以来最高水平。9 月份欧央行预测，2016—2018 年，欧元区 GDP 增速将分别为 1.7%、1.6% 和 1.6%。

主要经济体中，德国通胀率稳中有升，7—9 月份，通胀率分别为 0.4%、0.4% 和 0.7%。9 月份通胀率创 2015 年 5 月份以来最大增幅。劳动力市场进一步改善，但就业人口增速放缓。7—9 月份，德国失业率分别为 6%、6.1% 和 5.9%。德国经济部预测 2016—2018 年，德国经济增速分别为 1.8%、1.6% 和 1.6%。英国通胀率走势稳定，7、8 月份，英国通胀率均为 0.6%。劳动力市场表现好于预期，5—7 月份失业率均为 4.9%，环比持平，公投并未对劳动力市场造成冲击。欧委会在英国脱欧公投后发布评估报告称，英国脱欧将使英国 GDP 损失 1%—2.75%。法国通胀率走势平稳。7—9 月份，法国通胀率分别为 0.2%、0.2% 和 0.4%。制造业萎缩幅度收窄。7—9 月份，法国制造业 PMI 分别为 48.6、48.3 和 49.5，仍处于荣枯线下方。IMF 预测，2016 年、2017 年法国 GDP 增速均为 1.5%。

2. 主要政策措施

政策方面，一是欧盟理事会批准欧委会2017年预算草案。安全与公民项预算承诺款和预算支付款较2016年将分别增加4.9%和24.4%；增长与就业竞争力项目预算承诺款和预算支付款较2016年增长约9%。二是欧盟召开了首次没有英国参加的欧盟峰会，就移民、经济增长和域内外安全等议题展开讨论，并形成《布拉迪斯拉发路线图》。三是欧委会拟采取措施降低初创企业和城市发展项目融资难问题：其一，设立联合投资基金为初创和中小企业提供融资；其二，设立城市发展基金以支持公共交通等城市可持续发展项目。

货币政策方面，三季度欧央行分别维持主要再融资利率、隔夜贷款利率和隔夜存款利率在0.00%、0.25%和-0.40%不变。此外，欧央行将维持每月800亿欧元资产购买计划至2017年3月底。欧央行与中国央行签署的货币互换协议将延期三年，互换规模维持3500亿元人民币（或450亿欧元）不变。英国央行将利率下调25个基点至0.25%，并将资产购买规模提升600亿英镑至4350英镑。

（二）日本

1. 主要经济指标

三季度，由于就业、收入和企业收益等状况改善，日本经济继续平稳复苏。日本内阁府预计日本2016财年实际GDP增长0.9%，名义GDP增长2.2%；CPI增长0.4%。但受外部需求不足影响，日本出口部门表现疲软，消费和投资需求仍缺乏增长势头。受新兴经济体增速放缓、英国脱欧、金融及商品市场波动以及地缘政治等因素影响，日经济复苏进程依旧缓慢。

具体来看，三季度日本通缩压力有所增加：7、8月份CPI分别为99.6和99.7，同比分别下降0.4%和0.5%。就业形势有所改善，7、8月份失业率分别为3.0%和3.1%，7月份失业率创21年来新低，女性失业率降至2.7%，为1993年9月份以来最低。制造业回升迹象明显，7月份制造业PMI初值为49.0，创4个月来最低；8月份制造业PMI初值为49.6，环比增长0.3个点；9月制造业PMI终值为50.4，实现7个月来首次扩张。出口市场表现疲软，7月份和8月份出口额同比分别下降14%和9.6%；进口额同比分别下降14.4%和17.3%。

2. 主要政策措施

日本政府通过实施“2016年经济和财政管理改革基本政策”、“2016年日本复兴战略”、“2016年应对人口减少战略和地方经济振兴计划”等应对通货紧缩，振兴经济，巩固财政。货币政策方面，日本央行继续维持利率-0.1%和每年80万亿日元购债速度不变，同时公布了控制收益率曲线的新框架。新框架下，日央行将控制短期和长期利率，并扩大货币基础供应直至CPI超过2%的目标。此外，日央行对当前的货币政策进行了综合评估，肯定了量化宽松货币政策的成效。财政政策方面，日本未来的政策重心在于拉动投资：一是加快构建“全民积极努力型”社会；二是建设适应 21 世纪的基础设施以促进旅游和农产品出口；三是为中小企业提供融资支持，以应对英国脱欧等外部风险；四是加快熊本县灾后重建工作。

（四）新兴经济体

1. 主要经济指标

2016 年三季度，新兴经济体经济增速有所回升。主要新兴经济体经济增速继续呈分化态势，贸易持续疲软，通胀小幅放缓。金砖国家中，巴西持续衰退，俄罗斯经济降幅收窄，印度经济增速回落，南非失业率创 8 年来新高。总体上，多数其他新兴经济体仍保持适度增长，IMF 预计新兴经济体 2016 年 GDP 增速将加快至 4.2%。

受原材料价格下跌和国内政治环境不稳定等因素影响，巴西经济持续衰退，经济前景脆弱。巴西二季度 GDP 环比萎缩 0.6%，同比萎缩 3.8%，为连续第六个季度负增长。巴西 9 月份 CPI 年率同比上升 8.48%，较二季度略有下降，仍远高于 2.5%—6.5% 的目标区间。失业率持续上升。5—7 月份，巴西失业率达 11.6%，高于 2—4 月份的 11.2%。

农业和采掘业不振，以及私人投资和消费疲软拖累印度经济增长。印度二季度 GDP 增速为 7.1%，为 2014 年 6 月份以来最低水平。7—8 月份，印度通胀继续承压，CPI 同比上升 6.07% 和 5.05%。

由于原油需求增加、宽松货币政策发力、工业交通等部门增幅明显等多重因素影响，俄罗斯经济持续复苏。俄罗斯二季度 GDP 同比萎缩 0.6%，降幅收窄。截至 9 月份，俄罗斯通胀率缓慢下降，CPI 同比增长 6.6%。

采矿业、制造业和金融行业回暖提振南非经济恢复正增长。南非二季度 GDP 增长 3.3%；7—8 月份，南非 CPI 同比增长 6% 和 6.3%，基本达到 3%—6% 的目标区间。南非二季度失业率攀升至 26.6%，达八年来高位。

三季度，亚洲新兴经济体增长韧性较强；东盟国家中，菲律宾、印尼经济保持高速增长，其他国家经济增速温和上升。大宗商品收入下降、全球贸易进一步放缓以及自身经济结构调整与转型仍是多数新兴经济体面临的共同挑战。

2. 主要宏观经济政策

货币政策方面，为遏制通胀，巴西央行维持基准利率 14.25% 不变；考虑到通胀风险降低，俄罗斯央行连续两次下调基准利率至 10%；印度央行下调回购利率至 6.25%，为 2010 年 11 月份以来最低水平；由于通胀预期改善、经济前景低迷，南非央行维持基础利率 7% 不变。

财政政策方面，各主要新兴经济体积极推进财税改革：印度通过了商品服务税（GST）宪法修正案，旨在简化复杂、混乱的税制，在中央和地方建立税率相同、明晰统一的消费税征收体系；为削减赤字并降低政府债务负担，巴西政府拟拍卖30个基础设施建设项目的经营权或资产，引入私人资本；为解决赤字高企的问题，俄罗斯财政部建议未来三年削减6%的军费开支，可减少2017财年预算支出1900亿卢布；为促进经济增长，增加就业，南非财政部拨款1.8亿兰特用于升级10个工业园区。

整体而言，发达经济体经济复苏低于预期、全球化进程放缓以及英国脱欧的溢出效应是影响新兴经济体经济增速的主要外因。为改善增长前景，各经济体需协调运用货币、财政和结构性政策，不断推进结构性改革进程，保持政策的一致性和连贯性。

三、大宗商品及资本市场价格走势

（一）大宗商品市场

三季度，由于库存过剩、美国原油供给小幅上升、英国脱欧的影响持续发酵，原油价格震荡中下行；全球大宗商品价格小幅下跌，较二季度有所回落。7月份大宗商品价格下降2.4%，为今年1月份以来首次月度下跌。其中原油价格下跌7.3%，均价为44.2美元/桶，非能源类大宗商品价格上涨0.52%。8月份大宗商品价格微降0.1%，其中原油价格上涨1.4%，均价达44.8美元/桶，非能源类大宗商品价格下跌2%。9月份大宗商品价格略降0.4%，其中原油价格微涨0.5%，均价达45.1美元/桶，非能源类大宗商品价格下跌1.7%。受中国建筑业回暖和基础设施建设增加影响，短期内大宗商品价格有望温和回升，原油价格或恢复上行通道。

（二）资本市场

2016年第三季度，全球主要股指呈现涨势。综合来看，截至9月30日，美国道琼斯工业平均指数累计上涨2%，报18308.15点；标普500指数累计上涨3.11%，报2168.27点；纳斯达克综合指数累计上涨9.24%，报5312点；英国富时100指数累计上涨4.89%，报6899.33点；法国CAC40指数累计上涨4.08%，报4448.26点；德国DAX30指数累计上涨7.52%，报10511.02点；上证指数累计上涨2.46%，报3004.7点；深证指数累计上涨1.04%，报10567.58点；香港恒指累计上涨12.04%，报23297.15点；日经225指数累计上涨4.89%，报16449.84点；韩国KOSPI指数累计上涨2.83%，报2043.63点。

汇率市场继续震荡。英镑对美元汇率继续跳水，屡次刷新31年来的低点；美元持续走强；人民币汇率波动加大，兑美元中间价和即期汇率继续双双下跌，中间价波动幅度显著增大。2016 年 9 月 30 日，银行间外汇市场人民币汇率中间价为 1 美元兑人民币 6.6778 元，1 欧元兑人民币 7.4880 元，100 日元兑人民币 6.6012 元。

四、2016 年第四季度世界经济形势展望

2016 年第四季度，世界主要经济体经济增长态势分化，全球经济增长不确定性上升，国际经济政策协调难度及面临风险进一步增加。

一是美国大选或将对美及世界带来不确定影响。2016 年美国总统大选将于 11 月 8 日落下帷幕，希拉里和特朗普最后谁能胜出，必将对美国及世界经济与政治等带来深远影响。二是主要经济体宏观经济政策进一步分化。欧元区、日本均实施了负利率政策，但成效不及预期；美国则处于加息通道中，大概率在第四季度加息，势必对其他经济体带来冲击。主要经济体宏观经济政策分化一定程度上增加了国际经济政策协调的难度。三是大宗商品价格持续低迷。一些能源和资源出口国受大宗商品价格低迷影响，经济增长前景尚不明朗。四是地缘政治风险增加。朝鲜进行了第五次核试验，美国在韩国部署"萨德"反导系统等进一步加大了东亚的地缘政治风险。五是自然灾害频发。6 月底至 7 月初，中国长江中下游地区遭受了严重的洪涝等自然灾害，直接经济损失高达上百亿元。台风"狮子山"和"莫兰蒂"分别登陆日本、中国、朝鲜等地，意大利中部地区遭遇强震。频发的自然灾害给许多国家的经济发展带来不确定性。

总的来看，未来一段时期，全球经济将维持弱复苏态势。2016 年将是全球 GDP 增速连续低于长期均值 3.7% 的第 5 年，2017 年很可能延续此增长态势。发达经济体仍没有摆脱经济危机的影响，劳动生产率增速放缓；新兴经济体外部不确定性不减反增。世界主要经济体应落实 G20 杭州峰会达成的共识，综合运用货币、财政、结构性改革等各种政策工具应对全球经济增长低迷等突出问题，以创新和结构性改革引领世界经济强劲、可持续、平衡增长，避免全球经济陷入低增长陷阱。

（世界经济课题组）

2016 年第四季度世界经济形势分析及展望*

2016 年第四季度，世界经济仍处于缓慢复苏进程中。发达经济体结构性改革进程总体迟缓，基础设施和企业设备投资相对低迷，经济增长内生动力不足。美国经济有望继续温和复苏，短期内可能有所加速。欧元区、日本结构性改革滞后，短期内很难摆脱低增长态势。新兴经济体在世界经济增长中的作用继续上升。但外部需求低迷、债务高企、劳动生产率提升放缓等问题对新兴经济体形成了不小制约。特朗普当选美国总统成为继英国脱欧公投后又一次“黑天鹅事件”。世界经济的复杂性、不稳定性、不确定性进一步凸显，有可能继续出现一些出乎意料的“黑天鹅”。

一、第四季度世界经济总体情况

第四季度，全球经济复苏力度低于预期，贸易持续低迷，贸易增幅持续低于经济增速。主要发达经济体中，美国经济复苏态势明显，美联储步入加息通道，12 月份美联储加息 25 个基点至 0.5%—0.75%；失业率持续低于 5%，基本实现充分就业。特朗普当选美国总统后国际汇率市场激烈震荡。特朗普新政完全落实有一定难度，但有助于提升经济信心，2017 年美国经济短期内或维持强势。欧洲经济增速有所放缓。欧央行继续采取超宽松货币政策，欧元汇率持续低位震荡。日本经济维持低速增长。超宽松货币政策有效性受限。四季度日本再次推出财政刺激计划，推迟上调消费税。新兴经济体整体温和复苏，受大宗商品价格和原油价格回升影响，资源依赖型国家整体经济表现企稳回升。亚洲国家相对较快增长，印度经济维持增势，俄罗斯经济有起色，巴西经济持续低迷。

* 本文写于 2017 年 1 月。

二、主要经济体表现

（一）美国

1. 主要经济指标

四季度，美国经济维持增势，失业率再创新低，通胀指标继续改善，居民消费小幅扩张，制造业和房地产市场走强，贸易逆差有所扩大。近期数据显示，三季度美国经济增速终值上调至 3.5%，创 2014 年以来新高。受经济强劲增长、就业和通胀指标改善等因素影响，12 月份美联储宣布基金利率加息 25 个基点。

失业率再创新低。四季度，美国就业市场表现强劲，11 月份失业率降至 4.6%，再创金融危机以来新低，如不考虑劳动力市场退出状况，美国经济已经接近充分就业。11 月份，劳动参与率降至 62.6%，为近半年来新低，大幅低于 9 月份 62.9% 的高点。新增非农就业岗位月均保持在 15 万个以上。

通胀指标持续改善。10 月份 CPI 环比增长 0.4%，同比增长 1.6%，11 月份环比增长 0.2%，同比增长 1.7%；10 月份核心 PCE 物价指数同比增长 1.7%，11 月份为 1.6%。通胀状况也接近美联储 2% 的通胀目标。

制造业持续走强。美国制造业扩张势头较三季度明显加强，制造业 ISM 指数连续三个月上升，在 12 月达到 54.7，创两年来新高。大部分制造行业出现扩张态势，企业新订单和雇员人数明显上升。耐用品订单四季度出现波动，但除飞机以外的非国防资本耐用品订单保持增长，显示企业投资仍在扩大。

居民消费小幅扩张。10 月份个人消费支出环比增长 0.4%，11 月份小幅增长 0.2%。10 月份个人收入环比增长 0.6%，11 月环比基本持平。从预期看，居民对短期经济形势和个人收入较为乐观，谘商会消费者信心指数连续 3 个月上涨，从 10 月份的 98.6 升至 12 月份的 113.7，创 2001 年 8 月份以来新高。

房地产市场持续向好。10 月份新屋销售年化总数为 49.5 万户，环比增长 10.7%，11 月份继续环比增长超过 4%，同比增幅超过 9%。成屋销售方面，10 月份成屋销售总数年化 557 万套，环比增长 2%，11 月成屋销售总数升至 561 万套，创 2007 年 2 月份以来新高。

贸易逆差小幅扩大。受强势美元的影响，第四季度美国贸易逆差小幅扩大。10 月份贸易逆差升至 424 亿美元，11 月份扩大至 452 亿美元。11 月份进口额受原油价格上升等因素影响，升至 2311 亿美元，创逾一年以来新高，而出口规模小幅下降，导致贸易逆差有所扩大，预计将对第四季度 GDP 增速形成一定拖累。

美元指数持续走强。第四季度，受美联储加息预期和特朗普当选等因素影响，美元指数持续走强，从 95.4 一度涨至 103，其他主要货币兑美元纷纷走弱。由于美国经济强劲增长，美联储2017年或加息2—3次，短期内美元或维持强势。

2. 主要政策措施

11月份，特朗普当选美国总统，美政坛进入“过渡期”。特朗普宣布了“百日新政”，从其政策主张看，大规模减税和扩大基础设施投资将是其上任伊始的优先事项，TPP、TTIP被搁置，奥巴马任内出台的《平价医疗法案》和《多德·弗兰克法案》或被废除。随着特朗普就任总统，美内外经济政策出现大幅调整已成定局。

货币政策方面，12月份美联储在时隔一年之后再次宣布加息，将联邦基金利率目标区间提升25个基点至0.5%—0.75%，继续维持宽松货币政策以进一步加强劳动力市场和实现通胀目标。本次加息符合市场预期，美国经济正向着美联储的通胀和就业双重目标迈进。2017年美联储或加息2—3次，但加息节奏和力度取决于美国经济的实际表现，特朗普就任后的经济政策或对美联储加息进程产生影响。

（二）欧洲

1. 主要经济指标

四季度，欧盟和欧元区通胀率持续回升。10—12月份，欧元区通胀率分别为0.5%、0.6%和1.1%，创两年来新高；10—11月份欧盟通胀率为0.5%、0.6%。欧央行预测，2016—2019年，欧元区通胀率分别为0.2%、1.3%、1.5%和1.7%。劳动力市场保持稳定，青年失业率问题进一步改善。10—11月份，欧元区失业率均为9.8%，为2009年7月份以来新低；欧盟失业率为8.4%和8.3%，为2009年2月份以来新低。截至11月份，欧元区和欧盟青年失业率分别为21.2%和18.8%，同比分别下降0.6和0.7个百分点。欧央行预测，2016—2019年欧元区失业率分别为10%、9.5%、9.1%和8.7%，失业率将持续改善。制造业扩张速度加快。10—12月份，欧元区制造业PMI分别为53.5、53.7和54.9，为2011年4月份以来最高。其他类PMI也高于预期，表明欧洲经济将进一步复苏。欧央行预测，2016—2019年，欧元区GDP增速分别为1.7%、1.7%、1.6%和1.6%。英国脱欧进程复杂程度超出预期，难民问题等使欧洲经济面临新的不确定性。

欧洲主要经济体中，德国通胀率加速上升，10—12月份，通胀率分别为0.8%、0.8%、1.7%，为2013年7月份以来最高。劳动力市场表现稳定。10—11月份，德国失业率均为4.1%。制造业加速扩张。10—12月份，制造业PMI分别为54.4、54.3和55.6，为35个月以来新高，德国制造业产出和新增就业均大幅扩张。英国通胀率企稳回升。10—11月份，英国通胀率分别为0.9%和1.2%，创2014年10月份以来新高。劳动力市场进一步改善，8—10月份失业率均为4.8%，为2005年7月份以来最低；就业率为74.4%，环比下降0.1个百分点。英国商会将英国 2016、2017 年 GDP 增速上修至 2.1%、1.1%，2018 年 GDP 增速下修至 1.4%；预测 2017、2018 年通胀率为 2.1%、2.4%；2016—2018 年家庭消费增速为 2.7%、0.6%、0.6%；商业投资增速为 -0.8%、-2.1%、-0.3%；出口增速分别为 2.6%、2.3%、2.9%。法国通胀率温和增长。10—12 月份，法国通胀率分别为 0.4%、0.5% 和 0.6%。制造业加速扩张。10—12 月份，法国制造业 PMI 分别为 51.5、51.7 和 53.5，创 67 个月以来新高。法国央行预测，2016—2019 年，法国 GDP 或增长 1.3%、1.3%、1.4% 和 1.5%，通胀率分别为 0.3%、1.2%、1.4% 和 1.5%，2017 年公共预算赤字 GDP 占比或降至 3.1%。

2. 主要政策措施

政策方面，欧盟和欧元区，一是就气候变化融资达成一致，承诺 2020 年前，每年与其他发达国家一同拉动 1000 亿美元资金用于应对气候变化。二是就扩大"欧洲战略投资基金"（EFSI）覆盖面达成一致。根据协议，EFSI 将覆盖欧盟 28 个成员国，以推动投资、就业和经济增长。三是 12 月份欧盟峰会就延长 EFSI 并扩充财政能力达成一致，此举将在 2020 年前带动至少 5000 亿欧元投资。四是将改善欧盟电商企业增值税环境，使消费者和企业，尤其是创业公司和中小企业更容易在线购买和销售商品及服务。五是与加拿大签署《综合经济与贸易协定》（CETA），旨在削减关税，加强经济关系，创造就业和带动经济增长。

货币政策方面，欧央行分别维持主要再融资利率、隔夜贷款利率和隔夜存款利率在 0.00%、0.25% 和 -0.40% 不变。此外，将资产购买计划延长至 2017 年 12 月份。其中，4 月份起将月购买规模降至 600 亿欧元。英国央行维持利率 0.25% 不变，并分别维持企业债采购规模和资产采购规模 100 亿英镑和 4350 亿英镑不变。

（三）日本

1. 主要经济指标

四季度，日本经济持续温和复苏，出口恢复增长，商业固定投资持续温和增长，就业率和收入稳定增长，内需呈上行趋势。预计未来一段时期，日本经济将温和扩张，OECD 预测日本 2016、2017 年 GDP 增速为 0.8% 和 1.0%，较 9 月份分别上调 0.2 和 0.3 个百分点。

具体看，日本 10 月份 CPI 为 100.4，环比上升 0.6%，同比上升 0.1%。11 月份 CPI 为 100.4，环比持平，同比上升 0.5%；就业形势不断改善，预计四季度日本失业率维持在 3% 左右，10—11 月份分别为 3% 和 3.1%。制造业有所改善，日本 10 月份制造业 PMI 终值为 51.4，环比增长 1 个百分点，为 9 个月以来最高；11 月份制造业 PMI 初值为 51.4，环比下降 0.3 个百分点；出口市场有所改善，日本 10 月份贸易盈余 1114.66 亿日元，时隔 7 个月再次恢复盈余。其中，出口额 6.54 万亿日元，环比下降 2.1%；进口额 6.43 万亿日元，环比下降 13.4%；11 月份贸易盈余1525.13亿日元。其中，出口额5.96万亿日元，同比下降0.4%；进口额5.8万亿日元，同比下降8.8%。

2. 主要政策措施

货币政策方面，日本央行维持-0.1%利率不变，继续实施“质化量化宽松货币政策和收益率曲线控制”，以实现2%通胀目标。

财政政策方面，近日，日本内阁通过总额97.45万亿日元（约5.77万亿元人民币）的2017财年预算案，创历史新高。其中，社保支出32.47万亿日元，同比增加4997亿日元。同时，因消费税率上调而计划向养老金低收入人群发放的补贴，将因增税延期暂不实施。重点实施政策中，“一亿总活跃”政策相关预算安排2.94万亿日元，日俄经济合作安排35亿日元，国防支出连续五年增长，达5.13万亿日元，创历史新高。新发国债额34.37万亿日元，虽然政府通过低估国债利息和积极筹措税外收入将国债新发额控制在不超过上年度的水平，但新发国债规模仍高达财政收入的35.3%。

（四）新兴经济体

1. 主要经济指标

2016年四季度，新兴经济体继续保持适度增长。主要新兴经济体经济增速继续呈分化态势，贸易、投资持续疲软，通胀有所放缓。金砖国家中，巴西经济持续低迷，俄罗斯经济有所改善，印度经济仍维持快速增长，南非经济增长放缓、失业率高企。总体上，新兴经济体多数国家经济增速温和上升，世行预计新兴经济体2017年GDP增速将加速至4.2%。

由于投资、家庭消费和出口均表现不佳，巴西经济持续衰退。巴西三季度GDP环比萎缩0.8%，同比萎缩2.9%，为连续第七个季度负增长。巴西10月份、11月份CPI年率同比上升7.87%和6.99%，较三季度略有下降，全年通胀率为6.29%，处于2.5%—6.5%的目标区间。失业率升至2012年以来最高水平。9—11月份，巴西失业率达11.9%，略高于6—8月份的11.8%。

受积极货币政策影响，印度经济保持增势。印度三季度GDP增速为7.3%，环比增长0.2个百分点。10—11月份，印度通胀压力有所缓解，CPI同比上升4.2%和3.63%。

由于大宗商品价格逐步回升、卢布汇率走强、进口替代政策取得一定成效，俄罗斯经济适应性增强，出现企稳迹象。俄罗斯三季度GDP同比萎缩0.4%，全年GDP增长率为-0.5%，降幅继续收窄。俄罗斯2016年通胀率缓慢下降，CPI同比增长5.4%。

贸易疲软以及制造业、农林渔业和能源行业出现不同程度萎缩，拖累南非经济增长。南非三季度GDP增长0.2%，环比大幅放缓；10—11月份，南非CPI同比增长 6.4% 和 6.6%，略高于 3%—6% 的目标区间。南非二季度失业率攀升至 27.1%，创 2003 年以来新高。

亚洲新兴经济体整体表现较好。东盟国家中，印尼、泰国经济保持较快增长，其他国家经济增速温和上升。全球贸易与投资进一步放缓、美联储加息、生产率增长迟缓是多数新兴经济体面临的共同挑战。

2. 主要宏观经济政策

货币政策方面，为提振经济增长，巴西央行两次下调基准利率 50 个基点至 13.75%；考虑到通胀风险，俄罗斯央行维持基准利率 10% 不变；印度央行维持基准利率 6.25% 不变；由于商业与消费者信心低迷，经济前景仍存在不确定性，南非央行维持基础利率 7% 不变。

财政政策方面，各主要新兴经济体高度重视财政政策在促进经济增长方面发挥的作用，重视实现财政平衡：印度总理莫迪于 12 月份宣布废除面值 500 卢比和 1000 卢比的钞票，旨在打击腐败和伪造货币行为；为促进消费，巴西政府提高劳动者月最低工资标准至 937 雷亚尔；为提振出口，俄罗斯政府通过支持出口计划，2017 年将拨付 260 亿卢布用于补贴出口商。

整体而言，贸易保护主义抬头、美联储加息以及主要经济体政策的不确定性是影响新兴经济体经济的外部因素。为继续增强经济适应性与增长活力，各经济体需加强货币政策、财政政策和结构性改革的宏观协调，加大基础设施建设投资，以有效创造就业机会，提高劳动生产率。

三、大宗商品及资本市场价格走势

（一）资本市场

四季度，OPEC 达成减产协议，同意从 2017 年 1 月份开始将原油日产量降至 3250 桶，持续时间 6 个月。消息公布后，原油价格震荡中上行，全球大宗商品价格止跌回升，较 2016 年三季度有所上涨。10 月份大宗商品价格上涨 5.6%，其中原油价格上涨 9.4%，均价为 49.29 美元/桶，非能源类大宗商品价格微涨 0.77%。11 月份大宗商品价格下降 1.4%，其中原油价格下跌 8.1%，均价达 45.28 美元/桶，非能源类大宗商品价格上涨 3.56%。由于 OPEC 减产协议即将生效，原油价格有望在短期内走高。长期来看，考虑到需求下行、美国页岩油增产，以及 OPEC 成员有不遵守减产协议的可能性，原油价格或涨幅有限。

（二）资本市场

四季度，全球主要股指大多继续呈现涨势。综合来看，截至 12 月 31 日，美国道琼斯工业平均指数累计上涨7.94%，报19762.6点；标普500指数累计上涨3.25%，报2238.83点；纳斯达克综合指数累计上涨1.34%，报5383.12点；英国富时指数累计上涨3.53%，报7142.83点；法国CAC40指数累计上涨9.31%，报4862.31点；德国DAX30指数累计上涨9.23%，报11481.06点；上证指数累计上涨3.29%，报3103.64点；深证指数累计下跌3.69%，报10177.14点；香港恒指累计下跌5.57%，报22000.56点；日经225指数累计上涨16.2%，报19114.37点；韩国KOSPI指数累计下跌0.85%，报2026.16点。

汇率市场继续震荡。12月15日，美联储宣布加息25个基点，当日美元指数暴涨，一度涨超1%至103.15，为2003年1月6日以来首次突破103关口；受美联储加息影响，包括人民币、日元等在内的一系列亚洲货币相继暴跌，其中人民币中间价不断下调，12月16日跌破6.95，创2008年5月份以来新低。由于意大利公投失败、意总理提出辞职，致使欧元暴跌。在意总理提出辞职讲话期间，欧元兑美元跌幅扩大至逾1.4%，创2015年3月以来新低。

四、2017年世界经济展望

2017年，世界经济复杂多变，不确定性明显增加。世界经济或在不确定性中维持弱复苏态势：

一是一系列“黑天鹅事件”增加了世界经济的不确定性。特朗普当选美国总统、意大利公投、朴槿惠闺蜜干政门等一系列“黑天鹅事件”都将对美国、欧元区、韩国及世界经济、政治等带来冲击。特朗普政府的内外政策走向，增加了美国和世界经济的不确定性。**二是**贸易保护主义抬头，部分国家“逆全球化”思潮明显上扬，经济全球化进程或出现波折。2016年全球贸易量增速可能仅为2.3%，明显低于经济增长速度。一些发达经济体政策“内倾化”倾向明显，保护主义抬头。**三是**美联储加息节奏的不确定性。美联储十年后重启加息进程，其节奏和力度牵动着市场的神经，或引起全球资本流向美国，推高美元汇率。部分新兴经济体资金流出压力增加，外债较高的中小经济体承压，面临更大风险。**四是**民粹主义和难民危机导致经济环境恶化，欧洲经济一体化进程出现波折，有引发金融风险和政治风险的可能。**五是**自然灾害频发。一系列自然灾害给受灾国家和地区带来了巨大的财产损失和人员伤亡，对这些国家和地区的经济发展带来不利影响。**六是**恐袭事件频发。利比亚客机遭劫持、俄驻土大使遇刺，恐袭事故频发，对社会稳定和经济发展带来负面影响。

IMF预测，2017年全球经济有望在“下坡路上实现刹车”，预计2017年、2018年全球经济增长3.4%和3.6%。特朗普政府可能实施财政刺激政策，对全球具有正溢出效应。发达经济体2017、2018年预计增长1.9%和2.0%；预计新兴市场和发展中国家 2016 年增长 4.1%，2017 年将达 4.5%。OECD 预测，美国经济将加速增长，2017、2018 年或增长 2.3% 和 3%；欧元区 2017、2018 年经济或增长 1.6% 和 1.7%；2017、2018 年日本经济或增长 1% 和 0.8%；中国经济增速或有所放缓；其他多数新兴经济体将维持缓慢复苏态势。

（世界经济课题组）

拉加德谈财政政策与人口结构变化*

3 月 4 日，国际货币基金总裁拉加德在麻省理工学院发表题为“人口结构变化与经济福利——论财政政策的作用”的演讲，拉加德表示，未来 40 年全球人口将达到 100 亿人，部分地区人口快速增长，部分地区人口显著减少，人口老龄化进程进一步加剧。人口结构的变化将对经济增长、财政可持续性、金融稳定乃至地缘政治产生深刻影响。为应对人口结构变化带来的挑战，财政政策响应至关重要。其演讲主要内容如下，供参考。

一、人口结构变化的形势与挑战

（一）积极方面

1. 预期寿命提高

由于卫生状况、医疗条件改善和教育程度的提高，全球平均寿命已从 1950 年的 47 岁延长到今天的 71 岁。但不同地区存在很大差异，非洲只有 61 岁，而北美、日本和许多欧洲国家则高达 80 岁。

2. 生育率下降

生育率从 20 世纪中期开始下降，这种趋势一直延续至今。越来越多的家庭选择少生优生，而受过良好教育的女性也倾向于减少生育，把更多的时间投入子女教育和自身职业发展上。1950 年，平均每位女性生育 5 个孩子，而目前已降至 2.5 个，同期全球识字率从 36% 升至 83% 。

3. 人均收入水平提高

新兴市场经济体人均收入水平逐步提高，年均增速远超发达国家，拉动全球人均收入水平较第二次世界大战结束时翻了两番，全球贫困率也在近 30 年来大幅

* 本文写于 2016 年 3 月 15 日。

下降，生活在贫困线以下的人口占世界总人口的比率从 1981 年的 44% 降至目前的 13%。过去 30 年仅中国就使得 7.5 亿人口脱贫。

（二）主要挑战

随着生育率下降，一些发达经济体人口数量开始减少，新兴市场经济体和发展中国家也出现了同样的趋势。如日本和德国，人口总数已开始下降，中国也自 2012 年开始出现了劳动年龄人口数量下降的问题。大多数情况下，劳动年龄人口数量缩减和老龄化加速呈同步趋势，将对经济增长、财政可持续性和金融体系稳定产生显著影响。

1. 对经济增长的影响

人口规模减少和人口老龄化在中长期将显著影响经济增长水平。更少的人口也意味着需要投入的配套资本更少，公共部门增加资本投入的意愿也会减弱。IMF 研究认为，人口规模减少和人口老龄化中长期将使发达经济体潜在增长率降低 0.2%，使新兴经济体潜在增长率降低 0.4%。虽然数值并不高，但它对已面临低增长和高债务的国家来说无疑将是雪上加霜。

2. 影响财政可持续性

IMF 研究显示，在发达国家，如果不采取增收节支等措施，人口老龄化带来的支出总额占 GDP 的比例将在 21 世纪末从目前的 16.5% 跃升至 25%。公共部门将如何筹措这笔支出呢？如果以政府借贷来填补老龄化支出缺口，则全球公共债务水平将从现在平均占 GDP 的 100% 激增到 21 世纪末的 400%；如果通过增税来弥补缺口，意味着增值税税率大约要提高 20 个百分点，或增加 25 个百分点的社会保障税；如果通过严苛的福利制度改革，IMF 预计养老金和医疗福利将被削减约三分之一。虽然国情有所不同，但新兴市场和发展中国家与发达国家总体上面临着同样的挑战。如果不采取任何措施，中国到 21 世纪末的养老金和医保支出增幅将达 GDP 的 13%，美国则为 15%。

3. 对金融体系的影响

有观点认为人口老龄化将对资产价格产生抑制作用，有些人甚至预测即将退休的婴儿潮一代或将引发股票市场波动，因为他们需要变现其持有的股票来满足退休后开支所需。虽然无法判断这些预测的可靠程度，但可以肯定的是，政府、个人和养老金体系本身，都严重低估了退休人口的预期寿命。IMF 研究显示，如果每个退休人口的寿命都比预期长三年，养老金相关费用无论在发达经济体还是新兴经济体都将增长 50%，这将严重影响私人和公共部门的财务状况和金融体系稳定。

二、财政政策对应对人口结构变化至关重要

面对不断缩减的人口规模，许多国家选择采取措施提高生育率，诸如发放生育奖金、提供育儿补助、延长产假或适用弹性工作时间，但结果显示上述措施对提高生育率效果较为有限，采取适宜的财政政策或将比社会政策更为有效。IMF 认为，可选的财政政策主要有：

（一）改革福利制度

改革应从占支出份额最大的医疗保障领域开始，传统选择是采取各种措施降低医疗成本，提高公共支出效率。如鼓励保险公司和医疗服务提供商参与竞争、加强预防性保健、宣传健康生活方式、应用大数据等信息技术等。另一个选择是延迟退休以匹配寿命延长，通过延长工作年限和养老金缴费期巩固养老金体系。但政策制定者需要为确由健康原因无法延长工作年限的劳动者提供保障。此外，养老金制度还需要有足够的灵活性以应对人口结构的变化，比如日本的养老金体系，福利水平的增速会自动降低以抵消预期寿命增加和人口结构变化带来的影响，德国、芬兰和葡萄牙等国也已将福利水平与预期寿命挂钩。必须强调的是，越早进行改革，福利制度调整就越公平，特别是在当前需求低迷的宏观经济环境下，我们需要采取更“智能”（savvy）的财政政策在保证福利体系可持续的同时支撑需求。

（二）完善税制并提高公共支出效率

在完善税制方面，主要措施包括扩大增值税税基、弥补国际税收漏洞、强化税收征管等。在支出方面，一个重要措施就是减少能源补贴。IMF 预计，2015 年全球能源补贴总额达 5.3 万亿美元，占全球 GDP 的 6.5%。降低能源补贴，既能提高公共支出效率，又能提高能源利用效率，特别是目前能源价格处于低位，为减少补贴创造了条件。

（三）提高潜在增长率

提高潜在增长率、通过做大经济蛋糕来提高公共部门和劳动者收入水平，也是应对人口结构变化、增强财政可持续性的重要途径。而提高潜在增长率的措施之一是增加劳动力供给。当前，鼓励女性进入劳动市场是各经济体的普遍选择，很多国家通过赋予女性劳动者平等的法律地位、推行同工同酬、提供平价儿童看护服务等措施鼓励女性就业。IMF 研究表明，若将美国女性劳动参与率升至与男性相同水平，可以使 GDP 额外增长 5%，而这一数据在其他国家可能更高。增加劳

动力供给的另一个来源是移民，虽然移民带来的政治和社会问题无法忽视，但从经济角度看，移民若能很好地融入劳动力市场，则可以显著增加劳动力供给，激励投资，促进经济增长。

提高潜在增长率的另一个措施是鼓励创新。创新的经济和社会效益非常显著，有助于加速经济转型，推动生产率提高和经济繁荣。为鼓励创新，政府一方面应加大研发投入，给予研发活动一定的税收优惠和研发补贴，除支持大学和公共研究体系外，还可以考虑为私营部门研发活动提供支持；另一方面，需要通过消除竞争壁垒，减少行政审批等措施，激发创新和创业积极性。IMF 研究表明，如果发达国家能将私人部门研发支出提高 40%，平均而言，将使 GDP 在长期额外增长 5%。

（王虎）

当前西方经济学界财政政策新视点*

当前，世界经济仍面临下行风险和不确定性，超宽松的货币政策局限性日益凸显，美国等发达经济体主流经济学家和官员在此背景下呼吁重新认识财政政策的作用，将财政政策的重要性提到前所未有的高度，似有意重启积极的财政政策。

一、财政政策的“旧四条”和“新五条”

美国白宫经济顾问委员会主席杰森·福尔曼近日表示，10 年前，经济学家对财政政策的主流观点可概括为四点，即“旧四条”：一是作为稳定经济的工具，货币政策比财政政策更有优势，因为后者存在效果和退出的时滞；二是即使政策制定者选择了正确的时间，自由裁量的财政刺激也可能无效（李嘉图均衡）或有副作用（高利率和对私人部门的挤出效应）；三是财政稳定应被谨慎对待，因为财政政策的优先选项是长期财政平衡；四是政策制定者容易忽略前三点，那么至少应确保财政政策只作为货币政策产生效果之前的短期选择，并且最小化其负面效应。

而过去 8 年中，经济学家们在经济增长乏力且均衡利率持续下行的环境下，通过对经济政策深入观察研究，颠覆了过去对财政政策的“旧四条”认知，逐渐形成了“新五条”：一是作为货币政策的补充，财政政策是有效的逆周期政策；二是自由裁量的财政刺激可以非常有效，甚至会在一定条件下带来私人投资的挤入效应，而利率的相应提高也可能是件好事；三是财政政策的空间比传统认知更广阔，因为财政刺激政策可以自担成本或成本低于预期；发达经济体的财政空间随经济增长而扩大，且财政刺激政策可以与长期的财政稳固相结合；四是持续的财政刺激政策大都卓有成效，尤其是在增加投资、扩大总供给方面；五是国家间的财政政策相互协调可能更有成效。这种重新审视财政政策的主流声音值得关注。

* 本文写于 2016 年 12 月 26 日。

二、财政政策新视点的现实经验和理论研究

（一）货币政策无法单独实现政策目标，需充分使用财政政策

从某种程度上说，欧美经济学家形成这一观点主要是由于货币政策自身的局限性：长期以来，发达经济体的均衡利率一直很低，影响名义利率水平。许多发达经济体实际利率水平从 20 世纪 80 年代开始下行，至 2007 年金融危机爆发前达到低点。持续且广泛的实际利率下行意味着即使利率从后危机时代的低点部分反弹，也无法达到危机前水平，因此，未来传统货币政策的效力将受到更大制约。诺贝尔经济学奖得主克里斯托弗·西姆斯在 2015 年底表示，如果央行以促进经济增长为主要目标，就可能过于频繁地使用货币政策，一定程度上导致价格水平和利率的频繁波动。所以，促进经济增长应该更多依赖财政政策工具、结构调整和改革等。正如 2013 年时任美联储主席伯南克出席国会货币政策听证会时所言，虽然货币政策正在推动更强劲的复苏，但货币政策不能担负起确保经济更快复苏和健康增长的责任，无论从短期还是长期来看，经济表现仍取决于财政政策的进程。

同时，当前的低利率也为实施积极财政政策提供了基础。以 G7 国家为例，其国债实际收益率已接近零或者是负值，尽管经济增速大幅放缓，但增长率仍高于国债收益率 1 个百分点以上，适当的财政赤字不仅可以促进经济增长，也是可持续的。美联储主席耶伦在 2016 年 6 月份的记者会上表示，财政政策可能成为未来美国经济增长的重要工具。欧洲央行决策者之一、奥地利国家银行行长诺沃特尼近期指出，为确保经济增长，欧元区需要采取除货币政策外的其他措施，财政政策或需要变得更具扩张性。美国前财长劳伦斯·萨默斯认为，欧洲、日本、美国都尚未充分使用财政政策。IMF 总裁拉加德 2016 年 2 月份表示，财政政策的作用非常关键，决策者应该相互合作，制定大胆的、广泛的财政政策，各国官员应共同采取真正的财政和改革行动。

（二）财政扩张可直接产生经济效应，但也需货币政策配合

很多研究和现实经验表明，财政扩张政策可以非常有效。美国前白宫经济顾问委员会主席克里斯蒂娜·罗默对美国自第二次世界大战以来的外生性税收变化进行的实证研究发现，外生性税收变化可以对投资产生高达 3 倍的乘数效应。

此外，当政策利率处于有效下限时，财政政策可以更有效。OECD 的研究报告指出，无论利率渠道还是汇率渠道，货币政策都无法替代财政政策的作用。财政政策可以吸引私人投资并提高社会总需求，从而提振经济增长。当某一经济体有很大的产出缺口，且宽松货币政策处于有效下限时，财政扩张可通过提高通胀预

期扩大私人投资，降低实际利率。哥伦比亚大学教授伍德福德的研究显示，在零利率下限时，财政支出增加通胀预期，不仅不会提高真实利率，还会降低真实利率，从而使财政支出的乘数效应大于1；但当居民预期零利率政策不会持续很久且未来政府将通过增税来弥补支出时，乘数效应会减小。因此，货币政策的配合非常重要。一些专家认为，货币当局如果在财政扩张政策时回归泰勒规则，则会明显降低财政乘数。坎佐内里对加拿大1962—2003年的季度数据进行研究发现，政府支出乘数在20世纪80年代出现明显下降，主要由于加拿大的货币政策从之前的稳定汇率转向标准的泰勒规则。

另一方面，即使财政政策导致了更高的均衡利率，也可能是件好事。因为需求持续增长且均衡利率提高，可以为传统货币政策创造空间，防范未来的经济下行。美国前财长劳伦斯·萨默斯指出，较高的均衡利率会抵消一些长期经济停滞的负面影响，提高中性利率并因此为传统逆周期货币政策创造更多空间。

（三）财政政策的空间比传统认知更广阔

质疑财政刺激政策的观点认为，逆周期财政政策的财政空间非常有限。例如，欧洲主权债务危机就是由毫无节制的政府支出导致的。事实上，美白宫经济顾问委员会委员杰伊·香博的研究表明，爆发主权债务危机的国家还存在资产泡沫或银行破产等非财政问题；爱尔兰和西班牙等国发生主权债务危机更多是全球金融危机造成的，与主权债务无关。财政政策的空间比传统认知更广阔。

一方面，财政刺激政策带来的经济增长可提高财政可持续性。OECD2016年报告显示，财政赤字可持续性的关键度量指标不是单纯的赤字规模，而是财政赤字在GDP中的占比。当货币政策遇到瓶颈时，财政政策可更有效地刺激产出，使产出增速超过赤字增速，降低财政赤字在GDP中的占比，提高财政可持续性。IMF 2014年报告认为，需求侧的刺激在一定程度上可使通胀向目标水平靠近，有助于财政赤字的可持续性；考虑到政府投资的供给侧效果，其提高财政可持续性的效果会更好：基础设施投资可更大力度刺激经济，增加税收。可以说，加大基础设施支出，相当于节省了未来的维护成本，如果维护费用的增速高于实际利率，则增加的投资将降低未来的维护费用，提高政府资产负债表净现值，将未来或有负债转为较小的近期债务。2011年诺贝尔经济学奖得主托玛斯·萨金特表示，在美国历史中，建立债务可持续性的关键是名义增长率，而非财政整顿。

另一方面，赤字的最优水平不是一成不变的，而是因情况而异。评估财政风险，更重要的是以向前看的方式规划好财政缺口和可解释的或有负债。美国前国会预算办公室主任道格拉斯·伊曼多夫的研究显示，一个经济体的最优政府存量债务占比取决于可削减债务的比重；如果实际利率一直低于之前预期，则最优债务存量应相应调高。经济学家，欧洲央行和世行顾问里卡多·卡巴雷罗称，当前金融市场面临安全资产短缺问题；财政刺激政策有助于提高长期债券的安全性，减轻安全资产的短缺程度。基于当前利率，资本市场判断大多数国家的国债都是安全的。

（四）财政政策有更快的刺激效果，投资性支出效应最显著

加州大学伯克利分校教授瓦莱瑞尔·雷米近期的研究显示，财政政策有更快的刺激效果，而货币政策对经济产生实质性影响需要几个季度，效应最大化需要1年半甚至更久。在当前总需求受增长和通胀拖累显现持续不足的全球经济环境下，可持续的财政政策很有必要，其在增加总需求、扩大产出和总供给方面卓有成效。

从分类财政政策的效应来看，财政投资性支出的乘数效应最为显著。IMF 研究发现，占 GDP1% 的政府投资会带来持续的投资增长和消费增长，从而推动经济增长；而且，这种财政支出可以通过增加政府税收和降低债务 GDP 占比进一步创造财政空间。投资于创新有更高的长期回报。IMF 研究显示，每年占 GDP0. 4% 的研发投入可以提高发达经济体 5% 的长期经济产出水平。

（五）财政政策有全球溢出效应，各国政策协调更高效

当前全球普遍需求不足且利率走低，需求收缩会产生迅速且强大的跨国溢出效应。如果一国由于财政整顿造成需求紧缩，一般情况下会带来货币贬值和经常账户盈余；同时进口减少，影响相关国家利率走低，如果相关国家有宽松货币政策的空间，则很容易抵消需求减少造成的影响。但在利率有效下限时，其他国家的货币政策难以抵消需求紧缩的影响。因此，一国的财政政策会更直接地对 GDP 产生溢出效应。

同样，财政扩张政策不仅会增加本国总需求，还会增加相关贸易伙伴国总需求。即使商业投资受较低的经济增速（尤其是全球 GDP 低增速）拖累而减少，各国协调的扩张政策仍可刺激投资并提振经济增长。诺贝尔经济学奖得主斯蒂格利茨 2016 年 3 月份表示，全球需要宏观经济协调，G7 国家应该关注协调刺激需求的方面；当前货币政策已达到极限，目前推出刺激性财政政策合乎时宜；全球经济需求欠缺，需要加紧协调工作以缓解全球失衡的状况。IMF 报告认为，一国实行约占 GDP1% 的持续性财政扩张政策将面临赤字和债务的增加，但若区域内各国协同实施刺激政策，则各地区经济增速至少提高 1 个百分点，推动全球经济增长 2. 3 个百分点，债务 GDP 占比也将降低。各国加强财政政策协调的重要性愈发凸显。2016 年 G20 杭州峰会将财政政策作为实现强劲可持续增长的三大政策工具之一。

三、针对财政政策的几点想法

（一）发达经济体正酝酿更积极的财政政策

当前，由于欧、日等发达经济体货币政策空间受限，美、欧、日等发达经济

体的政界和学界涌起新思潮，重新认识财政政策在宏观经济政策中的重要地位。财政政策的重要性和独特地位正受到越来越多的认同。西方主流经济学家普遍认为，从供给侧角度看，如果回报率高于政府借债成本，积极的财政政策就有其合理性。理想的财政政策是短期扩张与中长期可持续性相结合。实际上，财政政策能否取得预期效果仍取决于该国的体制机制环境和具体国情。

美、欧、日等发达经济体的宏观经济政策施政重点或转向更加倚重适度扩张的财政政策。如日本政府2016年8月份推出了28.1万亿日元的新财政刺激计划，但日本债务率高企，大规模的财政刺激计划若不辅以必要的结构性改革政策，其成效必大打折扣。美当选总统特朗普也承诺将采取积极的财政政策，扩大基础设施建设与减税并举。欧洲方面，英国政府表示将重新审视中期财政整顿计划，欧委会也向欧洲议会和欧盟理事会提交了《欧元区应实施积极财政政策的建议》，将2017年整体财政扩张规模目标确定在GDP的0.5%。受制于现有法律法规等制度约束，美国的主要问题是相对较弱的自动稳定器。近几年，美国通过改进财政体系并实行全民医保提高了自动稳定器效应，但进一步发挥自动稳定器效应仍有待国会进一步授权。欧元区实施积极财政政策则面临更大的挑战：只有统一的货币金融机构，而没有统一的财政政策和相关施政机构。欧盟《稳定与增长公约》对成员国的赤字率作出了刚性要求，事实上，欧盟不少成员国需在积极财政政策与财政巩固之间取得平衡，其扩张的政策空间极其有限。发达经济体何时能拿出具体的、可量化的积极财政政策方案，仍有待进一步观察。

（二）我国财政政策似可适度加码

我国一向重视积极财政政策的作用。党的十八届三中全会更是将财政政策提高到国家治理的基础和重要支柱的高度。财政政策不单是经济政策，也应兼顾效率与公平，更是一种社会政策。今年以来，我国积极财政政策持续加码增效，通过适当提高赤字率，承接了实体经济去杠杆对总需求造成的冲击，有力支持了供给侧结构性改革。财政政策不仅在宏观经济政策框架中连接起货币政策和结构性改革，还在国家治理框架内同时促进着公平与增长。针对中国经济运行目前的矛盾和存在的问题，在继续运用好稳健货币政策和供给侧结构性改革的同时，我们的财政政策应更加积极有效，在2016年基础上似可适度加码，以推动我国经济在2017年有更好的表现。

（乔慧）

日、欧量化宽松政策及影响*

全球金融危机爆发后，为促进经济复苏，日、欧实施多轮量化宽松（QE）货币政策，向市场投放大量流动性。就经济刺激效果而言，短期取得一定效果，但中长期将对其经济带来一定负面影响，并对包括中国经济在内的世界经济产生溢出效应。现对日、欧量宽政策及影响作简要分析，供参考。

一、日、欧量化宽松货币政策、效果及挑战

金融危机爆发以来，全球经济陷入流动性陷阱，央行传统货币政策工具难以继续发挥作用。为此，继美国之后，日、欧央行先后实施量化宽松货币政策，旨在向市场注入大量流动性，刺激经济复苏。

（一）日、欧量化宽松货币政策

1. 日本量化宽松货币政策实施过程

日本量化宽松货币政策可分为以下三个阶段：

一是初启阶段（2008 年 9 月—2010 年 4 月），日本央行于 2008 年 9 月起，通过对金融机构的超额准备付息、直接购买银行持有的长期国债等公开市场操作，连续向市场注入大量流动性。二是资产购买阶段（2010 年 10 月—2012 年 12 月），日本央行再次启动“资产购买计划”（Asset Purchase Program，APP），创设了总额为 35 万亿日元的基金，用于购买日本政府债券（JGBs）、国库券、商业票据、公司债券、交易所交易基金（ETFs）和日本不动产投资信托基金（J－REITs）等。三是质化量化宽松（Qualified Quantitative Easing Monetary Policy，QQE）阶段（2013 年 4 月—至今），2013 年 4 月 4 日，日本央行宣布推行“QQE”，通过每年 60 万亿—70 万亿日元的速度扩大基础货币规模、更新和升级“开放式资产购买计

* 本文写于 2016 年 12 月 29 日。

划”等举措，日本进入了“史无前例”的超宽松货币政策时代。此外，2016 年 9 月 21 日，日本央行宣布引入包括控制收益率曲线以及继续扩大基础货币投放水平在内的新型 QQE 政策，日本央行修改了原来的购债框架，从设定规模到盯住 10 年期国债收益率，从盯住量变为盯住价。

2. 欧元区量化宽松货币政策过程

欧元区量化宽松货币政策可分为以下四个阶段：

一是初启阶段（2009 年 5 月—2011 年 2 月），欧央行于 2009 年 5 月份和 2010 年 3 月份相继实施资产担保债券购买计划（Covered Bond Purchase Programme，CBPP1）和证券市场计划（Securities Market Programme，SMP）。二是升级阶段（2011 年 8 月—2012 年 2 月），欧央行宣布新的资产担保债券购买计划（CBPP2），计划在市场上购入 400 亿欧元的资产担保债券。此外，欧央行先后两次推出 3 年期的长期再融资操作（Longer - term Refinancing Operations，LTROs），以极低的贷款利率向信贷机构提供总量分别为 4890 亿欧元和 5295 亿欧元的贷款，以缓解欧元区金融体系资金紧张的局面。三是全面量化宽松阶段（2012 年 9 月—2014 年 5 月），2012 年 9 月份，欧央行宣布实行全面量化宽松，启动直接货币交易计划（OMT），取代此前进行的证券市场计划。四是继续深化阶段（2014 年 6 月份至今），欧央行扩大资产购买规模，并推出新一轮定向长期再融资操作（Targeted Longer - term Refinancing Operations，TLTROs）。

（二）日、欧量化宽松货币政策效果

日、欧央行实施量化宽松政策以来，短期内提振了 GDP 增速，同时通缩状况、国债收益率水平等方面也得到一些改善。

一是短期内提振 GDP 增速。日本启动 QE 后，特别是启动 QQE 后，日本经济短期内显著复苏。2013 年四个季度的 GDP 增速分别为 0.7%、1.8%、2.8% 和 2.7%，2014 年一季度 GDP 增速更是升至 3.1%，为 2010 年以来最高水平。然而，日本经济随后再度陷入负增长泥潭。从欧元区情况看，虽然欧央行自全面实施量宽以来，欧元区 GDP 呈稳定增长趋势，但通缩压力并未减小，通胀率呈持续下降趋势。2013 年 4—6 月通胀率由 1.2% 升至 1.6%，此后便一路降至零以下。类似地，2015 年 3 月份扩大量宽规模后，通胀率同样在小幅上升后便出现反复波动，并未朝着欧央行预期目标发展。这说明日、欧元区量化宽松货币政策，短期内对经济复苏起到一定作用，但效果逐步减弱。

二是较有效克服通缩压力。实施 QE 后，日本 2012 年核心 CPI 呈下降趋势，但 2013 年底以来，CPI 大幅度提升，核心 CPI 均值达 1.3%，有所接近 2% 的政策目标；欧央行实施 QE 后，通胀率出现明显上升，但之后又出现较大幅度回落。在扩大 QE 规模后，欧元区通胀率再度呈上升趋势。

三是降低国债收益率水平。实施 QE 后，日本 10 年期国债收益率呈下降态势，特别是在 2016 年 1 月份日本央行实行负利率后，收益率水平下行趋势非常明显，2016 年 5 月日本 10 年期国债收益率已变为 -0.12%，位于目标值 -0.1% 之下。同样地，欧元区国债收益率也出现下降趋势。2015 年 4 月份，欧元区 10 年期国债收益率跌至 0.85%，为近年来最低水平。虽然出现短暂回升，但很快又重返下降趋势。其后欧央行再次扩大 QE 规模，但在降低收益率方面效果不如此前。

（三）日、欧量化宽松货币政策面临的问题和挑战

自实行量化宽松货币政策以来，日、欧经济状况均有所好转，但日、欧量宽政策给自身也带来一些问题和挑战。

一是中期效果欠佳。在政策实施初期，日、欧经济增速和通胀均有所改善。但在中期颓势渐显，通缩压力反弹。二是政策空间有限。一方面，美国正逐步退出量宽政策，并进入加息周期；另一方面，大规模量宽致使日、欧债务压力过大、财政空间缩窄，量化宽松负面效应逐渐凸显，再加上国际社会反对量宽呼声渐长等因素，日、欧长期实行量化宽松货币政策或进一步扩大规模的可能性不大。三是日、欧结构性问题制约了其量宽货币政策效果。日、欧均面临人口老龄化、劳动力市场僵化、劳动生产率较低等结构性问题，且均存在结构性改革缓慢的问题，这都导致量宽货币政策效果减退。四是欧元区存在拖累货币政策发挥作用的机制性问题。欧元区虽然具有统一的货币政策，但缺乏高度统一的财政政策，各主权国家间的政策协调机制不完善。长期看，仅依靠量化宽松货币政策，难以从根本上扭转局面。欧元区各国还亟须从合理协调财政和货币政策、挖掘新的经济增长点、平衡区域发展等方面入手，改善欧元区经济状况。

二、日、欧量化宽松货币政策溢出效应

（一）日、欧量化宽松货币政策对全球经济有外溢影响

整体看，日、欧量宽货币政策将有利于刺激自身经济复苏、提升通胀、吸引外资，并通过改善自身经济状况推动全球经济复苏。但由于日本和欧洲本身存在诸多问题，如欧元区面临财政独立与货币统一的矛盾、融资配额分配不均、人口老龄化等问题，日本同样面临诸多结构性问题。这导致量宽难以发挥预期效果，对刺激全球经济复苏效果较为有限。IMF2016 年三季度发布的《全球经济展望》将全球经济 2016 年增速预期下调至 3.1%。不过，日、欧如此大规模量宽政策无疑会对全球贸易市场和金融市场造成影响。

全球贸易方面，日、欧作为大体量贸易经济体，量宽推动日元和欧元双双贬

值，进而提高了其出口竞争力，对全球贸易产生明显影响。数据显示，2015年，欧元区出口额为20402亿欧元，同比增长5%，贸易顺差2460亿欧元。同期，日本出口额为75.63万亿日元，同比增长3.5%。虽然日本贸易逆差2.83万亿日元，但同比下降77.9%，出现明显改善。

全球金融市场方面，日、欧大规模量宽对市场注入大量流动性，推动全球短期资本流动。虽然部分资本会进入内部市场，但其余部分则会进入国际金融市场，造成资本市场动荡。随着美国退出量宽，并进入加息周期，美元将进一步走强，美国国债收益率上行压力逐渐增大。欧元和日元在维持低利率情况下将引发频繁套利交易，进一步加剧全球资本流动，不利于资本市场稳定。

债务市场方面，日、欧大规模购买债券对债券市场功能性和流动性造成负面影响。其中，欧元区2015年平均债务占GDP比超过90%，希腊、意大利等国家负债水平更为严重。作为全球重要债券市场之一，欧元区债券市场出现问题必将对其他国家带来负面冲击。

（二）日、欧量化宽松货币政策对中国经济的影响

日、欧量化宽松货币政策主要对中国经济产生以下几方面影响：一是对中国出口造成压力。日元和欧元贬值将削弱中国企业对日、欧出口竞争力，同时推动日、欧对华出口。欧盟是中国第一大贸易合作伙伴，中国是欧盟第二大贸易合作伙伴，欧元贬值对中国出口造成压力。数据显示，中国2016年上半年出口同比下降2.1%，这与日、欧盟量宽不无关系。二是有利于中国企业“走出去”。人民币对日元和欧元升值将缩减中国企业“走出去”成本，有利于中国企业对外投资。不过，日元和欧元贬值将增加对华投资成本，导致日本和欧洲企业对华投资下降。三是改善中国产出状况。日、欧央行扩大货币供应导致日元和欧元计价商品价格下降。这将降低中国企业进口成本，进而缩减生产成本，改善中国产出状况。四是延缓资本外流速度。日、欧量宽产生的大量流动性将注入全球各经济体，中国金融市场也面临短期资本流入状况。同时，日本和欧元区低利率水平将缓解人民币贬值压力，这将延缓中国资本外流速度。

三、几点看法

（一）客观认识货币政策作用，加强宏观经济政策协调

日、欧实施多轮量化宽松货币政策，并创新地使用负利率政策，逐渐改善融资条件，客观上对其经济复苏起到了一定作用，但却推高了资产价格、加剧了金融脆弱性，也对包括中国在内的新兴市场国家造成负面影响。同时，美国正在逐

步收紧货币政策，开启加息周期。面对“一松一紧”的复杂货币政策环境，国际社会应加强包括货币政策在内的宏观经济政策协调，减少政策变化给市场带来的不确定性，将负面溢出效应降至最低。为此，中国应继续通过 G20、S&ED 等多、双边对话平台和机制，与主要经济体加强宏观经济政策协调，就量宽政策对世界经济、新兴市场国家经济的影响，以及量宽政策退出时点、节奏及其造成的外溢影响保持有效沟通，并要求相关经济体完善与市场沟通渠道，向市场释放明确的政策立场。

（二）中国货币政策应增强灵活性，为经济发展营造良好环境

当前，中国既面临日、欧量宽加码、美国退出量宽、新兴市场经济体增速放缓等多重外部影响因素，也面临短期经济下行压力、资产价格泡沫风险加大等国内矛盾。除国内因素外，我货币政策选择还要考虑外部政策环境，盲目大开货币龙头或一味拧紧货币闸门都不是明智选择，而是应根据内外经济形势变化，准备好灵活的政策工具箱。一方面，要保持流动性基本稳定，调节好货币闸门，努力畅通货币政策传导渠道和机制，保证稳增长、调结构的资金需求；另一方面，应使更多资金流向实体经济，抑制资产价格泡沫。因此，中国货币政策应在稳健中性的同时保持适度灵活性，为稳增长、调结构、促改革等营造良好环境。

（三）加强短期资本流动监管，稳定外汇市场

为应对国际金融市场波动的冲击，我应重点做好以下两方面：一是加强短期资本流动监管。发达经济体量化宽松货币政策造成全球流动性泛滥，针对近期不断上升的全球通胀预期，中国央行应及时采取预期管理并加大对短期资本流动的监管与控制力度。二是优化储备结构，稳定外汇市场。日、欧量化宽松政策释放大量流动性，同时大量短期游资将因套取利差而无序流动，这不利于外汇市场稳定。我应完善外汇储备投资战略，优化外汇储备结构，稳定外汇市场。一方面，应做大外储规模。既要控制外汇储备占外汇资产比例，“藏汇于民”；也要通过支持中国企业“走出去”增加海外投资，获得更多外汇。另一方面，应通过完善能源储备机制丰富能源战略储备，减小能源对外依存度，从而平抑大宗商品价格波动对中国外汇市场影响。

（四）加大结构调整力度，提高经济增长质量

在虚拟经济与实体经济严重背离的形势下，货币规模及流动难以真正影响经济增长，制约经济长期复苏的最主要因素是经济结构失衡。要提振经济，货币政策不是唯一手段，还需综合运用货币、财政与结构性改革政策。目前，中国面临人口老龄化、全要素生产率降低带来的社会总供给下降、储蓄率较高带来的社会

总需求不足等问题，只有通过结构性改革才能最终加以解决。所以，中国应进一步优化产业结构，不断深化供给侧改革，改变过去实施大规模短期经济刺激的做法，走上一条可持续、高质量的经济发展道路。

（郭昊　胡振虎）

■ 第二部分

亚洲经济

关于中国经济的五大误区*

新年伊始，中国股市震荡下跌，全球市场恐慌情绪升温，美国国内和全球市场出现了对中国经济前景的新一轮担忧，其中不乏各种批评和质疑。1月7日，布鲁金斯学会高级研究员，前IMF中国部主任埃斯瓦尔·普拉萨德在《华盛顿邮报》发表署名文章，列举国际上对中国经济认识的五大典型误区。文章主要内容如下，供参考。

误区一：股市下跌反映经济疲软

2016年第一周，中国股市再现急剧下跌。有分析认为，股市下跌反映中国经济特别是制造业进一步萎缩，中国经济增长前景堪忧。

而事实上，中国股市的表现并不能反映中国经济整体健康程度。与发达经济体不同，在中国上市交易股票总价值的GDP占比仅约为三分之一，而美国等国家这一比例已达100%甚至更高，且中国绝大部分上市公司以制造业和建筑业为主，无法反映中国蓬勃发展的服务业及家庭收入和消费水平的提高。此外，在2015年中国股市曾大幅上涨，虽然目前已较6月份峰值下跌了40%，但与2015年初的水平仍基本相当，只是指数波动略大。

误区二：中国经济增长依赖廉价出口

美国对中国贸易赤字继续扩大，或在2015年达到创纪录的3500亿美元。美国民众对中国产品的普遍看法是由廉价劳动力生产的廉价产品，共和党总统候选人特朗普总在渲染“中国毁了美国经济”。

事实上，过去十年，中国经济增长主要驱动力是有形资产投资，包括工厂和基础设施投资，其对经济增长的贡献超过50%，而净出口对中国经济的贡献十分有限。与亚洲低收入国家相比，中国已不再具有劳动力成本优势，其劳动力价格远高于孟加拉国、越南等国，且中国正在寻求制造业转型升级，减少廉价的初级产品出口，提高产品技术含量和附加值。

---

* 本文写于2016年1月13日。

误区三：中国仍在人为操控人民币汇率

美国长期关注人民币汇率问题，特别是在美国国会，有参议员认为中国长期操纵人民币汇率，导致大量美国工人失业，而无论共和党还是民主党，都没有对中国采取强硬立场，导致这一问题更加严峻。

事实上，美国国会对中国的抨击正是基于中国近期兑现了美国一直以来要求中国所做的——放松人民币汇率管理，让市场机制决定人民币币值。只是中国巧妙地选择了汇率管理机制改革的时机，在市场上人民币贬值压力较大的情况下宣布改革，人民币在市场力量的作用下顺势贬值，这是中国基于自身利益作出的明智选择，并不存在汇率操控。相反，去年 8 月份以来，中国央行对其外汇市场进行干预更多是为了防止人民币贬值过快而非升值。

误区四：中国官方 GDP 数据存在水分

有分析认为，中国官方 GDP 数据存在水分，其 GDP 整体数据和用电量、货运量、银行贷款规模等单项数据并不匹配，且官方 GDP 增速往往非常接近其增长目标。部分西方经济学家甚至怀疑，虽然官方宣布的 GDP 增速是 7%，但实际增速可能只有 3%。从长期来看，由于中国的 GDP 数据还反映了如居民家庭收入和开支等其他指标的情况，因此可以较好地反映中国经济的实际情况。

事实上，考虑到中国经济超过十万亿美元的体量，要求中国长期保持 10% 以上的增长速度并不现实。短期内，中国有能力通过财政政策和货币政策的协调将经济增长保持在 6%—7% 的区间内。而在中长期，面对复杂的国内外经济环境特别是人口老龄化及劳动力减少，只有积极推动以市场为导向的各项改革，才有可能继续实现中高速增长。

误区五：人民币将威胁美元的主导地位

2015 年 11 月份，国际货币基金组织（IMF）宣布将人民币纳入特别提款权货币篮子，成为继美元、欧元、英镑和日元之后第五种国际储备货币。随着人民币国际地位的提升，对于人民币将威胁美元主导地位的担忧甚嚣尘上，英国《每日电讯报》甚至称，人民币崛起将终结美元的主导地位。

而事实上，这一论断显然过于夸张。人民币国际地位确实在提高，以人民币计价的国际贸易规模也有所提升。据 IMF 测算，约 1% 的全球外汇储备是人民币资产，但与占据近三分之二全球外汇储备的美元资产相比，人民币远不足以形成威胁。虽然包括各国央行在内的国际投资者出于多元化其资产组合的目的仍将继续投资人民币资产，但美元的地位非常稳固，事实上自全球金融危机以来，美元资产在全球外汇储备中的比例仍略有提升。

（马文晗　李梦云　王虎　董杨）

伯南克：财政政策是中国应对“三元悖论”良策*

3月9日，美知名智库布鲁金斯学会（Brookings）特约研究员、美联储前主席伯南克发文指出，财政政策是中国应对“三元悖论”的最佳对策。文章主要内容如下，供参考。

一、中国正面临“三元悖论”的困境

中国央行行长周小川和其他政府高层近期在不同场合发表言论，试图让市场和国外决策者相信人民币没有大幅贬值的计划。

2015年8月份，中国央行将人民币兑美元汇率下调1.9%，并宣布了其他一系列汇改政策，引起国际市场巨大反响。而此前中国股市发生的动荡已引发市场参与者的不安。人们普遍对此次贬值反应消极，将其视为中国经济增长低于预期的信号，认为中国政府计划通过人民币贬值刺激出口。在这之后，人民币兑美元汇率又继续贬值3.6%。不过就目前来看，不少市场参与人士，及不久前参加上海二十国集团（G20）会议的各国财长和央行行长，似乎接受了中国央行声称不采取系统性贬值战略的说法。但中国政府避免人民币中期大幅贬值的能力受多方面因素影响，包括在其他领域的政策选择。

中国正面临国际经济学中“三元悖论”的传统困境，即一个国家最多只能同时实现下述3种情况中的2种：固定的汇率制度，独立的货币政策，以及开放的国际资本流动性。中国能否稳定人民币汇率取决于政府在其他两个问题上的政策意愿和调控能力。

* 本文写于2016年3月24日。

二、中国面临“三元悖论”的形成原因

（一）中国当前的经济形势和目标

1. 中国正经历一场艰难但必要的转型，以实现从重工业、建筑业和出口拉动型转向服务业和内需拉动型经济增长。市场分析人士指出，转型后更加成熟的经济结构必然带来增速放缓，而随着市场和企业取代政府在经济中发挥更大作用，经济走势也将更难预测。

2. 中国经济增长放缓的程度似乎超出官方预期。决策层对此感到焦虑，不但因为就业和收入将严重影响政府执政的稳定性，而且经济整体强劲才能有效减轻资源从夕阳产业（如制造业）向朝阳产业（如服务业）转移这一痛苦过程带来的影响。

3. 为确保转型时期的经济增长，中国政府已采取了多种形式的货币宽松政策，例如近期以来央行再度下调了银行存款准备金率，鼓励银行放贷。

4. 中国继续推动改革并进一步开放其资本市场。其中值得关注的是，政府给予普通公民每人每年 5 万美元的外汇兑换额度。

（二）“三元悖论”形成的原因

上述第 3 和第 4 点是中国“三元悖论”的源头。在经济增长放缓的大背景下，政府通常会将货币宽松作为首要的宏观政策选择，民众于是难以从国内储蓄行为中获得高回报。因此，有能力的家庭和企业就会减少人民币投资，选择能够获得更高收益的境外投资项目。但私人资本外流加剧直接导致人民币资产减少和美元等外币资产增加，从而对人民币形成贬值压力。

短期内，持有大量美国国债的中国央行可以通过抛售部分美国国债和买入人民币抵消贬值压力。在过去 1 年半中，中国外汇储备减少了 7000 亿美元，但仍有 3 万多亿美元，足以在未来一段时间内稳定人民币汇率。但如果不采取其他措施，这种方式终将导致中国的外汇储备减至较低水平，从而使政府不再愿意继续从外汇市场买入人民币。届时，人民币极有可能大幅贬值。此外，人民币贬值的潜在风险可能导致家庭和企业从现在起为避险大量抛售人民币资产，加速外汇储备减少。这就导致了“三元悖论”的出现：如果中国希望通过货币政策刺激国内需求，同时保障国际资本市场的高流动性，则无法将人民币汇率维持在现有水平。

三、中国应对“三元悖论”的建议

方案一：一次性贬值到位。逐步的小幅贬值收效甚微，公众对未来贬值的预

期将加速资本外逃。如果贬值幅度足以消除市场对进一步贬值的预期，就能缓解中国外汇储备的压力，使汇率找到新的平衡点。但这一粗暴简单的方法在当前资本市场很可能取得适得其反的效果。在新兴市场经济疲软并面临财政压力、发达经济体被“零利率下限”问题困扰的大背景下，人民币大幅贬值相当于输出通缩，必将引发国际社会对中国的货币战争，导致全球经济和金融市场动荡，反过来影响中国的经济增长。同时，一次性贬值人民币的战略也有悖于中国政府希望从出口拉动转向服务业拉动的调整初衷。

方案二：管制资本的自由流动。限制中国家庭和企业的境外资本投资行为。国际货币基金组织（IMF）总裁拉加德以及日本央行行长黑田东彦均对这一方案表示了支持，预计未来中国政府极有可能沿着这一方向采取相应措施。通过限制资本外流和境外投资，在一定程度上缓解中国的外汇储备压力，稳定人民币汇率。

但这一方案的弊病在于将牺牲中国在开放金融市场过程中已取得的进展，不利于人民币国际化。此外，资本管制能否获得预期成效值得推敲。从长期来看，只要中国保持其贸易和对华投资的开放度，家庭和企业便具有规避管制向外转移资本的潜在渠道，例如外贸企业可以通过隐瞒销售额，留存未上报的外汇收入来绕过资本管制。

方案三：静观其变。直到经济增长出现反弹而无须继续实施宽松的货币政策，然而这更多只能算作一种希望而非计划。

方案四：针对目前中国的情况，最值得尝试的方案是实施有针对性的财政政策。增加政府开支并减税（增加对传统基础设施如道路、桥梁等的支出在中国属于旧的增长模式，并不在此之列），推动国内经济模式转型。中国居高不下的储蓄率源于社会保障体系的不完备，医疗、教育和养老成本都主要靠个人承担。完善社会保障体系将有助于提升居民消费信心，刺激消费。

此外，政府可通过减税来提高家庭可支配收入，由政府出资的传统行业工人培训和再安置计划将有利于帮助劳动力从夕阳行业向朝阳行业转移。减少对重工业和国有企业的补贴、提高企业运营能力、改善营商环境等都将对中国经济转型大有裨益。

种种迹象表明，中国政府已沿着这一方向启动了改革。不久前，中国总理李克强指出，2016 年中国的赤字率将从去年的 2.3% 增至 3.0%，提出要采取兼并重组、债务重组或破产清算等措施，积极稳妥处置“僵尸企业”，并表示政府将拨款 153 亿元人民币用于安置下岗职工。

不同于货币宽松政策，财政政策无须下调利率，因而能在不导致资本外流的情况下扩大总需求，刺激经济短期增长。针对性的财政措施也能有效推动中国的经济转型，实现经济的长期平衡。这一方案避免了货币下行压力，也无须对资本流动实行新的管制，有利于同时实现短期和长期经济目标。

（姜天晨 董杨）

日本 2016 财年预算草案简析*

12 月 24 日，日本政府内阁会议通过了 2016 财年①预算草案。该预算案支出总规模达 96.72 万亿日元（约合 8124.48 亿美元），连续第四年增长，并创下历年最高纪录。预算案主要内容及我们的分析如下：

一、预算及经济总目标

2015 年是安倍经济学实施以来的第三个财年，日本经济继续温和复苏。预估 2015 财年 GDP 名义增长率将为 2.7%，实际增长率 1.2%，不及去年预期的 1.5%。CPI 增长 0.4%，去年预期值 1.4%。预计 2016 财年实际经济增长率将为 1.7%，名义增长率 3.1%，CPI 可望增长 1.2%。"安倍经济学"实施以来，失业率连续几年下降，2012、2013、2014 年分别为 4.3%、3.9%、3.5%，2015 预期为 3.3%，2016 财年可望继续缩减至 3.2%。见表 1。

表 1　2012—2016 财年主要经济指标　单位：万亿日元

	FY2012（实际值）	FY2013（实际值）	FY2014（实际值）	FY2015（预估值）	FY2016（预估值）
名义 GDP 增长	0.0%	1.7%	1.5%（0.1%）	2.7%	3.1%
名义 GDP	474.4	482.4	489.6	503.1	518.8
实际 GDP 增长	0.9%	2.0%	-1.0%	1.2%	1.7%
消费价格指数（CPI）	-0.3%	0.9%	2.9%（0.9%）②	0.4%	1.2%
失业率	4.3%	3.9%	3.5%	3.3%	3.2%

* 本文写于 2016 年 1 月 13 日。

① 日本财年起止时间为上年 4 月 1 日至次年 3 月 31 日。

② 2014 年括号内数据为不考虑消费税影响的 CPI 值。

2015 财年，日本政府推出安倍经济学“新三支箭”政策，致力于打造更加强大经济，为育儿提供更多支持，进一步完善社会保障制度。2016 财年，日本将营造“所有公民充满活力参与”的社会氛围，以实现 1.8 出生率为目标，大力增强生育和保育服务，减轻教育负担，巩固可持续社会保障体系，继续社会保障体系改革，改进灾害防御和适应机制。此外，继续增加国防预算，改进教育，增强科研技术能力，加快实施东日本大地震灾后重建工作。

与此同时，日本政府 2016 财年还将继续致力于财政整固。一方面，在整固目标中预设了与财政整固计划相匹配的一般性支出增长额度，共计 4731 亿日元；另一方面，新增政府债券发行额度缩减 2.4 万亿日元至 34.4 万亿日元，债务依存度可望回调到金融危机之前水平，即 35.6%。日本政府希望经过持续努力，2020 财年实现财政盈余，之后逐步减少公共债务占 GDP 比率。

二、财政总收支

2016 财年，日本预算再创历史新高，预计总支出 96.72 万亿日元，同比增长约 0.39%；总收入 62.29 万亿日元，同比增长 4.7%。支出方面，基本支出总额为 73.11 万亿日元，同比增加 2185 亿日元，增长约 3%；收入方面，税收收入 57.6 万亿日元，同比增加 3079 亿日元，增长 5.6%；其他收入 4.69 万亿日元，同比下降 2681 亿日元，减少 5.4%。本财年国债发行总额预计 34.43 万亿日元，同比下降 2.43 万亿日元，减少 6.6%，国债发行总量和债务依存度自 2011 年以来已连续六年下降。预计 2016 财年财政赤字为 10.8 万亿日元，同比减少 2.6 万亿日元；债务依存度为 35.6%，略低于 2015 财年的水平（38.3%）。见表 2。

表 2　　2013—2015 财年日本中央政府收支总体情况　　单位：万亿日元

	2012 财年（初始值）	2013 财年（初始值）	2014 财年（初始值）	2015 财年（初始值）	2016 财年（拟定值）
基本支出	71.0	70.4	72.6	72.9	73.1
一般性支出	54.4	54.0	56.5	57.4	57.8
税收	42.3	43.1	50.0	54.5	57.6
政府债务发行	44.2	42.9	41.3	36.9	34.4
财政盈余（赤字）	-24.9	-23.2	-18.0	-13.4	-10.8
债券依存度	47.6%	46.3%	43.0%	38.3%	35.6%

三、主要支出

2016 财年，日本预算支出总额为 96.72 万亿日元，同比上升 3799 亿日元，创历史新高。其中，75.6% 为基本支出，约为 73.11 万亿日元；24.4% 为国债还本付息支出，约为 23.61 万亿日元。基本支出中，社保支出占比最高，为 31.97 万亿日元，占支出总额的 33.1%；地方交付税分配支出 15.28 万亿日元，占支出总额的 15.8%；公共项目支出 5.97 万亿日元，占支出总额的 6.2%；教育和科技支出 5.36 万亿日元，占支出总额的 5.5%；国防支出 5.05 万亿日元，占支出总额的 5.2%。各项支出中，社会保障支出总量和同比增量均居于首位；增长率居前三位的是能源支出、经济援助和国防支出，分别为 3.6%，1.9%（其中官方发展援助增长 1.8%）和 1.5%。

（一）社会保障支出继续增长

2016 财年，社会保障支出同比增加 4412 亿日元，与《财政整固计划》所设目标一致，重点支持三方面活动：一是调整医疗护理预算，包括：将医疗护理预算总支出提高 0.49%，增加 498 亿日元；将药品价格预算降低 1.22%，减少 1247 亿日元；将药品材料预算降低 0.11%，减少 115 亿日元；二是基于《2015 年经济和财政治理与改革基本政策》主要内容，确定相关机构改革的政策和路线图，根据路线图稳步实施各项改革；三是为达到总和生育率为 1.8 的理想目标，将增加支出 1191 亿、295 亿、154 亿和 197 亿日元，分别用于提升育儿能力建设、确保育儿人力资源、支持多子女家庭和单亲家庭及减轻教育负担；以及为“无人因育儿问题离职”相关措施增加支出约 478 亿日元。

（二）国防和外事支出增加

2016 财年，国防预算支出将增长 1.5% 至 5.05 万亿日元，为连续第四个财年增长，并创历史新高。防卫预算增长重点用于两个方面：一是加强国防系统建设以及“中期防卫计划”；二是推动对美军事调整计划，以减轻冲绳岛负担。在外事支出方面，日本 2016 财年官方发展援助（ODA）总预算 17 年来首次上升，同比增长 1.8%，日本 2016 将担任 G7 峰会主席国，并将致力于推动难民危机等全球性问题的解决，确保日本公民免受恐怖主义威胁。

（三）重视教育与科技发展应用

2016 财年，科技教育经费支出占比 5.5%，总额 5.36 万亿日元。教育方面，将采取措施增加教师数量，加大支持贫困学生接受教育的支持力度，支持开展特殊教育，合理分配大学补贴，重新制订分配规则，强化国立大学作用。科技方面，2016财年预算支出同比增长0.6%，主要用于促进产、学、研相结合，为青年研究人员提供支持。此外，日本政府还重视科技推广应用，增加投入43亿日元，用于支持发展物联网、机器人及人工智能等新技术；增加投入105亿日元和102亿日元，用于支持尖端节能设备及节能住宅的引入和推广。

（四）振兴区域经济

2016财年，将增加1000亿日元财政补贴，用于加快区域振兴，对自发的、首创的地方项目提供新型补贴。同时，增加101亿日元，推动发展“旅游导向国家”，主要用于将日本观光厅预算翻番，以进一步改善旅游环境，吸引更多外国游客。此外，加速东日本大地震的灾后重建，加强对长期救援、社区构建、环境净化和工业振兴的支持力度。

（五）减少中央拨付地方政府资金

鉴于地方税收收入有所回升，2016财年将取消向地方政府额外拨款2547亿日元，地方交付税拨款由15.53万亿日元下降为15.28万亿日元。与此同时，推出“领跑者计划”，即领先的地方政府所完成的支出缩减额将纳入其他地方政府财务考核标准计算。该项计划将自2016财年起在信息系统运行等16个服务领域启动实施。

四、几点分析

（一）预算案以“新三支箭”为政策导向

2015年9月，安倍政府宣布推出“新三支箭”政策，主要内容包括刺激经济增长、强化育儿支持和完善社会保障。2016财年预算清楚地体现了上述政策意图。在基本支出中，包括提高生育率和支持育儿政策的广义社会保障支出总额达到31.97万亿日元，再创历史最高纪录，同比增长4412亿日元，为所有其他支出增长量的3倍有余。根据规定，预算草案将由内阁提交议会，进行为期两个月的审议，分别经众议院、参议院表决通过后执行。鉴于安倍领导的自民—公明执政联盟在众院占据三分之二席位，居于绝对优势地位，预算草案很有可能按期顺利通过实施。

（二）财政平衡前景存在不确定性

根据预算案规划，2016财年中央政府税收收入总额57.6万亿日元，超过金融危机前2007财年的51万亿日元水平，地方税收收入回升至41.8万亿日元，新债发行量降至34.43万亿日元，为七年来最低。但财政状况改善有赖于企业利润增长带来的税收增加，离不开日元贬值和利率持续走低的大环境，2016财年全球经济持续低迷下是否还能保持这一势头存在相当的不确定性。此外，日本债务余额超过1000万亿日元（约合8.6万亿美元），未偿还政府债务与国内生产总值（GDP）之比高居发达国家首位，中长期实现财政整固任务仍很艰巨。

（三）大幅增加对外援助和国防支出以提升国际影响力

2016财年，日本官方发展援助将增加1.8%，为17年来首次增加；国防预算总额5.05万亿日元，同比增长1.5%，为连续第四年扩张。2015年，日本国会强行通过安保法，政府决定设立总额1100亿美元“亚洲基础设施投资基金”，显示日本积极致力于提升国际影响力，强化军事实力。这一预算安排表明，日本政府向外扩张的政策还将在新的一年继续实施并强化。

（四）旅游业将成为2016财年政府重点支持产业

2016财年，日本将致力于打造“旅游导向国家”，观光厅预算增加了整整一倍，以营造更便利游客的环境，鼓励包括中国游客到东京和地方旅游。日本政府2015年3月曾宣布新的外资政策，包括通过各种多语言化举措，创造更加便利的购物、就医及交通环境，以及为外国游客提供更加便捷的局域网和无线网络服务等政策。日本大力发展旅游业，与其产业结构调整需求相符合。种种迹象显示，制造业并非日本产业结构改革方向，未来发展重点更偏向于旅游业、总部基地、高端农业等领域。

（陈立宏　李莹）

日本新经济刺激计划情况简析*

8月2日，日本政府公布总额28.1万亿日元的新经济刺激计划，用于支持日本实现“一亿总活跃社会”①、加强基础设施建设、应对英国脱欧影响、扶持中小企业和小规模事业者②发展、熊本地震和东日本大地震灾后重建，以及继续推进结构性改革。这是安倍政府“迄今实施的最大规模经济刺激方案”，引发日本国内外的关注。

一、总体情况

安倍上台以来，试图重振日本经济，先后推出“安倍经济学三支箭”，“新三支箭”政策，“一亿总活跃社会”计划，以及负利率政策，这些政策一定程度上取得了一些成效。但随着财政、货币政策效应减弱，结构改革进展缓慢，安倍经济政策效果依然差强人意，日本经济仍没有摆脱停滞状态。在此背景下，安倍政府决定推出新经济刺激计划。

该计划总规模28.1万亿日元，以刺激短期需求为目标，旨在实现“民间需求主导的持续经济增长”和“一亿总活跃社会”。计划将积极采取措施提振内需，同时推动产业结构、劳动力市场、人才培养等方面整体改革，加快社保等领域结构性改革，实施“以加快对未来投资为目的”的综合性经济对策。预期该计划将在短期内推动实际GDP增长约1.3%，同时通过财政投融资构建中长期发展基础，有效带动民间投资。

在此轮总额28.1万亿日元的刺激计划中，日本政府财政投入约13.5万亿日元，预期带动其他投资14.6万亿日元。其中，中央和地方直接财政支出7.5万亿

* 本文写于2016年8月9日。

① 一亿总活跃社会：2015年9月，安倍政府宣布将建设“一亿总活跃社会”，即创造让任何人都能在家庭、职场和地区更加活跃的社会。

② 小规模事业者：指小规模的企事业或其他业务的经营者。

日元，财政投融资①6 万亿日元。在直接财政支出中，2016 年度一般账户②追加预算 4.0 万亿日元，作为国库债务负担行为③追加 0.1 万亿日元，2017 年度以后追加 0.3 万亿日元；2016 年度特别账户④追加 0.5 万亿日元，2017 年度以后追加 0.2 万亿日元，2017 年度以后保险费削减 1.0 万亿日元。在财政投融资支出中，2016 年度财政投融资计划追加 3.3 万亿日元，2017 年度以后的财政投融资计划追加 1.8 万亿日元。见表 1。

表 1　新经济刺激计划主要内容及投资额　（单位：日元）

	总规模	财政投入（中央地方预算支出与财政投融资）
加速实现“一亿总活跃社会”计划	3.5 万亿	3.4 万亿（预算支出 2.5 万亿，财政投融资 0.9 万亿）
21 世纪型基础设施建设	10.7 万亿	6.2 万亿（预算支出 1.7 万亿，财政投融资 4.4 万亿）
应对英国脱欧产生的不稳定性等风险及中小企业与地方发展	10.9 万亿	1.3 万亿（预算支出 0.6 万亿，财政投融资 0.7 万亿）
熊本和东日本地区震后复兴以及安全、安心、防灾应对措施的强化	3.0 万亿	2.7 万亿（预算支出 2.7 万亿，无财政投融资）
合计	28.1 万亿	13.5 万亿（预算支出 7.5 万亿，财政投融资 6 万亿）

注：本表来自日本政府公布经济刺激计划报告，有关数据为约数。

二、具体政策措施

（一）加速实现“一亿总活跃社会”计划

2015 年，安倍政府提出建设“一亿总活跃社会”，宗旨是激发国民在家庭、社会、职场等各领域活力，本轮刺激计划相关措施如下：

① 财政投融资：被称为日本政府“第二预算”，以融资对象偿还资金作为前提，不列入财政赤字。具有避免对政府定为财政健全化指标的基础财政收支产生影响的效果，但仍属于政府债务。其以政府信用为基础筹集资金，以实施政府政策且形成固定资产为目的，采取投资（出资、入股等）或融资方式将资金投入企业、单位和个人的政府金融活动，是政府财政活动的重要组成部分。

② 一般账户预算：是与政府基本事务相关的一般性财政收支预算，以税收、国债收入等为财源，为国家的社会保障、教育科学文化事业、行政管理、国防等国家基本职能活动提供财力保障。

③ 国库债务负担行为：是政府因签订采购合同（通常是大型工程）而承担的为期两个年度以上与合同债务负担有关的预算。

④ 特别账户预算：是国家在基本事务之外，用于特定目的的国家项目支出预算。

1. 改善儿童成长与看护环境。一是完善保育和看护机构建设，到 2017 年末将儿童看护从业人数增加至 50 万人，2020 年初增至 50 万人以上；二是提高保育和看护人员待遇，拟将 2017 财年预算的 2% 用于提高保育人员待遇；三是减轻儿童看护人员经济和劳动负担，提升从业积极性，如向保育看护人员提供贷款优惠，加大对离岗保育看护人员再就业支持，精简行政管理程序，鼓励企事业单位便利看护事宜等；四是改革雇佣保险制度，2017 年将采取措施减少雇佣保险金，同时灵活运用职业发展补助金，2016 年 10 月起被雇佣者保险适用范围增加，对短时劳动者收入上涨和劳动时间延长进行补助；五是延长法定育儿看护休假时间，改善学校有关设施与环境，2017 年将实施兼顾育儿和就业的支持措施，构建更加安全舒适的教育环境。

2. 增强对青年成长和女性就业的支持。为促进青年和女性个人成长和职业发展，政府从加强教育和能力建设入手，减少相关发展差距，包括：2017 财年预算将安排给付型奖学金（无须归还）；新入学低收入家庭学生从 2017 年起不再有成绩要求，一律享受无息奖学金；针对女性候选人进行管理人员培养研修，为企业培育未来的女性经营领导人才；加大对婚姻支持力度，提升女性在社会事务中的参与度与活跃度。

3. 提高社会整体收入和消费水平。为刺激消费，扩大内需，政府将采取措施提升整体收入水平：其一，推进工作方式改革，促进待遇合理化、同工同酬、女性就业和雇佣老龄人士等；其二，缩短养老金申领时限，2017 年起从 25 年缩短至 10 年；其三，改革简单补助措施，2019 年 9 月前采取措施削减补助，2019 年 10 月上调消费税后引进轻减税率①，全面代替简单补助措施；其四，改革雇佣保险制度；其五，加大现有住宅流通性，支持住宅改建及改装，支持具备耐久性、环境友好及抗震性能的住宅建设，支持三代同居；其六，加强与产业界和地方合作，鼓励国民消费；其七，改善并普及小额投资非课税制度（NISA），加强金融机构客户本位服务，鼓励国民分散投资，形成稳定资产。

（二）完善 21 世纪型基础设施建设

1. 完善旅游基础设施建设。预计到东京奥运会召开的 2020 年访日外国游客将达到 4000 万人，2030 年 6000 万人。为推进相应硬件和软件基础设施建设，将在年内制定“观光基础设施建设项目”。硬件方面：改良港口，提升首都圈及地方机场功能，实现公交起终点无障碍化，完善景点通信设施建设；软件方面：提升酒店接待能力，提高 Wi - Fi 便利性，改善游客银行卡支付环境，完善铁路公交多国

① 针对消费税率提高后一般民众日常生活开支增加，特别是低收入家庭生活可能因此变得更加困难，引入“轻减税率”制度作为减负措施，即降低除烟酒以外生活必需品的税率，以降低民众日常生活负担。

语言服务，加大旅游宣传力度，推进“魅力日本”战略等。此外，为确保顺利举办 2020 年东京残奥会，将采取措施强化城市机能，完善设施建设，提高首都圈机场的问题应对处理能力。

2. 促进农林水产商品出口，完善相关产业基础设施建设，提升产业竞争力。一是完善农林水产基础设施建设，制定“农林水产出口基础设施整备计划”，硬件方面完善出口基地及配套设施（食品加工、零售批发设施）建设，软件方面改革出口相关手续、加大农林渔业发展产业基金支持力度，目标是 2019 年实现农林水产业 1 万亿日元的出口额；二是强化农林水产业竞争力，制定“农林水产业竞争强化项目”，硬件方面，推进农地使用的规模化和标准化，完善林地和渔港设施建设；软件方面，进行战略技术开发，开展农业经营培训，增强木材加工业竞争力和机械化转型等；三是提高农民收入，采取措施降低生产资料价格，改革流通加工体系，引进原材料产地说明等，年内完成制订“农林水产业竞争强化项目”。

3. 开展和完善包括磁悬浮中央新干线在内的新干线建设。利用低利率发行政府债券进行财政投资，力争提前 8 年完成磁悬浮中央新干线建设，完善新干线运行体系，同时积极推进开展都市圈环状路、国际战略港及城市功能网等基础设施建设，有效应对大都市拥堵、船舶大型化及城市区域扩大等问题。

4. 开展基础设施领域的海外援助。根据“主动扩大高品质基础设施出口”① 计划，积极推动“高品质基础设施”领域对外援助与合作，计划 5 年内针对相关基础设施建设投入 2000 亿美元。在此基础上，通过日本国际协力银行（JBIC）、国际协力机构（JICA）、石油天然气和金属矿物资源机构（JOGMEC）、日本贸易保险（NEXI）等关联机构，大力开展企业海外基础设施援助。同时，通过传统文化、食品、酒类等保有、创造和出口，加强对外宣传，实施“魅力日本”战略。

5. 加快提高生产力。面对物联网（IOT）和人工智能等第四次产业革命，推动改革，加强研发，推进知识产权战略，大力提升生产力和潜在生产能力，具体措施包括：推进 IOT 发展，建设人工智能研发点，加快其商业应用推广，如引入机器人加入看护行业；积极推动相关改革，促进宇航、能源、农林水产业等领域基础研究和技术开发，推动产学协作，改进科研机构研究设施，大力培育科技人才；促进医药和医疗器械领域开展产学官合作研发环境建设，促进医疗领域数码化和 ICT（信息与通信技术）化；推动 TPP 协定尽早生效，促进日欧 EPA 协商尽快达成一致，维护并加强自由贸易体系建设。

① “主动扩大高品质基础设施出口”战略：2016 年 5 月 23 日，“经协基础设施战略会议”制订这一新战略，旨在为应对全球对基础设施的大量需求，向世界宣传“高品质基础设施”，今后 5 年将官民携手为基建开发向全球提供包括贷款在内的约 2000 亿美元资金等。

（三）应对英国脱欧引发的不确定性风险，支持中小企业、小规模事业者及地方经济发展

1. 为中小企业和小规模事业者资金周转提供支持。下调日本政策金融公库①和日本商工中金银行②针对此类对象提供的保障性贷款利率，并提供现有担保贷款转借担保；通过国际协力银行（JBIC）海外业务支持融资服务，拓展海外业务支持体系。

2. 支持中小企业、小规模事业者提高生产经营能力。一是支持制造业、商业、服务业企业从事开发创新、海外拓展及客流量提高等活动，促进中小企业业务发展转型；二是支持中小企业和小规模事业者应对最低工资上调，从2017年起下调业主雇佣保险费时限；三是充实完善行业分包相关准则，改善相关中小企业经营条件；四是支持小规模事业者开拓销售渠道，以适应地区需求变化和实现可持续经营；五是由各级政府相关部门协调，强化地区金融体系功能，提高企业生产能力。

3. 推进地方增强活力加快发展。一是由“地方创生推进资金”创设、地方公共团体推行“地方创生综合战略”，根据地方实际情况，促进地区自主发展；二是加强生活基础设施建设，包括铁路立体交叉化设置、上下水道设施和适合高龄及残障人士的城市无障碍化设施等生活基础设施建设；三是充分利用民间资金、PPP（公共私营部门合作）和PFI（私人主动融资）等机制促进基础设施建设；四是采取措施振兴奄美群岛、小笠原诸岛、离岛等欠发达地区经济；五是鼓励通过将闲置房改建为体验型民居或交流展示设施等方式，提高地区经济活力；六是提升建筑业整体形象，培养并吸引国内外优秀建筑人才；七是到2017年年底，面向全国推广国家战略特区成果。

4. 强化风险应对机制。为确保金融体系稳定，继续通过“金融机能强化法”③有关措施，支持金融机构贷款服务，促进中小企业顺利融资。

（四）为强化成长和分配良性循环进行结构性改革

1. 推进工作方式改革。一是制定有利于待遇合理化的指导方针，确保劳动合

---

① 日本政策金融公库：2008年10月，日本政府将日本中小企业金融公库、农林渔业金融公库、国民金融公库合并整合为日本政策金融公库，是最为重要的中小企业政策性金融机构之一。

② 日本商工中金银行：由日本政府和中小企业团体合资设立的政策性金融机构，主要职责是向中小企业提供政策性金融服务。

③ 《金融机能强化法》：于2004年8月开始实施，该法案允许日本政府向陷入经营困境的金融机构注入公共资金，以促进银行重组整合改善财务状况，到2008年3月失效，但2008年12月通过修正案，以应对金融危机，恢复向金融机构注资，改善银行的资金状况，缓解中小企业筹资难等问题。

同法、小时工劳动法、劳动派遣法得以准确应用；二是关注本国雇佣惯例并推动法律改革准备工作，努力实现同工同酬；三是在劳资双方就不限制加班时间达成协议情况下，对于加班有关规定可以另行商议；四是在推广远程办公过程中避免年轻人工作时间过长状况，推动对“女性活跃促进法”和“下一代教育支援对策促进法”等法律的修订和完善；五是对延长雇佣65岁以上员工或延长退休年龄的企业提供支持；六是着眼于真正必要的领域，综合考虑外来人才使用事宜。

2. 调整最低薪资。经日本中央最低薪资审议会确定，日本本年度全国最低时薪（加权平均）上调24日元，保持较快涨幅，为完善最低薪资提升环境，需对中小企业强化经营生产能力提供必要支持。

3. 金融政策。由央行（日本银行）根据经济形势和物价变动情况，适时调整货币政策，努力实现通胀率2%的调控目标。

4. 推进其他结构性改革。推进经济、财政一体化改革，根据已经制订的改革日程和“经济财政再生行动计划”，对社会保障、地方财政、税收制度等实行稳健的结构性改革。

（五）加强熊本地震与东日本大地震震后安定、恢复及防灾措施

1. 开展和加快熊本地震和东日本大地震灾后重建工作。开展面向灾民的咨询援助，加快灾区住宅建设和道路等基础设施修复工作，推动当地产业复兴，树立震后重建典型，继续推进东北部地区核灾区核污染去除工作。

2. 完善灾害机制应对，提升国民安全感。完善防灾减灾机制建设，改进防灾信息机制，强化政府防灾应对机制，重视相关基础设施的老化问题。同时，增强对预防恐怖活动的信息收集和危机管理能力，确保良好治安的同时，通过强化自卫队作战准备，应对更加严格的安保环境。此外，充分把握国际形势动向，加强官邸等的危机管理机制建设、网络安全及国际传染病对策安排，努力确保国民生活得安心和安全。

三、几点分析

本轮经济刺激计划颁布后，日本国内和国际社会反响不一，但整体大都持观望态度。我们认为，此轮刺激计划不排除与前几轮经济计划类似，可能“雷声大，雨点小”。

（一）刺激计划内容无新意，实际投入规模不确定

从内容来说，建设“一亿总活跃社会”、改善基础设施、支持中小企业、地震灾后重建等，都在此前出台过相关政策，新刺激计划只是继续投入，有“贴标签”

的嫌疑。少数新举措，如应对英国脱欧公投，内容仅限于“由外务省进行英国脱欧后有关日欧以及日英的信息收集与分析”。从规模来说，总量28.1万亿日元中，中央财政实际投入仅有6.2万亿日元，其他或是地方财政投入，或是财政投融资资金，或是预期动员社会投资规模。因此，看似投入力度很大，但能够确定的部分有限，有分析认为，此计划对日GDP贡献可能仅为0.1%—0.2%。

（二）刺激计划可行性与政策效应不容乐观

过去几年，日本个人消费和企业投资持续低迷，新计划内容没有脱离已有轨道，预计效应也未必乐观，日本舆论甚至认为是“吹出的一个大泡沫”。计划中向低收入人群发放现金等措施，很可能转为储蓄而非消费。政府开展的“磁悬浮中央新干线”、农林水产品出口基地等基础设施建设，周期长，见效慢，未来成效难以确定。一些政策还牵涉特定因素，如农林水产业出口计划以TPP达成作为条件之一，而TPP前景不确定性因美国大选而增大，相关政策不可避免会受到影响。

（三）刺激计划可能产生不利影响和负面效应

日本政府债台高筑，财政状况捉襟见肘，新刺激政策将增加财政支出，必然在一定程度上加重财政负担。政府直接投资或提供低息融资，对民间投资可能产生挤出效应，也将加重民间金融机构运营压力。此外，政府设定了财政整固目标，制订了消费税增税计划，以扭转财政状况，但未能按时间表调整税率，同时在低息乃至负利率政策下大量举债实施财政投融资计划，使得财政纪律愈加松弛，同时也不利于动员私营部门投资和提高社会整体投资效率。

（四）结构性改革始终是日本经济复苏的根本动力

安倍经济学的重点是“第三支箭”，即进行结构性改革，其中最关键的是劳动力改革。如果社会保障改革停滞不前，少子老龄化应对乏力，劳动力问题不能得到有效缓解，实现经济复苏和可持续增长就是不可能的任务。因此，结构性改革取得实质进展，特别是劳动力问题得以解决，女性劳动参与率提高，少子老龄化趋势得到缓解，大规模引进外国移民，才是日本经济真正复苏并焕发活力的前提条件。

（谭艺浓　陈立宏）

IMF 评估日本宏观经济*

6 月 20 日，国际货币基金组织（IMF）结束了对日本 2016 年第四条款磋商。其所发布的报告指出，“安倍经济学”在振兴日本经济方面取得了一定进展，但日本增长前景依然疲软，距离提高经济增长率和通胀、实现基本预算盈余的既定目标仍有较大差距。如果维持现行政策框架，本届政府任期内将无法实现“安倍经济学”目标，需加大政策力度，提高政策协调性。IMF 在收入政策、劳动力市场改革、财政整顿等方面对日本提出了政策建议。IMF 报告主要内容如下，供参考。

一、日本经济回落及原因分析

由于日本央行实施了史无前例的量化、质化宽松货币政策、财政刺激和有力的结构性改革，日本的产出缺口有所缩小，日元升值的趋势得以扭转，金融状况更为宽松，企业利润上升，实际通胀率和通胀预期都转负为正。因第一次消费税上调，财政实现了大量结余。经济实现充分就业，基本工资稳步增长。

但后期日本经济复苏和通胀上升出现停滞，整体通胀率再次进入负增长，影响了基本工资上涨。经济增长下滑，消费和投资低迷，市场情绪并不乐观。近几个月来日元升值，股价下跌，通胀预期再次回落。日本经济回落主要由于以下几个原因：

1. 结构性原因：由于人口老龄化、人口总量下降，人们对于经济前景信心不足，影响了投资、信贷需求。劳动力市场二元性和僵化，导致在劳动力短缺和大企业利润高涨的情况下工人工资未能上涨。需求疲软和通缩预期导致企业提高产品价格的议价能力较低。金融部门对风险投资的支持力度不足，企业获得风险投资的渠道有限，表现为银行高度依赖固定资产担保，丧失盈利能力的小企业重组缓慢。

* 本文写于 2016 年 9 月 1 日。

2. 政策原因：2014 年，日本上调消费税，财政整顿力度超预期，财政政策上过度紧缩。而财政政策转向、年度预算追加、消费税上调时间安排的调整以及基于乐观的经济增长假设作出的中期预算预测，使财政政策中期内失去可信赖的“锚”，可能导致政策的不确定性。而货币传导机制不畅、工资推动价格上涨动力不足、利率下滑等阻碍了通胀预期上升，给央行的公信力及其与市场沟通都带来了挑战。同时，在解决上述结构性问题过程中，结构性改革力不从心，尤其在劳动力市场改革方面。

3. 外部环境原因：在全球经济增长低迷、商品贸易部门产能过剩环境下，日元走弱似未能推动日本出口。全球对新兴市场经济的担忧和对发达经济体调整货币政策节奏的预期加剧了金融市场波动和安全货币升值压力。因此，大宗商品价格回落并未刺激经济增长，反而对整体通胀率带来下行压力，迫使日本央行不断推迟实现通胀目标的时间。

二、日本政府近期实施的政策措施

近期日本政府实施了一系列政策措施，旨在将“安倍经济学”重新带回原来的轨道。主要政策措施包括：

1. 实施负利率政策：在经济前景疲弱、全球不确定性上升的背景下，日本央行仍抱定通胀目标不放松，采用了负利率政策，也为政策框架提供了一个新工具。截至目前，负利率政策在降低收益率曲线方面发挥了有效作用，但除对央行流动性和银行盈利能力产生预期效果外，对市场运行机制未产生纠正作用。其政策效果要全面传导至实体经济仍需时日。

2. 加大财政支持力度：日本政府决定采取更多刺激措施，并将原计划于 2017 年实施的上调消费税改革延迟两年半，这显示了日本政府在刺激经济的同时兼顾了短期内的财政可持续性。上述措施有利于降低通缩风险，支持近期经济增长，但会影响政府实现中期财政目标，除非未来实施大规模财政整顿措施，但这样又会削弱通胀回升的前景。

3. 推动工资上涨和投资：政府呼吁通过三方谈判提高工资，并于近期宣布最低工资每年要保持至少 3% 的增幅。日本政府于 2016 财年将企业法定所得税下调至 30% 以下，早于计划时间一年，但截至目前并未对投资产生任何效果。

4. “新三支箭”：新三支箭的主要目标包括：推动经济强劲增长，目标为名义 GDP 提高至 600 万亿日元；增加幼儿看护支持，提高生育率和劳动参与率；完善社保体系，使民众在照顾家人的同时能继续工作。

三、日本经济前景预测

尽管日本政府实施了积极的政策措施，但预计日本经济增长前景依然疲弱。2016 年日本经济增速预计为 0.5%，若不考虑追加预算的政策效果，预计 2017 年将下滑至 0.3%。预计在商品价格下降、劳动参与率上升、政府实施定向转移支付措施的情况下，私人消费会稳步增长，但近期名义工资增长率依然低迷。全球经济复苏乏力，贸易疲弱，不确定性上升，再加上近期日元升值，预计净出口和投资会受到拖累。劳动力市场预计依然趋紧，失业率维持在 3% 的结构性失业率水平。中期来看，由于经济潜在增长受人口结构因素制约出现下降，经济前景不容乐观。

在现行政策框架下，通胀率预计仍将远低于央行提出的 2% 的目标。核心通胀率预计近期内出现下降，反映了汇率升值和需求疲弱。通胀预期的下降和基本工资增长滞后削弱了通胀动力。2016 年日本整体通胀率预计为 0.2%，2017 年受能源价格上涨驱动，预计会升至 0.6%。中期内，预计通胀会缓慢上升，产出缺口不断缩小，工资对价格的推动作用不断强化。

短期看，虽然中国经济增长调整快于预期，发达经济体增长疲软，以及英国退欧等外部因素可能拖累日本经济增长，但考虑到 2016—2017 年日本将实施大规模财政刺激措施，经济增长主要面临上行风险。但中期内经济以下行风险为主。由于国内需求疲弱，低利率在高债务环境下的可持续性充满不确定性，而史无前例的非常规货币政策使金融稳定面临风险。上述风险可能导致经济停滞，市场对财政长期可持续性的担忧也会导致风险溢价上升，促使政府进一步加大财政调整力度，最终带来金融体系和实体经济间的“逆反馈循环”（adverse feedback loops）。

四、IMF 政策建议

鉴于日本经济面临的风险，IMF 认为应重点推进劳动力市场改革。同时，强化工资推动价格上升的动力，实现可持续的、成本推动的通胀上升，这是提高实际通胀率、进而推高通胀预期的有力工具。在通缩预期下，协调工资和价格上涨的机制缺失，劳动者议价能力长期下降导致了基本工资固化。此外，低收入非正规工人占比上升也拉低了平均工资涨幅。因此，应采取更有力的政策措施，直接解决工资议价问题和劳动力市场二元性。IMF 提出的具体政策建议包括：

1. 收入政策：政府可以要求盈利公司采用“合规或解释”（“comply or explain”）机制，并辅以税收激励甚至惩罚措施，确保基本工资每年至少增长三个百分点。此外，政府可以承诺每年提高行政可控部分的工资，并确保地方层面遵照实施。

2. 劳动力市场改革：引入“过渡型”合同，平衡工作保障与工资增长的关系，政府也应明晰合同的法律框架，并为非正规工人接受“过渡型”合同提供补贴。此举有利于降低劳动力市场二元性，强化工资政策，促进生产率增长。取消配偶抵扣和配偶补贴等税收和社保体系中阻碍工人从事全职、正规工作的逆向激励机制，并通过放松管制，提高幼儿看护设施的可获得性。

收入政策与结构性改革都离不开需求侧支持。要促进工资增长向价格的传导和劳动力市场改革，必须依靠货币和财政政策在短期内提供平衡、可持续的增长动力，确保短期内适度财政扩张，加速产出缺口缩窄。财政刺激应辅以进一步宽松的货币政策。

3. 确定可靠的财政整顿路线图，包括预先通告消费税调整路径。这项措施能够解决日本面临的财政可持续性问题，降低政策不确定性，创造政策空间。日本潜在增长率较低，应避免过度依赖央行的货币宽松政策，逐步提高消费税，例如每年定期提高0.5%或1%，直至达到15%，以确保财政在长期内支持经济增长和可持续性的平衡。改革路径的设置应充分考虑政治因素、企业合规成本和税收部门的管理成本。提高消费税应尽快开始，并将目前定于2019年调整的时间安排改为提前沟通和告知，这种稳步推进的方式有利于提高长期财政调整的可信度，降低消费者不确定性，避免消费税上调期间出现支出大幅跨期调整。此外，应尽量保持单一税率结构，通过定向现金转移支付解决税收调整对低收入家庭的影响。

4. 实施更深层次的结构性改革，尤其是劳动力市场改革。日本人口结构倒挂，若不实施更深入的改革，预计日本潜在增长率将从2015年的0.5%下降至2030年的零增长。除采取措施刺激国内女性和老年劳动力供给外，应考虑吸纳更多国外劳动力。跨太平洋伙伴协定（TPP）的全面实施和可能出现的扩围，以及其他贸易和双边投资协议的推进，再加上进一步放松管制等有助于长期内提高生产率和短期内增加需求。从金融部门看，应通过以下三方面改革，促进创新和新增长领域：第一，进一步发展国内资本市场，鼓励证券化和私募股权基金，为中小企业融资创造更为宽松的条件；第二，政府减少对中小企业的扶持，强化企业兼并重组和市场退出等优胜劣汰机制；第三，促进企业继承。

5. 提高政策可信度。政府到2020财年实现基本财政盈余的中期财政整顿方案，应避免依赖乐观的经济增长预测，否则会减弱结构调整的应有力度，使财政政策丧失中期参考依据，削弱民众信心。强化财政框架需引入支出控制的财政纪律，尤其是社保支出，并限制追加预算，提高经济前景和预算预测的独立性。当前，财政收入调整政策已被延迟，社保支出改革，尤其是医疗支出改革的重要性日益提升。日本央行应提高政策沟通的清晰度，公布预测和提高通胀率的政策目标，善用前瞻性指引等政策手段，这有利于增加货币政策的可信度，提高通胀预期。

6. 政策空间非常有限，应善加利用。在实施深入的收入政策及综合配套改革前，除非实施大规模财政刺激，否则扩张性的财政政策效果有限，反而会增加风险，产生负面影响。鉴于当前疲弱的经济前景，近期内财政政策应总体保持中性。同样，由于实现通胀目标短期内无法完成，宽松的金融条件应保持一段时间。应重新调整货币政策，审慎平衡加大宽松政策力度的收益与中期金融稳定性的潜在风险，包括央行的市场高流动性、金融机构的盈利能力、挤兑、市场功能下降、央行购买资产限制及负利率等。

7. 延长财政整顿期限。在名义增长率没有提高的情况下，所需的财政调整力度应更大，持续时间更长，因此受冲击影响的脆弱性也更高。财政整顿应稳步推进，每年维持在结构性 GDP 的 0.25%—0.5% 之间，并维持足够长时间。同时，应提高货币政策框架的灵活度，日本央行不应再设置实现通胀目标的具体日期，而是制定更为现实的目标，提高央行公信力。同时，应就此与市场加强沟通，以免市场误判为央行放弃了实现通胀率目标的承诺。此外，还应控制潜在的市场负面反应，包括日元升值。

8. 确保金融稳定。延长非常规货币政策的实施时间、通胀目标不能实现或财政可持续性出现问题，都可能诱发金融稳定风险。目前，金融部门总体稳定，但个别领域风险正在积聚。资产收益已经很低，在负利率环境下，金融机构的盈利能力可能继续下降。尽管国内债券的利率风险和不良债务率下降，股票价格波动相关的市场风险却在扩大，汇率风险也在上升。日本央行市场流动性似乎已出现下降，截至目前对其他市场的溢出效应也较为有限。为应对风险，应鼓励区域银行改变商业模式，支持银行减少战略性持股，确保主要外汇资金来源稳定，扩大证券借贷便利（Security Lending Facility）规模。此外，如果汇率借贷增速持续快于汇率储蓄，应确保主要外汇有充分的流动性。政府应定期评估主要交易商资产减少对市场主导能力的影响。还应继续强化现行宏观审慎政策框架，加强监管活动信息共享，确保央行与金融服务机构在相关政策管理中职能划分清晰。当前，国际性银行正努力适应监管条款变化，而任何影响区域银行的监管条款变化都应尽快明确。监管条款变化致使银行跨境金融服务减少的现象目前还未显现，但应评估未来反洗钱和反恐融资与反洗钱金融行动特别工作组业务整合的影响。

9. 应对风险和溢出效应。当前，缓冲器与政策应对下行风险的有效性主要取决于冲击的规模与来源。财政与货币政策协调配合是化解增长下行风险的第一道防线。财政政策应依主权风险溢价及其对金融稳定的影响而定。对经济增长、通胀及债务冲击程度较大，或政策在实现中期财政可持续性方面失败，会使传统缓冲器丧失有效性。

10. 抵御其他国家溢出效应的影响，确保中期内对外收支平衡。新兴市场经济下滑、全球金融波动和石油价格下降等外部影响因素可能对日本经济提高增长率、降低通缩风险带来挑战。2015 年的外部环境基本好于理想政策下中期基本面情况，而 2016 年开始的真实有效汇率升值已使其与中期基本面情况基本吻合。强化国内政策仍是降低通缩风险、提高弹性最为有效的工具。若不加大结构性改革的力度，实施可信的财政整顿，国内需求将继续低迷，任何进一步的货币宽松措施都可能导致过度依赖日元贬值。

（燕晓春）

韩国实施中期财政规划的经验与启示*

1982年，韩国引入中期财政规划及配套预算改革，通过严肃财政纪律、改进财政资金配置机制，不仅成功解决了赤字扩大、债务高企等问题，同时优化了支出结构，助推了经济转型和结构调整，是韩国成功跨越中等收入陷阱的重要制度因素之一。但由于早期韩国中期财政规划仅作为经济企划院①内部的指导性文件，并不向国会报告，因此约束力不够，在2004②年引入中期预算时进行了完善，增强了约束力。作为国家主导型市场经济，韩国与我国在经济治理方面存在一定的相似性，因此，其实施中期财政规划的经验对我国具有重要借鉴意义。

一、韩国实施中期财政规划的基本情况

（一）韩国实施中期财政规划的背景

韩国在国家主导型经济发展模式下，经过20世纪六七十年代的快速发展，经济实力大幅提升，成功进入中上等收入国家行列，创造了世界闻名的“汉江奇迹”。但在20世纪70年代末80年代初，国家主导型发展模式暴露出诸多弊端，同时受“石油危机”冲击，韩国出现了经济增长停滞和高通胀。1979年、1980年，韩国经济增速分别为-4.8%和-6.1%，通胀率高达44.2%和28.7%。此外，经济增长停滞带来了高失业率，收入两极分化不断扩大，政治局势也动荡不安，韩国陷入危机。

政府对经济发展的全面干预，也造成了财政负担大幅上升。20世纪70年代末

---

* 本文写于2016年9月6日。

① 经济企划院成立于二战后韩国独立之初，负责编制经济发展五年规划和政府预算，经过几次机构改革后，于2008年与财政经济部合并为企划财政部，以加强政策协调，提高效率。

② Youngsun Koh, Reforming the Fiscal Management System in Korea [C], *Fiscal Policy and Management in East Asia*, NBER-EASE, 2007, 16: 315.

80 年代初，由于韩国国内经济形势恶化，政府明确限制税收占 GDP 比重的增长，民众对收入再分配及社会领域支出的需求不断增加，财政收支矛盾凸显，而预算软约束使得预算赤字进一步扩大。1980—1982 年间，韩国财政赤字占 GNP 的比重分别高达 3.2%、4.7%、4.4%，1982 年债务占 GNP 的比重已高达 53.5%，成为世界上债务最高的四个国家之一。而政府弥补预算赤字的方式主要为发行货币，这是造成通胀率大幅上升的重要原因，韩国深陷债务和通胀泥潭。从财政支出结构看，其财政主要用于经济发展，社会性支出较低，且支出结构固化、僵化，调整支出优先顺序的机制缺失，对民众期待回应寥寥，社会危机一触即发，改革迫在眉睫。

（二）韩国实施中期财政规划的主要内容

为强化公共财政管理，控制支出，发挥财政在经济稳定中的作用，韩国于 1982 年引入了中期财政规划。从财政纪律看，韩国中期财政规划主要采用中期预算平衡作为约束指标；从约束程度看，韩国的中期财政规划不需报立法部门，不具有法律约束力，主要用于财政部门预算分配的内部指导。

中期财政规划的编制由当时的经济企划院负责，主要流程包括：（1）预估人事经费、军费及对地方转移支付等现行固定支出；（2）估算所有正在推进项目所需的财政支出；（3）估算新项目所需的财政支出；（4）估算要实现财政平衡所需的财政收入；（5）综合比较财政总收入与财政支出总需求；（6）在所有预算申请中分析、确定优先支出项目；（7）确定超出财政收入的支出项目的必要性和可行性。同时，韩国实施了配套改革，包括将年度预算改为零基预算等。

（三）韩国实施中期财政规划的效果

韩国在实施中期财政规划、零基预算等财政改革后，财政支出受到严格控制，财政赤字占 GNP 的比重不断下降。根据中期财政规划，韩国的财政纪律指标为中期预算平衡。为刺激经济复苏，同时保持财政稳健，韩国政府严格控制税收占国民经济的比重，并从严缩减支出。因此，在中期财政规划与零基预算的配合下韩国开始减少支出规模。引入中期财政规划的第二年，即 1983 年，韩国的财政支出增长率已从 1980 年和 1981 年的 28.4% 和 21.8% 降至 8.8%，财政赤字占 GNP 的比重已从 1982 年的 4.4% 降至 1.6%，并在之后几年中一直保持在 1.5% 左右的低位，最终在 1987 年实现财政盈余。

此外，实施中期财政规划后，韩国的财政支出结构得到优化。在中期财政规划下，韩国政府确定了中期支出的优先顺序，在财政支出紧缩和国际政治动荡、军费支出增长的情况下，政府逐步降低了用于经济增长的财政支出，增加了教育和医疗等方面的支出。财政支出结构优化为韩国经济转型、结构调整发挥了积极作用。

然而，韩国的中期财政规划借鉴了德国的模式，只在经济企划院内部作为预算配置的指导性文件，并不向国会报告，因而约束力不够，导致几年后编制部门对其重视程度有所下降，编制过程出现了流于形式的问题。为弥补这一不足，在2004 年实施中期预算时，韩国比照多数其他实施中期预算国家的做法，将中期预算连同年度预算一起向国会报告，以增强其约束力。

二、韩国实施中期财政规划成功的原因

（一）重构财政资源配置机制是韩国中期财政规划成功的关键

在引入中期财政规划前，韩国实施的前四个经济发展五年规划都是“全能”型的经济发展规划，涉及内容非常广泛，不仅包括政府部门的公共投资，还包括私营部门投融资、预期贸易规模等，甚至包括预期粮食产量等目标。这样“全能”型的经济发展规划对于预算编制的指导性非常弱。且经济发展五年规划一旦制定，期间不会作出调整，更不会随年度计划向前滚动。引入中期财政规划后，经济企划院仅将中期内财政支出项目纳入了中期财政规划，在该机制下确定项目的优先顺序，并改革年度预算模式，实施零基预算，最后使中期财政规划与年度预算滚动衔接。重构中期财政资源分配机制解决了经济发展五年规划涉及部门和内容过于宽泛和年度预算短视问题，也为日后中期预算的实施奠定了基础。

（二）治理模式的转变是韩国中期财政规划成功的根本原因

韩国在引入中期财政规划前，政府主要参照五年经济社会发展规划配置资源，对经济发展实行全面干预。为实现规划目标，政府投入大量财政资源，在财政收入有限的情况下，通过扩大财政赤字确保支出，并通过发行货币来弥补财政赤字，最终导致通胀率奇高。在经历了经济追赶阶段后，这种政府全能型治理经济的模式带来了预算大幅赤字、通胀率高企、经济结构失衡、资源配置扭曲等一系列问题，出现了政府管理低效和政府失灵问题。引入中期财政规划后，韩国政府逐渐减少了对经济的直接干预，将部分政府职能转移至民营部门，更多依靠财政支出政策进行间接干预，并确定了严格的财政纪律和财政整顿目标，使政府财政支出严格受财政纪律约束。

正如韩国公共财政研究院（Korea Institute of Public Finance，KIPF）Junghun Kim 指出，韩国实施中期财政规划的过程是规划与预算职能调整的过程，是从“经济规划上位、预算下位”的模式逐步向“预算上位、财政规划下位”模式转变（如图 1）。由此可见，中期财政规划的引入推动了韩国经济治理模式的转变，而治

理模式的转变是韩国中期财政规划成功的根本原因。

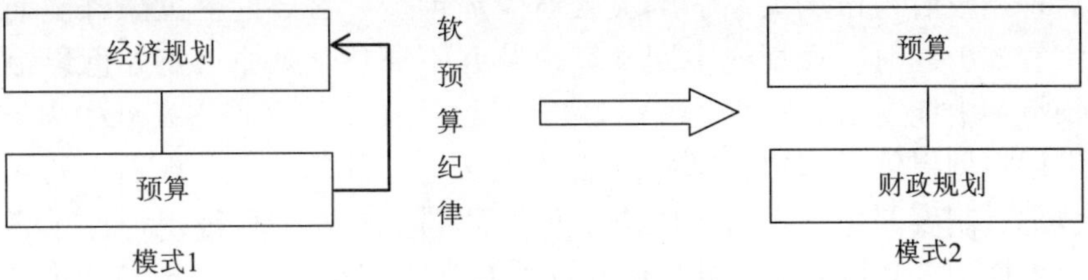

图1　韩国中期财政规划的转变

（三）规划权与预算权的统一是韩国中期财政规划成功的体制保障

中期财政规划从本质上包含了财政支出政策和预算资金支持两方面内容，是政府规划和预算的有机统一。如果规划权与预算权分属不同部门，部门间协调就会面临诸多困难，最后造成规划与预算的脱节。没有预算支持的规划就失去了编制意义，而没有规划指导的预算也难以保证支出的有效性。如果规划权与预算权统一集中在一个部门，即核心预算部门，就能从体制机制上确保中期财政规划的实施。韩国的经济企划院集规划、预算权于一体，为韩国中期财政规划的成功实施提供了体制机制保障。此外，由于韩国经济企划院被赋予较高的地位和权力，使其在支出部门协调方面发挥良好作用，确保了韩国的财政纪律和支出优先顺序的执行。

（四）韩国实施的一系列配套改革为韩国中期财政规划的实施提供了基础条件

韩国在引入中期财政规划时，实施了一系列配套改革。1977 年，韩国改革政府收支分类，将分项列支改为功能分类；1979 年统一了预算账户与国民账户体系，为提高预算透明度提供了前提条件。1982 年，韩国政府改革了预算模式，放弃了原来的渐进预算，实施了零基预算，由相关预算官员决定预算支出规模，改为所有预算官员组建团队讨论决定各项预算支出规模。这些配套改革的推进也为韩国中期财政规划的实施奠定了基础。

三、几点启示

（一）韩国中期财政规划改革的成功经验值得发展中国家借鉴

韩国是国家主导型经济体，与欧美等预算制度建立更早、更成熟的国家相比，韩国实施中期财政规划的改革内容更多、程度更深，尤其是规划与预算职能定位的互换，意味着国家治理体系的深度调整。以这次改革为突破口，韩国政府逐步确立了预算治理模式，为解决赤字和债务问题、应对经济危机发挥了重要作用，也为日后理顺政府与市场关系、解决政府失灵创造了必要的制度条件。而许多发展中国家实施中期财政规划或中期预算改革并不成功，其原因正如世界银行《超越年度预算：中期支出框架的全球经验》中所指出的：“在许多发展中国家，国家经济或发展规划提供了国家和部门支出优先次序的基础。由于规划部的权力往往大于财政部、制度僵化、内阁集体决策传统薄弱、规划过程被视为比预算过程重要，整合中期预算和国家发展规划已被证明是相当困难的。”韩国实施中期财政规划的路径为诸多发展中国家提供了可资借鉴的经验。

（二）引入中期财政规划对我国具有重要意义

中期财政规划是优化财政资源配置的重要制度安排，是建立中期预算的基础。中期预算本质为联结规划、政策和预算的机制，其中规划就是指中期财政规划，是以支出政策为形式的中期内财政资金分配方式。因此，只有制定科学的中期财政规划，才能为未来实施中期预算提供必要条件。当前，随着我国经济增速放缓，财政收入增速下降，人口老龄化等因素又使得支出刚性增长，财政支出结构固化、僵化，财政收支矛盾不断凸显。编制科学的中期财政规划，不仅有利于我国优化财政支出结构，缓解当前的收支矛盾，确保财政可持续性，也将为我国未来实施中期预算构筑基础条件。此外，我国过去实行年度内预算收支平衡，在税收任务摊派的情况下，容易带来预算执行的顺周期问题。实施中期财政规划和跨年度预算平衡机制后，审核重点由平衡状态、赤字规模向支出预算和政策拓展，将预算重点放在支出，有利于加强预算的连续性，发挥财政的逆周期调节作用。

（三）我国中期财政规划改革应置于国家治理体系和治理方式变革的框架中

实施中期财政规划不仅是一项技术调整，更是预算制度的重要改革，有利于规范政府行为和科学决策，涉及国家经济治理方式的变革和治理体系的重塑。与韩国在实施中期财政规划前类似，我国从高度集中的计划经济体制确立到党的十八届三中全会召开之前，预算实质上只是从属于国民经济和社会发展五年规划的一项下位政策，是实施国民经济和社会发展规划的一项工具。因此，中期财政规划的实施是规划职能与预算职能地位的调整，从根本上说要求政府改变参与的经济方式，调整施政边界。从我国实施中期财政规划的实践经验和地方试点看，改革更多地被视为财政部门的一项部门业务要求，其推进更多是靠财政部门单兵突进，这降低了中期财政规划的功能定位。因此，可借鉴韩国经验，将中期财政规划的实施与政府改革结合起来统筹推进，在中期财政规划的过程中，通过调整规划与预算的职能，合理确定政府施政边界，解决好政府“越位”和“缺位”问题，从而促进政府职能转变，助推经济体制改革的深化。

（四）我国中期财政规划要有效发挥作用，离不开可靠的体制机制保障

计划经济时期的规划治理模式以及遗留下来的部门分工，导致了我国规划与预算的分离。财政部作为核心预算机构，没有规划权，因此中期财政规划要与国民经济社会发展规划衔接，而两者覆盖范围、内容及周期上都存在诸多差异，很难顺利实现。韩国在体制机制上的优势为其中期财政规划成功实施提供了有力支持。因此，在短期内，我应从更高层面加强各级财政部门和发展改革部门的协调配合；而从中长期来看，应优化政府机构设置和职能配置，理顺部门职责关系，为新时期全面深化改革提供体制机制保障。

（五）应加强研究，立足本国国情，借鉴国外经验

财政是国家治理的基础和重要支柱。中期财政规划和中期预算是国家治理体系和治理能力现代化的重要内容，需要从理论到实践不断进行探索和创新。当今世界特别是一些发达国家早在几十年前就开始陆续采用，积累了丰富的经验，值得我们加以学习和借鉴。同时，还应充分认识到，预算制度改革是建立在一定的经济和政治条件基础上的，各国国情不同，面临的主要矛盾和问题也不同。因此，实施中期财政规划和中期预算改革，应坚持从我国实际出发，特别是在改革的主要内容、实施步骤和节奏上，都应放在我国治理体系和治理能力现代化的整体布局中考虑，不宜简单照搬他国模式。

（燕晓春）

韩国 2016 年财政预算追加案简析*

经朝野多轮激烈辩论，韩国国会于 9 月 2 日最终批准了总额约 11 万亿韩元的 2016 年财政预算追加案（按现价，约合人民币 656 亿元）。这是韩国企划财政部近期推出的“28 万亿韩元 + α”财政刺激计划①的一部分，表明韩国政府针对经济下行压力通过财政手段刺激经济增长的决心，引各方关注。现对预算追加案主要内容分析如下，供参考。

一、出台背景

从全球层面看，世界经济正面临严峻挑战。2016 年以来，IMF 已连续三次下调全年全球经济增长率，预期从 3. 6% 下调至 3. 1%，韩国经济增长外部压力加大。从韩自身来看，韩国经济增长乏力，出口与消费持续低迷。韩国央行年内已 3 次下调 2016 年韩国经济增长预期，由 3. 2% 下调至 2. 7%，并将通胀预期由 1. 7% 下调至 1. 1%。截至 6 月份，韩国出口已连续 18 个月下滑。同时，就业形势不容乐观，特别是青年人失业率高企，7 月份失业率为 3. 5%，青年人失业率更高达 9. 2%，失业人口同比增加 29. 7 万人。此外，造船业结构性调整的后续影响日益凸显，庆南、全南等造船业密集地区失业率不断上升，6 月份韩国四大造船业密集地区失业率平均提高 0. 7%，且预计到 2017 年将减少 5. 6 万—6. 3 万个就业岗位。

基于以上几个原因，韩国政府决定通过预算追加等财政手段刺激经济增长和稳定民生。

* 本文写于 2016 年 9 月 13 日。

① 该计划还包括基金预算 3. 3 万亿韩元；国有企业预算 1. 3 万亿韩元，主要用于发行债券、企业融资等方面；政策金融方面预算 12. 4 万亿韩元。

二、主要内容

（一）整体情况

本次预算追加总额约为 11 万亿韩元。其中，1.9 万亿韩元用于支持造船业结构性改革；1.7 万亿韩元用于促进就业和稳定民生；2.3 万亿韩元用于提振地方经济；3.8 万亿韩元用于加强地方财政保障；1.3 万亿韩元用于偿还政府债务。

通过追加预算后，韩国财政收入预计将增加 9.8 万亿韩元，达 401 万亿韩元；财政支出将增加 8.9 万亿韩元，达 395.3 万亿韩元；财政赤字占 GDP 的比重将由此前的 -2.3% 降至 -2.2%。此外，由于追加预算不增发国债，且有 1.3 万亿韩元用于偿还国债，因此政府债务占 GDP 的比重将由 40.1% 降至 39.3%（详见表 1）。

表 1　韩国追加预算前后各项财政指标变化　（单位：万亿韩元，%）

	2015 年	2016 年		增加
		追加预算前	追加预算后	
总收入	371.8	391.2	401	9.8
增长率	4.3	2.3	4.9	
总支出	372	386.4	395.3	8.9
增长率	6.9	2.9	5.3	
财政收支	-38	-36.9	-36.1	0.9
占 GDP 比重	-2.4	-2.3	-2.2	
国家债务	590.5	644.9	637.8	-7.1
占 GDP 比重	37.9	40.1	39.3	

（二）重点支出领域

1. 支持造船业结构性改革

新增财政资金将优先用于支持造船业结构性改革，主要有以下措施：一是支出 1.4 万亿韩元用于增加政策性银行（包括韩国产业银行和韩国进出口银行）资本金，应对企业重组可能发生的亏损；二是支出 4000 亿韩元用于支持海运保险机构，以补强中小企业信用，提高造船业竞争力；三是支出 1000 亿韩元用于支持造船业技术革新；四是为增加中小型造船企业订单，政府将订购海警舰船、缉私船等 61 艘公务用船。

2. 增加就业和稳定民生

一是缓解造船业改革造成大量失业。为缓解造船业改革导致大量裁员的影响，支出 2000 亿韩元为 4.9 万名造船业失业人员提供再就业培训。同时，为部分失业人员提供临时工作岗位，并在造船业密集地区增加 1 万个就业岗位。鼓励失业人员自主创业，提供总额 53 亿韩元的创业基金。在六大造船业密集地区设立造船业希望中心，为失业人员提供再就业中介服务以及疑难解答、心理咨询等服务。

二是促进青年人就业。投入 4000 亿韩元用于促进青年人就业，预计将创造直接就业岗位 3.6 万个。主要有以下措施：其一是增加大学生社会实践和就业培训机会，解决社会需求与学校教育错位问题；其二是投入 157 亿韩元用于支持青年人成功就业一揽子计划；其三是支出 236 亿韩元用于扩大与国家基础战略产业相关行业培训。此外，为支持青年人就业，投入 3000 亿韩元用于扶持创意产业发展，包括游戏、大众文化产业等青年人青睐的求职行业。同时，支出 223 亿韩元用于创意产业的制度建设。

三是提高中小型企业出口竞争力。近期韩国出口下滑，出口型企业备受影响，特别是中小型企业，主要有以下措施：其一是为提高中小企业出口竞争力，支出 5000 亿元韩元用于中小企业开拓海外市场；其二是支出 4000 亿韩元用于扩大出口信用保险规模及覆盖面；其三是为加快中小型企业向国际化企业转型升级，将支出 370 亿韩元支持中小型企业进行产业化包装、市场营销及参与海外展销会等。

四是完善弱势群体就业服务体系。支出 1000 亿韩元用于促进弱势群体就业，预计受众将达 4.4 万人；同时，支出 9000 亿韩元用于进一步加强和改善弱势群体生活保障。此外，支出 162 亿韩元用于支持低收入阶层就业一揽子计划，预计受众将达 1.5 万人。

五是应对英国“脱欧”不利影响。为缓解英国“脱欧”影响，支出 5000 亿韩元注入外汇稳定基金，除常规外汇储备外，政府也会动用该基金干预市场。

3. 提振地方经济

一是支出 4000 亿韩元用于城市基础设施建设。其中，为拉动造船业密集地区经济复苏，将积极发展该地区旅游观光产业，支出 1500 亿韩元用于支持该地区旅游行业投融资发展。二是支出 9000 亿韩元用于进一步促进中小型企业发展。其中，4000 亿韩元用于扩大企业经营安全资金。三是向财力匮乏地区拨款 9000 亿韩元，用于地方政府正常推进产业发展。

4. 加强地方财政保障

为提高地方经济活力，中央政府计划向地方划拨 1.8 万亿韩元，该项资金主要来源于教育税（国税）收入，地方政府可按“一般财源”形式灵活使用此笔资金。同时，中央政府将向地方拨款 1.9 万亿韩元用于幼儿教育辅助金，主要为 3—5 岁韩国儿童提供学前教育。

三、几点分析

（一）韩国预算追加旨在促进韩国经济增长和增加就业机会，但实际效果有待观察

为应对全球经济和本国经济下行风险，各国逐渐认识到，应将货币、财政和结构性改革等政策工具有效组合起来。在世界经济面临严峻形势和复杂挑战背景下，韩国经济下行风险逐渐加大，同时朝鲜半岛地缘政治风险不断增加，韩国执政党压力不断增强。再加上一直以来韩国经济结构较为单一，国民经济体系抗危机冲击能力较弱，提振国内经济迫在眉睫。目前，韩国货币政策空间已十分有限，6月份韩国央行下调基准利率至1.25%的历史最低水平，货币政策效果逐步降低，且很难立竿见影，诉诸财政政策似乎是明智之选。据韩国财政部预计，该项财政刺激计划能使韩国今、明两年GDP增长分别提升0.1%和0.2%；能提振就业，将为造船业密集地区直接创造就业岗位4.2万个，通过再就业培训和鼓励自主创业等方式间接创造就业岗位2.6万个，同时为青年人提供6.8万个就业岗位。整体上看，由于韩国此轮预算追加规模有限，最终对经济刺激作用的实际效果还有待观察。

（二）借鉴韩国做法，积极应对我国加快振兴东北老工业基地和青年人就业问题

韩国应对经济下行压力的某些做法，能为我国解决相关问题提供有益借鉴。一是借鉴韩国造船业改革经验，加快振兴我国东北老工业基地。近几年，韩国对造船业调整仅停留在解决融资难方面，而由于现有造船产能严重过剩，市场供需矛盾日益突出，仅靠以财团扶持造船业发展难以解决根本性问题。今年以来，韩国政府从造船供给侧和体制两个方面入手进行改革。为支持造船业改革，预算追加案中，对造船业未来发展作出合理规划，包括支持造船业技术创新以及为造船业失业人员提供再就业培训等，以避免韩国造船业失去全球市场的主导地位。目前我国也面临振兴东北老工业基地的艰巨任务，亟待解决抑制产业衰退、解决大批下岗职工再就业和社会保障等问题。可借鉴韩国造船业改革的有益经验，破除以往发展进程的简单延续，围绕培育区域竞争新优势深化改革创新，不断激发全面振兴活力。二是应高度重视青年人特别是大学生就业问题。自北非中东动乱以来，就业问题尤其是青年人就业问题引起各国高度重视。韩国此轮财政计划就有专项应对青年人就业的方案。当前，我国青年人尤其是大学生就业总体稳定，但青年人就业存在的一些问题，包括隐性失业等问题仍不容忽视，应稳步采取有效

措施积极应对，努力降低就业门槛，提高支持青年人自主创业的力度。

（三）应密切关注韩国经济走势以及中韩关系变化可能带来的影响

一方面，应密切跟踪研究韩国经济外溢影响。目前韩国在亚洲乃至全球经济中的系统重要性不断加大，其宏观经济表现和经济政策的外溢影响逐渐凸显。在全球经济依然低迷的形势下，韩国是为数不多率先运用财政手段刺激经济增长的G20 国家，因此，应持续关注和预判韩国本轮财政刺激计划进展情况和效果，及可能给区域带来的影响。另一方面，应密切跟踪预判中韩关系变化及其影响。就中韩双边关系而言，一直以来，中韩政治关系良好并促进经济关系不断增强，双边贸易依存度逐年递增，中韩贸易额过去 20 多年间增长了 60 倍，已达到近 3000 亿美元；中韩自贸区建成后，将形成经济总量达 12 万亿美元的巨大市场。但近期受韩“萨德问题”影响，中韩关系转冷，甚至可能出现倒退，必将给双方经济关系带来挑战。我国政府应密切关注，加强研判，及时做好相关预案。

（于晓）

印度2016—2017财年预算案简析*

2016年2月29日，印度财政部向议会提交了2016—2017财年①预算草案。该草案体现了印度进行改革的决心及新财年印度发展的方向和着力点。现将印度新财年预算案相关情况简析如下，供参考。

一、2016—2017财年预算收支总体情况

（一）预算收支情况

2016—2017财年（以下简称“2016财年”或“本财年”）预算案预计，印度联邦政府预算收入（含借款及其他负债）/支出总额为19.78万亿卢比（按现价约合2947.3亿美元），较上一财年大幅增长10.81%，财政赤字为5.34万亿卢比。预算收入方面，经常性收入为13.77万亿卢比，占比70%，包括税收收入与非税收入，同比增长14.2%；资本性收入为5.88万亿卢比，占比30%，包括贷款回收、借款及其他负债以及其他收入，同比增长3.7%。预算支出方面，非计划支出（Non－Plan Expenditure）为14.28万亿卢比，占比72.2%，主要包括利息支出、国防费用、补贴等，同比增长9.2%；计划支出（Plan Expenditure）为5.5万亿卢比，占比27.8%，主要包括农业、能源、交通等领域支出，同比增长15.3%。

（二）预算支出结构

按功能划分，总支出包括计划支出和非计划支出。计划支出主要包括：中央计划3.08万亿卢比，占支出总额的15.58%，同比上升0.96个百分点；中央向邦和联合属地计划援助2.42万亿，占支出总额的12.23%，同比上升0.13个百分点。

---

* 本文写于2016年4月5日。

① 印度财政年度从每年4月1日起至下年3月31日止。

非计划支出主要包括：利息支付和债务支出（Interest Payments and Debt Servicing）为4.92万亿卢比，占支出总额的24.9%，同比下降0.8个百分点；国防支出为2.49万亿卢比，占支出总额的12.6%，同比下降1.3个百分点；各项补贴2.5万亿，占支出总额的12.7%，同比下降0.3个百分点，其中肥料补贴为7000亿卢比；向邦政府拨款1.18万亿卢比，占支出总额的5.98%，同比下降0.12个百分点；养老金支出1.23万亿卢比，占支出总额的6.24%，同比增长1.24个百分点。详见图1、图2。

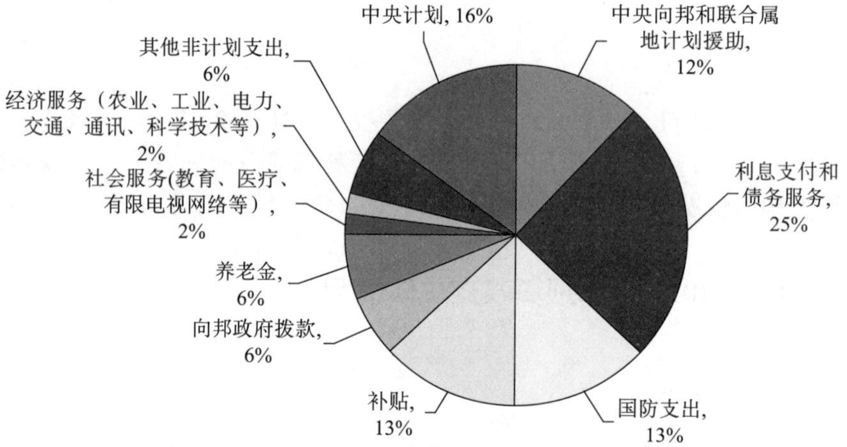

图1 2016—2017 财年印度联邦政府支出结构

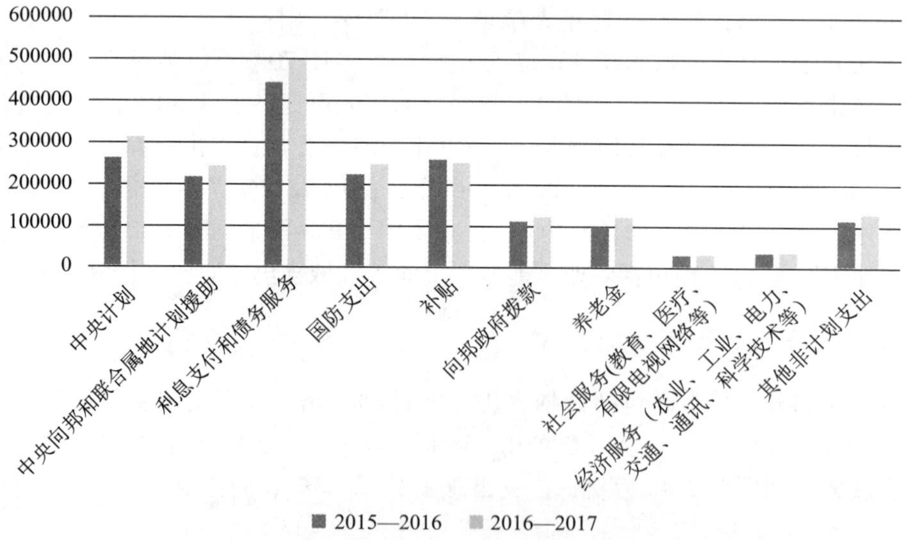

图2 2015—2016 财年与 2016—2017 财年印度联邦政府支出对比图

二、2016—2017 财年预算支出重点

2016—2017 财年印度预算支出主要围绕“三农”、基础设施、金融部门、税制改革等关键领域，着力凸显“变革印度”（Transform India）这一核心主题。

（一）加大对“三农”的投入力度

加大对“三农”的投入力度，保障农民收入，使农民收入到 2022 年实现翻番；安排 3598.4 亿卢比对农业和农民进行补贴；完善灌溉等农业基础设施，设立专项水利基金，初始资本金为 2000 亿卢比，为此印度将提供 1251.7 亿元的资金支持；提供 41.2 亿卢比推进有机农业发展；推进全国统一的农业营销电子平台（the Unified Agricultural Marketing E Platform）建设；安排 1900 亿卢比支持全天候道路村村通建设计划（PMGSY）；安排创纪录的 9 万亿卢比用于支持农业信贷，同时为了减轻农民的还款负担，还将安排 1500 亿卢比的财政资金用于利息补助；投入 8776.5 亿卢比以促进农村地区发展，其中将安排 2.87 万亿卢比对农村基层组织进行资助，并设立自助小组（Self Help Groups）改善农民的生活条件；安排 3850 亿卢比支持《伟人甘地全国农村就业保障法案》计划（MGNREGS）；启动“城乡计划”（Rurban Mission），将 300 个乡村发展成为增长中心，以提高农村地区生活就业水平；提供 850 亿卢比支持农村电气化发展，确保 100% 的农村在 2018 年 5 月 1 日前实现电气化；促进农村数字发展（Digital literacy）。

（二）扩大投资，支持基础设施发展

新财年印度将投入 2.21 万亿卢比用于基础设施建设。其中，2.18 万亿卢比将投入到公路和铁路建设项目，9700 亿卢比将用于公路建设，1.21 万亿卢比用于铁路建设；同时还将批准近 1 万公里的国家高速公路建设项目；投入 80 亿卢比，在印度东部和西部两个海岸开展新的港口建设；将进一步修缮 160 个机场以更好地促进地区之间的互联互通。

此外，为进一步扩大基础设施投资，印度政府将批准印度国家公路管理局（NHAI）、农村电气化集团（REC）、印度国家农业和农村发展银行（NABARD）等通过发行债券筹集 3130 亿卢比。

印度特别强调私人部门在基础设施投资方面发挥的重要作用，为了更好发挥私人部门的作用，印度计划推出 3 项新倡议：一是提出《公共事业法案》（Public Utility Bill），解决基础设施建设项目合约中的纠纷；二是颁发 PPP 特许协议谈判指南（PPP Concession Agreement）；三是建立基础设施建设项目的信用评级系统，该系统更加注重内部信用增级，而不是过去对项目风险的传统评估。

在投资方面，为进一步吸引投资，印度将对外商直接投资政策作出调整，以吸引更多资金；同时鼓励印度的国有企业剥离部分资产，投资新的项目；通过解决资本重组、分红等问题，进一步提升政府对国有企业投资的效率。

（三）推进金融部门改革

新财年，印度将从以下六个方面推进金融部门改革：一是推出金融企业困境解决准则（Code on Resolution of Financial Firms），以更好处理银行、保险公司等金融企业的破产问题。二是建立金融数据管理中心，更好整合数据、分析数据。三是印度证券交易委员会将设计新的衍生产品。四是设立中央立法处理非法吸收存款等骗局，保障贫困群体和对金融知识知之甚少的群体的利益。五是安排 2500 亿卢比支持国有银行资本重组。如果这些银行还需要额外的资本，政府将寻找新的资源。六是完善金融服务，特别是农村地区的金融服务。在全国范围内推广 ATM 的使用，并在邮局推广微型 ATM 的使用。

（四）加大对弱势群体的关注

本财年，印度加大对弱势群体的关注，财政资金将更多地向弱势群体倾斜。印度拟出台一项新的医保计划，为每一个就医的家庭提供 10 万卢比补助，且为 60 岁及其以上的就医居民，额外提供 3 万卢比；推出“国家肾透析服务项目”（National Dialysis Services Program），帮助全国所有地区级医院提供肾透析治疗；免除进口肾透析设备时产生的部分基础关税、消费税、反倾销税和特别附加税等。

（五）继续加大教育支出

本财年，印度继续加大教育支出，并重点支持职业技能培训和企业家才能培养等相关项目。加大对“全民教育运动”（Education for All Movement）的财政支持力度，进一步提高全国基础教育质量；未来两年内新建 62 所“希望小学”，专门录取农村地区有天赋的儿童；安排 100 亿卢比作为启动资金，设立高等教育融资机构（Higher Education Financing Agency），专门投资高校基础设施建设；投入 170 亿卢比，在全国范围内建立 1500 个复合职业技能培训学校；此外还将设立全国职业技能发展认证委员会。

（六）提升政府治理能力

本财年，印度将通过在政府管理过程中引入科技工具提高政府的治理能力。如将在全国部分地区试点使用 DBT（Direct Benefit Transfer）技术，将政府对农民的化肥补贴通过转账平台直接划入个人银行账户。此外，还将建立管理各级政府部门采购的电子平台。

（七）酝酿财政制度改革

讨论取消预算编制中“计划支出”与“非计划支出”的区分；并成立相关委员会，审查《财政责任与预算管理法》（Fiscal Responsibility and Budget Management Act）的执行情况，尤其将对赤字上限等问题展开讨论。

（八）深化税制改革

为促进经济增长、提高就业、推动“印度制造”、给人民带来更多福利，在新财年印度将进一步深化税制改革。减轻小规模纳税人各项负担，如提升低收入纳税人每月个人所得税退税额上限，由2000卢比提至5000卢比；逐步降低企业所得税税率，由30%降至25%；降低国内信息技术硬件、军工、化工与石油化工、造纸和船只维修等行业中进口原材料、中间产品、零件的关税和消费税税率；向所有应税服务征收0.5%的“农业促进税”，专门用于促进农业和农民福利的发展；制定税收争议解决机制（Dispute Resolution Scheme），并建立“电子纳税申报评估系统”和“电子合作”系统，简化所得税申报、评估和修改流程等。

三、几点看法

（一）新财年预算力保印度经济增长

当前全球经济增长趋缓，尤其是新兴市场国家面临压力较大，巴西、俄罗斯等已陷入衰退，但印度经济始终保持着比较强劲的增长。印财长表示新财年印度经济增速或将在7%—7.75%之间，世界著名评级机构如穆迪也看好印度经济发展前景。为了在全球经济增长放缓的大环境下继续保持较为稳定的增长，新财年预算紧紧围绕“变革印度”这一核心主题，力争在“三农”、基础设施、金融部门、社会保障、教育、政府治理、财政管理、税制等八大领域不断推进改革和新举措，通过一系列改革，为印度经济发展注入新的动能。

（二）农村发展将成印度经济增长的强大动力

自莫迪上台以来，一直强调依靠印度自身需求推动经济发展，先后推出“印度制造”“数字印度”等倡议，力争扩大国内需求。这些倡议确实为印经济发展提供了强有力的支撑，但与此同时，农村发展却成为制约印经济持续增长的一大因素。因此，新财年的预算格外重视“三农”问题，对农村经济发展的资金支持力度空前，并提出“城乡计划”，力争促进农村经济快速发展，扩大农村消费需求，使广大农村成为新的增长中心，从而为印度经济增长提供新的动力，使印度未来的经济增长不仅依托大中城市，更能依托农村地区。

（三）印度重视供给侧改革

当前中国等主要经济体在推进结构性改革，印度也亦步亦趋。印度新财年预算旨在通过一系列新举措，进一步放宽对外商直接投资的限制，减少商业成本，清理税务遗留问题等，从而提振长期经济增长。印财长表示，尽管供给侧改革在初期可能并不会产生显著影响，但印度供给侧改革的步伐并不会停滞。印度已充分认识到，仅依赖消费和投资，并不能支撑可持续的经济增长。

（陈霞　贾静航　杨晟子）

印度减贫的主要经验、挑战及启示*

近年来，印度经济增长势头强劲，连续三年经济增速超过7%。而在减贫和社会发展领域，印度也不乏亮点。按世行统计标准，自1991年进行经济改革以来，印度在近25年间已使超过1.38亿人口脱贫，由此带动南亚地区和全球减贫工作取得重要进展，并和中国一道成为世界减贫成就的“突出贡献者”。本文试简析印度减贫的主要经验和潜在挑战，供参考。

一、印度减贫的主要成就

20世纪90年代以来，印度经济改革效果开始显现，经济增长逐步摆脱了长期3%左右的“印度速度”。特别是2003年以来，印度实际GDP平均增速达到8%，从著名的“乞丐国”和吸收外援的“无底洞”发展成最具活力的新兴经济体和增长最快的主要经济体。1994—2012年，印度贫困人口占比由45%大幅降至22%，总脱贫人口达1.38亿人，其中农村贫困人口占比由50%降至26%，城市贫困人口占比由32%降至14%。而在2005—2012年间，印度农业部门和非农部门的工资水平均出现显著增长，除了正式就业岗位外，还创造了大量非正式雇佣岗位和临时岗位，使居民收入状况得到进一步改善。世行数据显示，1994—2014年，印度婴幼儿死亡率降幅超过50%，产妇死亡率降低60%以上，儿童营养不良比例同比降低34%，中学教育普及率显著提高，文盲率从35%降至26%，女性劳动参与率提升。在印度的带动下，整个南亚地区贫困人口比例从20世纪80年代的59%降至目前的19%。

* 本文写于2016年11月29日。

二、印度减贫的主要驱动力

（一）经济增长和结构调整

1991 年以来，印度经济步入快车道，21 世纪初 GDP 增速一度达到两位数。金融危机以后，虽有所放缓，但仍保持了 7% 左右的增长速度。1991 年，印度 GDP 仅为 2700 亿美元，经过 20 多年发展，2014 年印度 GDP 已超 2 万亿美元，人均 GDP 也从 310 美元跃升至 1610 美元。1991 年以前，印度属于典型的农业国，农业对经济增长和减贫的贡献率均显著高于其他行业，但由于农业现代化进程较慢，且多受极端气候影响，印度经济增长和减贫步履维艰。而 1991 年经济改革以后，印度走上了以服务业为主的发展道路，大量农业人口特别是具备一定知识和技能的农村劳动力开始向工业和服务业转移，既贡献了经济增长，又实现了收入提升。2014 年印度工业和服务业占 GDP 的比重合计已接近 85%，其中服务业占比超过 50%。

（二）城镇化

农村是印度贫困的“重灾区”，农村贫困人口占印度总贫困人口的比例超过 80%。印度农村贫困人口大幅减少，不仅得益于农业发展和农民增收，更主要的是印度政府大力推动城市经济发展与城镇化进程，加强农村和城市间，农业、制造业和服务业间的劳动力转移。特别是 2000 年后，印度建筑业的蓬勃发展为低技能劳动力提供了大量就业岗位，显著带动了农业人口的转移和脱贫。在北方邦、卡纳塔克邦等地，大量教育水平较低的劳动力人口进入建筑行业，从农村迁移到城市，获得了稳定的就业岗位和可观的收入。目前，印度城镇化率超过 32%，较实施经济改革前有明显提升。

（三）鼓励中小企业发展

中小企业是印度经济的重要支柱。据印度央行数据显示，印度中小企业数量接近 5000 万个，主要集中在纺织、信息技术和服务、食品加工、旅游、皮革等领域，贡献着超过 40% 的 GDP 和 1.1 亿个就业岗位。其中约 2000 万个中小企业位于农村，直接带动了当地收入水平的提高和农业人口向非农领域转移。为鼓励中小企业发展，印度于 2006 年颁布了《中小微企业发展法案》，2007 年成立中小微企业部，负责中小企业发展相关事务。由财政出资设立印度小企业发展银行，专门为中小企业提供融资服务；还在政府采购中明确规定，将政府部门和公共机构 20% 的采购合同授予中小企业。

（四）扩大基础设施投资

印度基础设施基础薄弱，农村地区普遍没有高等级公路，超过1.8万个村庄无法用电，严重制约了当地经济发展和收入水平提高。1991年以来，印度开始逐步向私人部门开放基础设施领域，经过长时间摸索，取得了一定效果。2007—2012年，私人部门向基础设施投资额达到2250亿美元，其中大部分以公私合作方式进行，印度还为此推出了《公共事业法案》和《PPP特许协议谈判指南》。同时，印度政府也在不断加大基础设施领域投资力度，围绕公路和铁路建设、机场港口改造、农田水利等领域加大投资。在莫迪政府执政的首份财政预算案中，就包括了斥资113亿美元兴建公路、改善铁路和港口系统的大规模基础设施投资计划。而在2016—2017财年预算案中，印度政府用于基础设施建设的资金高达2.21万亿卢比（约合330亿美元）。

（五）多边开发机构支持

印度是使用世行贷款最多的国家之一。截至2016年上半年，印度已累计使用世行贷款超1200亿美元，其中包括超过400亿美元软贷款。涉及农村发展和基础设施建设的项目超过项目总数的一半。在2013—2017年间，世行向印度贷款总额将增至每年30亿—50亿美元，其中超过30%将投入印度相对贫困的地区。印度还是亚行普通贷款（Ordinary Capital Resources）的最大借款国。1986—2015年，亚行共向印度发放超过200笔贷款，总额约368亿美元，大部分用于交通、能源和城市基础设施建设。除了资金支持，多边开发机构还通过技术援助和知识合作等方式，帮助印度提升可持续发展水平。世行预计，如果印度政府能保持现有经济增速，并着力提高增长的包容性，印度贫困人口占比有望在2030年降至5.5%。

三、印度减贫的主要挑战

（一）经济结构有待优化

2014年，农业、工业和服务业占印度GDP的比重依次为17.0%、30%和53%，消费对GDP的贡献率超过70%。但从行业结构来看，尽管印度政府提出了“印度制造”战略，制造业、电力等行业落后的现状并没有显著的改善，农业现代化也进展有限。在发展路径上，印度跳过了制造业发展而直接跨入服务业驱动阶段，尽管收获了快速增长，但产业结构不合理的负面影响开始逐步显现。在区域结构上，印度29个邦和7个特区在发展水平上差异巨大，经济增长主要源于大城市集聚的几个特定地区。产业和区域经济发展失衡导致不同行业、不同地区的劳动者收入水平失衡，贫富差距进一步拉大。

（二）城乡差距较大

印度城乡二元结构明显，大城市高楼林立，设施完善，而中小城市和农村地区发展滞后，偏远地区没有公路或铁路联通，甚至无法用电，长期难以走出“贫困导致多生育，继而再导致贫困”的循环。有印度智库认为，当数以百万计的人口还住在贫民窟、超过两亿人口还没有脱贫时，7%、8%的 GDP 增长现实意义非常有限。由于印度选择走“精英路线”，即依靠少数高素质的精英阶层，以金融、信息技术等行业为突破口发展经济，二元结构并没有随着经济增长得到有效改善，反而使城市和农村在资源禀赋、公共服务、营商环境等领域的差距进一步拉大。

（三）劳动力结构失衡

印度人口结构年轻，适龄劳动力充足，人口红利未充分释放，但印度劳动力受教育水平总体偏低，绝大部分劳动力不掌握基本的知识和劳动技能。据联合国教科文组织数据显示，印度是世界上文盲人口最多的国家，成年文盲人数达 2.87 亿人，占全球的 37%。充足的数量和薄弱的质量使得印度劳动力价格长期处于低位，且多达 60% 的印度劳动者属于“临时工”，没有稳定的收入保障。此外，印度劳动参与率仅为 52.4%，由于女性社会地位较低，女性劳动参与率虽有所改善，但仍仅有 27%，而女性文盲率高达 34%。

（四）社会问题突出

印度虽然自称“民主国家”，但并没有形成健全的民主制度，公权力被精英阶层牢牢掌握，社会等级分化严重，公共部门效率低下，腐败问题突出。印度在 2014 年全球清廉指数中仅排名第 85 位。印度全民信教，宗教信仰差异导致教派冲突频发，尤以伊斯兰教和印度教之间的冲突为甚。宗教种姓制度的影响根深蒂固，高种姓阶级和低种姓阶级的固化和对立仍广泛存在。印度警察与市民比仅为 0.13%，远低于全球平均值，除大城市以外社会治安状况普遍较差，特别是西北、东北和东部地区，暴力犯罪频发，极大制约了印度经济发展和居民收入水平提高，也对各级政府的执政能力提出了艰巨的挑战。

（五）扶贫措施效果有限

由于贫困问题突出，历届印度政府从不同角度出台了一些扶贫措施，包括设定粮食指导价，向大部分民众提供由国家财政补贴的低价粮；推行“以工代赈”，要求地方政府向贫困家庭提供带薪工作岗位，甚至直接向贫困人口发放现金等。总体来看，印度已出台的扶贫措施多数侧重“输血”而非“造血”，不仅增加了财政负担，也难以使贫困人口持续受益，部分扶贫措施还催生了低效、浪费，甚至腐败。印度“十二五”规划（2013—2017）再次明确了加快农村发展、创造就业岗位和完善教育培训等施政重点，目标在“十二五”期间将贫困人口占比再降低10个百分点，但从目前实施情况看，完成目标难度较大。

四、几点启示

（一）印度减贫成绩突出，但前景不容乐观

总体上看，印度能在20多年来实现超过1亿人口脱贫，最大的原因还在于持续的中高速经济增长，使经济规模迅速扩大，就业岗位增加，人均GDP提高。而农村人口进入城市，农业人口向工业和服务业转移，属于经济转型升级的自然结果。随着经济结构进一步改善，就业岗位要求提高和劳动力素质仍然偏低的矛盾将逐步显现，低技能劳动者“供大于求”、高技能劳动者“供不应求”的结构性失衡加剧，将导致劳动力在城乡和不同行业间的流动受到抑制。如果不采取措施加强基础教育和职业技能培训，提高劳动力素质，特别是提高女性劳动者的受教育水平和社会地位，未来两亿多贫困人口或将难以享受印度经济增长产生的就业红利，已脱贫人口甚至仍有可能返贫。

（二）减贫需要行之有效的政策措施

印度减贫政策以“救济式减贫”为主，中央政府投入很大，但效果不彰。大量贫困人口依靠政府救济暂时脱贫，一旦政府财力难以为继，脱贫人口随时面临返贫风险。而部分邦和地方政府为争取选票，盲目推出一些不计成本、不可持续的扶贫措施，催生了地方减贫的“虚假繁荣”。世行、亚行等多边开发机构多次建议印度政府提高增长的包容性和减贫措施的有效性，改善减贫过程中的低效、浪费甚至腐败。世行曾有研究报告指出，印度政府采取的部分减贫措施，最终受益者却并非贫困人口。而反观中国，经过30多年努力，已实现了从“救济式扶贫”到“开发式扶贫”，从“面上扶贫”到“点式扶贫”的转换，扶贫政策既能立足国情，又能充分发挥制度优势，走出了一条在党和政府领导下，全社会共同参与的中国特色扶贫道路。

（三）经济增长是减贫的动力之源

印度大规模减贫进程始于1991年，改革带来了经济腾飞，而中国的减贫成绩也突出体现在改革开放以后，全国贫困人口从1978年的7.7亿人减少到2015年的5575万人。两国的经验突出表明，经济增长是减贫的动力之源，只有发展才是硬

道理。当前，我国现存的5000多万贫困人口，是减贫攻坚战中最难啃的硬骨头。而除了绝对贫困，相对贫困的情况更是普遍存在，还有大量的返贫问题，都需要通过经济社会发展给予根本性解决。这要求我们必须确保一定的增长速度和新增就业岗位，把蛋糕做大。通过增加投入、精准扶贫减少深度贫困和长期贫困；通过推动公平正义和包容性发展改善相对贫困；发挥社会政策的托底作用，防止返贫，把蛋糕切好。

（四）改善基础设施是减贫的有效手段

基础设施发展既能提振总需求，促进经济增长，创造就业岗位，又能改善区域生产生活条件，提高居民收入水平。印度自1991年经济改革以来，在运输、电力等基础设施领域投入了大量财力，在一定程度上改善了基础设施严重落后的局面，而中国长期就有“要致富，先修路”的俗语。在当前经济下行压力不断增加的情况下，扩大基础设施投资，特别是针对贫困地区基础设施、跨区域互联互通项目、重大公共性设施和民生项目加大投入，既是保增长的现实需要，又是推动减贫的有效手段。

（五）提高劳动力素质是减贫的重要保障

印度减贫进程中，典型的问题之一就是劳动力素质不能匹配就业岗位要求。由于基础教育薄弱，高等教育门槛较高，大量印度青年文化水平较低，甚至处于文盲状态，导致低技能岗位日趋饱和，薪酬水平下降，高技能岗位无人可用。而我国在减贫进程中，应以印度为鉴，继续抓好基础教育和职业技能培训，加强就业创业服务，为贫困人口创造就业条件和就业机会。特别是帮助农村贫困人口通过接受教育获取文化知识，通过培训掌握职业技能和实用技术，以满足城镇就业岗位的基本要求，确保农村富余劳动力进城务工和稳定转移，借城镇化建设的东风推动我国减贫事业发展。

（贾静航　王虎　刘诗惠）

■ 第三部分

欧洲经济

欧盟2016年预算案简析*

近日，欧盟委员会发布欧盟2016年预算案。该预算案重点是加大促进就业和经济复苏的投入，进一步增强欧盟竞争力。同时，该预算案增加了应对难民的预算。该预算案主要内容及我们的分析如下，供参考。

一、预算案主要内容

欧委会于2015年5月27日提交了欧盟2016年预算草案，经两次修改，最终于2015年11月底分别获欧盟理事会和欧洲议会批准。欧盟2016年预算承诺款（Commitment Appropriations）为1550亿欧元，支付款（Payment Appropriations）为1439亿欧元。承诺款和支付款较2015年分别下降4.5%和上升1.8%（详见表1）。

表1　　欧盟2016年预算案　　单位：亿欧元

预算项目	2016年预算（与2015年预算比较）	
	预算承诺款	预算支付款
智能与包容性增长	698.4（-10.4%）	662.6（-0.9%）
可持续增长：自然资源	624.8（-2.2%）	551.2（-1.5%）
安全与公民权	40.5（60.7%）	30.2（56.8%）
全球性欧洲	91.7（5.2%）	101.6（35.8%）
行政	89.4（3.2%）	89.4（3.2%）
其他	5.2（-4.3%）	3.9（1.2%）
总额	1550（-4.5%）	1439（1.8%）

（一）促进就业、投资和经济增长

智能与包容性增长是欧盟2016年预算案最重要项目，旨在刺激欧盟经济和就

* 本文写于2016年1月25日。

业增长，提升欧盟竞争力。该项目预算承诺款为698.4亿欧元，占总预算承诺款比接近50%，较2015年下降10.4%，但预算支付款与2015年基本持平。其中，100亿欧元将用于“地平线2020”（Horizon 2020）①等研发项目，较2015年高出11.6%；20亿欧元用于欧洲战略投资基金（EFSI）②的保障基金，以支持撬动总额3150亿欧元的“欧洲投资计划”；18亿欧元用于教育、培训和青年就业等项目，较2015年增加超过30%；16.7亿欧元用于通过“连接欧洲设施”（Connecting Europe Facility）③计划推进欧洲能源联盟、单一数字市场等欧委会优先项目。

（二）增加应对难民危机预算

2015年，战乱、贫困、地缘政治、社会不稳定等因素导致中东和北非大量难民涌入欧洲。数量急剧上升的难民潮已超出欧洲各国接纳能力，对欧洲安全和经济造成严重威胁。为此，欧盟预算案将提供超过40亿欧元以应对欧洲域内外难民问题。其中，大量资金将用于欧洲周边国家难民人道主义援助。同时，该预算还将用于帮助意大利、希腊和西班牙等主要难民收容国家以增强其应对能力。

（三）减少可持续发展项目预算

可持续发展项目预算承诺款和支付款分别为624.8亿欧元和551.2亿欧元，较2015年分别下降2.2%和1.5%。其中，428.7亿欧元用于欧洲农业保障基金，几乎涵盖农业市场相关支出和直接支付，旨在提高农业部门竞争力和食品链市场份额，加强市场稳定性，确保危机时期农民收入稳定以及农产品安全网安全；118.7亿欧元用于欧洲农村农业发展基金，该基金聚焦核心优先政策，确保农村可持续发展。

（四）增加行政项目预算

行政项目预算承诺款与支付款均为89.4亿欧元，较2015年增长3.2%。欧洲议会、欧洲法院等部门预算增加是行政预算增加的主要原因。其中，欧洲议会预算增加2500万欧元用于加强安保和增加议会助理人数所需费用；欧洲法院预算增加1400万欧元用于法院结构性改革；欧委会通过显著降低非合同义工相关行政支

① “地平线2020”（Horizon 2020）为欧盟新7年期（2014—2020年）研发创新框架计划，总规模为800亿欧元。其中，气候变化综合主题是重点研究领域。

② 欧洲战略投资基金（EFSI）由欧委会设立，总规模210亿欧元，旨在通过杠杆吸引私人资本以落实“欧洲投资计划”。其中，欧委会提供160亿欧元担保资金，欧洲投资银行提供50亿欧元资金。

③ “连接欧洲设施”（Connecting Europe Facility）计划总投资额达293亿欧元，旨在通过对符合要求的重大项目提供资金支持，加强欧盟成员国交通、能源和电信等领域基础设施互联互通，提高欧盟国家经济竞争力、创造就业、加速经济复苏。

出，使2016年预算较2015年增长1.5%至33.3亿欧元；欧盟理事会预算为5.5亿欧元，较2015年仅增长0.6%。

二、欧盟2016年预算草案两次调整的主要内容

在第一次提交预算草案后，欧委会共对其作出两次修改，分别就欧洲战略投资基金融资渠道、应对难民和农民预算作出调整，并获得欧盟理事会和欧洲议会批准。

（一）调整欧洲战略投资基金融资来源

6月份，欧委会与欧盟理事会和欧洲议会就欧洲战略投资基金部分预算内容作出修改并达成一致，具体修改内容包括：一是将“欧洲连接设施”对EFSI保障基金融资额减少5亿欧元；二是将“地平线2020”对EFSI保障基金融资额减少5亿欧元；三是将增长与就业竞争力项目未分配预算资金降至0.89亿欧元，使该项目未分配预算资金使用更加合理。

（二）追加24亿欧元预算支持欧盟农民和难民

10月份，欧委会提议增加24亿欧元预算支持欧盟农民和难民：其一，对紧急情况基金等追加6亿欧元，用于帮助受难民问题严重影响的区域和成员国。此外，欧委会将人道主义援助金增至3亿欧元以满足难民食品和住所等必需品供应。其二，为支援面临困难的欧盟农产品市场，特别是乳制品市场，欧委会将制订总额4.2亿欧元定向援助计划；同时，提供资金用于私营部门脱脂奶粉和奶酪库存补贴以恢复市场平衡。在中期，还将提供额外资金用于刺激需求，特别是出口市场。此外，3000万欧元人道主义援助将用于乳制品配送。

三、几点看法

（一）预算案顺利通过表明欧盟政策协调得以加强

全球金融危机和欧债危机爆发后，欧盟希望通过增加预算以采取更多刺激措施促进经济复苏。但是，近年来大多数成员国仍在实施削减福利、缩减开支等财政整顿措施，且经济复苏乏力，因而财力吃紧，预算草案往往需经过多轮审议才能勉强获得批准。如2011年预算草案，欧洲议会希望在2010年基础上增加预算资金6%以保障新设机构正常运行，但英、德等欧盟主要国家却坚决反对，认为增幅应控制在2.91%以内。持续僵持1个多月后各方才达成一致，欧洲议会最终作出

让步以避免欧盟启动“预算应急机制”。2015 年预算草案审议也出现类似情况。2016 年预算草案预算支付款虽然较 2015 年有所增加，但最终顺利通过，这一定程度上是由于欧盟成员国经济复苏取得一定进展，且财政压力有所降低，成员国愿意支付更多资金以促进欧盟经济、就业和投资增长。同时，该预算草案仅经过两次较小幅度修改，且快速获得欧盟理事会和欧洲议会批准，更加体现出欧盟内部政策协调性增强。

（二）欧盟应警惕预算摊派机制隐患

欧盟预算收入绝大部分来自“自有财源”（Own Resource），包括以下三部分：一是关税和农业税，二是增值税，三是向成员国征收其国民收入的 1%，第三项占“自有财源”比约为 75%。按照欧盟 2014 年全新会计规则计算，英国和荷兰等服务业发达成员国国民收入大幅增长，并被要求分别向欧盟追加 21 亿欧元和 6.42 亿欧元预算资金，这曾一度引发两国强烈反弹，英国更是发出脱欧的威胁。虽然最终英国与欧盟达成一致，将 21 亿欧元摊派费用减半，并延长缴纳期限，暂时缓解英国脱欧危机。但是，从长期看，预算摊派机制仍然存在较大隐患：其一，由于成员国经济复苏进程不一，英、德等复苏快的成员国需缴纳摊派费用更多，且资金规模多寡不均可能将逐步加大。这无疑将引起多缴纳费用成员国不满，并可能再次引发类似英国脱欧的危机。其二，预算摊派机制使欧盟与成员国间协调难度加大，这将一定程度上阻碍欧洲一体化的推进。

（三）欧盟未来或需再度追加预算应对难民危机

2016 年乃至今后一定时期内，中东、北非地缘政治局势仍将继续动荡，世界经济仍将面临诸多不确定性因素。虽然欧盟 2016 大幅增加预算应对难民危机，但面对今后将持续大规模涌入的难民，欧盟成员国将面临巨大挑战。短期看，欧盟需接纳和安置难民，提供住所和食品等生活必需品。长期看，欧盟相关国家政府需引导难民融入当地社会，加大就业、培训和治安等方面投入，并努力使民众接受难民。由于成员国在难民应对问题上分歧很大，甚至相互指责，如果难民问题无法妥善解决，将严重威胁欧洲一体化最重要成果之一——《申根协定》的存续。因此，为更加妥善处理难民问题，欧盟或需进一步追加预算，特别是在难民接收前沿国家加大安置难民相关基础设施建设力度，提供生活必需品，并引导难民融入社会。此外，还应加大预算资金投入，并加强与移民来源国和过境国合作，坚决打击人口走私网络；同时，还应加强欧洲域内外应对措施的协调工作，更好地解决难民危机。

（郭昊）

欧洲难民问题政策及其前景简析*

2015 年，欧洲遭遇大规模难民潮，全年累计已接纳 150 余万难民，欧盟为此推出一系列政策措施加以应对，取得一定成效，但仍面临诸多挑战。相关情况及我们的分析如下，供参考。

一、总体情况

2015 年上半年，叙利亚、利比亚等国动乱加剧，中东、北非地区局势持续动荡，引发了战后欧洲最大规模的难民潮。难民主要通过希腊、保加利亚、意大利、西班牙、马耳他和塞浦路斯等国进入欧洲，匈牙利、德国、法国、英国等至少 19 个欧洲国家接收了不同数量的难民，其中德国接收最多，总计近 110 万人。中东和北非难民潮主体是逃离中东“伊斯兰国”和叙利亚内战的战争难民，也包括阿尔巴尼亚等南欧国家经济移民和逃离战争并寻求经济机会的双重移民。

难民选择欧洲作为主要目的地，原因基于以下四个方面：一是地理因素，欧洲与中东、北非相对接近，环地中海地区各国间人员流动较为便捷；二是政治因素，欧洲移民政策对申请政治避难或战争灾害造成的非法移民比较宽松；三是经济因素，欧洲国家可以提供就业机会和完善的社会福利，接收难民标准也相当优厚；四是申根机制为移民提供了在申根区成员国之间自由流动的便利条件，使得难民潮很快涌入欧洲大部分国家。

二、欧盟应对难民危机政策措施

难民危机爆发以来，欧盟及其主要成员国积极采取措施加以应对，接收、转移并安置了大量难民，其中德国最为积极，接收难民总数最多。瑞典接收难民人

* 本文写于 2016 年 2 月 1 日。

均最多，平均每 60 人接纳 1 个难民。欧盟就此召开了一系列峰会，陆续推出相关政策措施，包括设立成员国难民配额、加强边境和移民管理、加强对中东地区经济援助、难民事宜信息共享等。2016 年 1 月 13 日，欧委会颁布《难民危机：欧委会 2015 年行动回顾及 2016 年优先事项》，就相关情况进行全面回顾与展望。

（一）2015 年主要政策措施

1. 制订“欧洲移民日程”。欧盟将移民问题列入十大优先处理议题。2015 年 5 月，欧盟发布“欧洲移民日程”，颁布首个一揽子方案，主要措施包括重新安置进入意大利和希腊的 4 万难民，安顿来自欧洲以外地区的 2 万难民，制订针对移民偷渡的“欧洲行动计划”，将海上搜救预算增加到原来的三倍；2015 年 9 月，欧委会颁布第二个一揽子方案，主要措施包括重新安置成员国内 12 万名寻求国际庇护人员，建立永久性转移安置机制，确定安全原籍国的欧洲共同清单，颁布《通用遣返手册》和《欧盟遣返行动计划》，建立总额 18 亿欧元的“非洲信托基金”，在希腊和意大利建立难民收容中心。

2. 安排专项预算用于应对移民。针对难民问题，欧委会决定 2015 财年和 2016 财年预算增加投入 17 亿欧元，使得两年内难民危机相关支出总额达到近 100 亿欧元。在欧委会和相关成员国支持下，补充预算已经批准并在加快执行。欧盟一些成员国也已承诺，向联合国难民署、世界粮食计划署和相关组织提供 5 亿欧元配套资金，向叙利亚区域信托基金提供 5 亿欧元配套资金，向非洲紧急信托基金提供 18 亿欧元配套资金，以全力应对难民问题。

3. 强化移民管理政策。为有效管控难民流动，欧委会与相关第三国配合采取一系列措施：10 月 25 日召开“西巴尔干移民路线特别峰会”，与巴尔干国家达成 17 点行动计划；11 月 29 日召开“欧盟—土耳其峰会”，决定与土耳其开展“联合行动计划”，并向土耳其提供 30 亿欧元用于难民事宜；11 月 12 日与非洲国家召开“法勒他移民事务特别峰会”，决定加强欧非合作，启动欧盟“非洲信托基金”，从源头上解决难民问题。

4. 实施边境管控措施。12 月 15 日，欧委会推出“一揽子边境管理方案”，以保障欧盟外部边境安全，提高移民管控效率，确保“申根协定”区内迁移自由。欧委会决定，设立“欧洲边境和海岸警卫队”，建立遣返非法滞留第三国人员的档案体系，与土耳其合作开展针对叙利亚难民的人道主义收容计划。

（二）2016 年拟推出的政策措施

1. 继续开展难民接收安置。一是关于安置方面。2015 年 9 月份欧委会确定重新安置的 16 万难民仅有 272 人到位。2016 年无论移民前线国还是移民安置国均应尽快实施重新安置方案，增加立刻投入使用的安置点，接收亟待安置的难民。二是关于定居方面。根据成员国和相关国家信息，2015 年原定有 5331 人实施定居计划，但年末欧委会确认按计划执行的仅有 775 人。到 2017 年底，按计划应有 22504 人得到定居安置。三是关于难民收容中心。目前，确定设立的位于希腊的 5 个收容中心，仅有一个有效运行；位于意大利的 6 个收容中心，仅有两个在有效运行。尽快使这些收容中心全部投入使用是当务之急。四是关于遣返问题。欧盟需通过实施“遣返行动计划”，就重新安置难民进行协商，尽快遣返无权滞留欧洲的难民。五是关于申根协定。2016 年欧盟将力争使申根协定恢复正常运作，确保成员国不再延长或是采取新的内部边境管控措施。六是关于欧洲边境和海岸警卫队，欧洲议会和欧盟委员会将尽快完成相关协商，及早落实成立该机构的有关决定。

2. 改革“都柏林体系”。欧盟难民保护执行“都柏林体系”，包括“都柏林指令”和“EURODAC 指令”，前者是成员国对第三国难民申请受理的管辖制度，后者为提供技术支持的指纹识别及比对数据库。2015 年难民危机显示“都柏林体系”已经不能满足难民管控的实际需要。欧委会于 2015 年 9 月宣布将实施改革，逐渐向“单一庇护体系”过渡。目前，欧盟正在制订一揽子法定移民管理措施，包括改革“蓝卡指令”，有关一致性措施也在酝酿之中，到 2016 年底将推出针对移民偷渡问题的整体应对措施。

3. 强化外部协调机制。欧盟将致力于与有关第三国合作，从根本上解决难民问题，阻止非法流向欧洲的移民潮，遣返不符合国际难民保护标准的移民。欧盟将积极推动主要难民来源国、迁移国以及目的地国之间的伙伴合作关系，包括“喀土穆—拉巴特进程”“非洲—欧盟移民与流动性对话”“布达佩斯进程”和“布拉格进程”等对话机制，使其在解决难民危机进程中发挥关键作用。

三、难民危机带来的影响

此次难民潮涌入欧洲，短期内将刺激需求，增加公共开支，对社会秩序和政局变化产生一定影响。更深层次、更加长远的影响取决于难民与所在地的融合情况，将体现在政治、经济、社会、安全、文化、社会发展方向和欧洲一体化进程等方方面面。

（一）一定程度刺激需求提升增长

欧盟对难民问题的经济影响相对乐观，在其《秋季经济预测报告》中，预估 2015 至 2017 年将有总计 300 万移民（包括难民和庇护申请者）进入欧洲，增加各国在移民申请单位公职人员、边防管理、收容所设置、医疗保健等方面的额外支出，短期内将提升各国内部需求和经济增长，中期而言也有助于活跃劳动力市场，继而推动经济成长。欧盟预计，难民接收将使欧盟 2020 年整体经济增长提升约

0.2%—0.3%，这也是欧盟在经济预测报告中首次针对移民经济影响进行评估。

（二）加重欧盟和各国财政负担

欧盟总体财政状况欠佳，28 个成员国政府债务占 GDP 平均比重从 2011 年的 80.9%上升到 2014 年的 86.8%。虽然部分国家如德国财政状况相对健康，可以承受难民每人每年 12000 欧元、移民费用占年度 GDP0.3%—0.4%的负担，2015 财年盈余预期仍将微增至 GDP 的 0.6%，但大部分国家仍未走出经济低迷，一些国家如希腊深陷债务问题，难民潮使其雪上加霜。希腊称已为难民问题支出约 15 亿欧元，2016 财年预计公共支出将缩减 57 亿欧元，欧盟就难民危机提供的支持远远不够，难民问题已经成为希腊的沉重负担。

（三）加剧欧盟及各国内部政策冲突

欧洲各国在难民问题上的立场有很大差异，希腊和意大利等国经济低迷，且难民多为过境，不愿为此投入过多资源；德国和瑞典等国经济实力较强，希望通过接收难民缓解老龄化和劳动力匮乏问题，态度较为积极；匈牙利、捷克等东欧国家经济相对落后，就业形势疲软，难民过境引发国内反对浪潮，政府和民间均对欧盟强制摊派接收难民持抵制态度，导致欧盟难民政策应对迟缓，行动不尽一致，措施力度不足。难民危机还加剧了各国原有的社会矛盾和族群矛盾，刺激各国保守政治力量快速抬头。

（四）威胁欧洲一体化进程

在难民潮冲击下，欧盟领导层通过施加政治和道德压力，强迫有关成员国分摊难民。一些国家基于宗教认同、经济发展和社会安定等因素，对接收难民抱抵触情绪，加上欧盟难民分摊机制权利义务不对等，虽然达成若干政治共识，但迟迟无法有效落实。部分国家开始强化边境控制，作为“一体化”基石的“申根机制”已经在实际运行中名存实亡。英国等国内部反“一体化”和反移民的激进势力从中获利，助长欧盟内部原有的脱离欧盟倾向。欧洲一体化面临前所未有的倒退风险。

（五）引发欧洲安全问题

随着难民大规模集中涌入，途经国和接收国社会秩序受到强烈冲击。一些国家频繁发生涉及难民的暴力事件，有发生在难民安置点的，也有在当地社区的，刺激当地排外情绪快速抬头，袭击难民事件快速增加。与此同时，恐怖分子和宗教极端分子借难民潮潜入欧洲，出现了与难民相关的恐怖袭击事件。11 月 13 日发生在巴黎的恐袭事件，新年前后德国等国的大规模性侵事件，都充分显示在难民危机影响下，欧洲社会和安全形势面临严峻挑战。

（六）加剧社会和文化冲突

英、法、比利时等欧洲国家奉行多元文化政策，大量接收北非和中东地区文化、教育、宗教背景不同的移民。近年来，各国实际情况显示移民融入情况差强人意，大量移民聚居在城市边缘地区，经济地位低下，治安形势不佳，文化、宗教冲突事件频繁发生，多国领导人已坦承多元文化政策在欧洲实践情况并不理想。在此背景下，欧洲社会普遍担忧大量接收难民将加剧现有问题，对所在国经济和社会秩序产生长期和不可逆的负面影响。

四、几点分析

（一）外忧内患引发地区动荡导致难民危机

叙利亚、伊拉克、利比亚等国经济发展落后，民主法治缺失，政治制度不稳定，各方势力相互倾轧。从2010年起，美欧等外部势力伺机插手，推动所谓“阿拉伯之春”，在突尼斯、埃及、利比亚、也门和叙利亚等国掀起了社会政治运动，制造政治危机，推动了政权更迭，意图重塑地缘政治版图。但原有力量格局被打破后，新秩序迟迟未能建立，相关国家社会动荡不安，宗教种族矛盾激化，国内冲突持续不断，甚至引发了内战，地区局势陷于剧烈动荡，最终导致大量难民出逃欧洲。可以说，难民危机的爆发，既是中东和北非地区秩序和国家秩序混乱的产物，也是大国博弈和国际地缘政治角力的结果，西方国家对此负有不可推卸的责任。

（二）欧洲可能长期面临难民和移民压力

由于历史地理原因，欧洲历来是非洲和中东移民的主要目的地。非洲人口高速增长，未来35年内新增人口将超过全球总量的一半，但经济发展相对滞后，北部和中部地区冲突不断，政局不稳、恐怖主义、大规模传染疾病等突发事件时时影响经济发展进程。中东方面，叙利亚、利比亚等国深陷战乱和内乱泥潭，地区形势动荡不定，宗教冲突和地缘政治矛盾根深蒂固；沙特等国虽然收入水平较高，但面临沉重的社会转型压力。欧洲与上述地区的巨大发展差距将长期存在，在全球化和信息化环境下，必然产生长期、持续的移民需求，加上中东、北非地区战乱短期无法有效缓解，移民和难民问题可能会在相当长时期内困扰欧洲。

（三）我国应着力维护周边稳定并制定难民预警机制

近年来，我国周边地区成为大国博弈、地缘争夺、宗教纷争、全球反恐的前沿地区之一。美国强推亚太再平衡战略，频频插手本地区事务，推动南海局势持续升温，并先后在中亚、缅甸等国推动"民主化进程"。目前，缅甸尚未实现全国范围停火和持久和平，朝鲜半岛局势仍具极大不确定性，中亚一些国家面临政治体制转型、民族宗教冲突等一系列挑战。可以说，我国周边形势特别是东北地区面临一定压力，对此我们应：一方面，保持高度警惕，未雨绸缪，密切关注有关动向，及时研断并制定预案；另一方面，积极建设性地参与周边地区事务，加大与相关国家政策协调力度，谨防出现引发大规模难民潮的地区安全事件。

（陈立宏）

欧智库谈欧盟财政纪律框架*

近日，欧洲知名智库布鲁盖尔研究所（Bruegel）发布研究报告指出，当前的欧盟财政纪律框架存在诸多问题，导致成员国按此框架实施紧缩性财政政策后无力扭转经济复苏颓势。为此，文章建议欧盟应改革现行财政纪律框架，放弃原来的结构性预算平衡指标，减少预算目标设置对经济预测的依赖，采用公共支出增长率作为财政纪律约束指标，同时提高“灵活性”条款的透明度。文章主要内容如下，供参考。

一、欧盟现行财政框架的弊端及原因

许多欧洲国家自2010年起实施的紧缩政策是导致经济复苏缓慢的重要原因之一，引发了关于欧盟财政纪律框架为何未能兼顾经济稳定和公共债务可持续的讨论。

从理论上讲，欧盟现行的财政纪律框架可以发挥应有作用。现行纪律规则中使用的一个关键指标是结构性预算平衡，即剔除经济周期及银行救助等突发性支出影响后的政府预算平衡。如果结构性赤字过高，国家必须调整预算；反之，则无须采取紧缩措施。从理论上讲，经济衰退时，税收会减少，失业救济金支出增加，实际预算赤字会扩大，但结构性预算状况并不会因这些原因而改变，因而不会触发紧缩政策。

而在实践中，结构性预算状况的判断是基于对一国经济周期以及经济周期对政府收入和支出影响的评估作出的，而这些评估充满了不确定性。对结构性预算状况预测的调整幅度一般可达GDP的0.5%以上，这种预测调整幅度超出了预算纪律能够接受的范围。事实上，最近八个欧元区国家财长已就欧盟在预测经济所处的周期性位置及其对预算影响中所采用的方法提出了质疑。

* 本文写于2016年6月28日。

此外，经济预测错误也是造成政策失误的另一个主要原因。欧盟当前的财政纪律框架依赖于欧盟委员会对经济增长和通货膨胀的预测，而这些预测通常被证实是有误的。近年来，欧盟委员会一再预测经济将恢复增长，通胀率也会迅速朝2%的目标回升，但事实并非如此。因此，基于这些预测提出的政策建议实际上会使得经济形势雪上加霜。作出准确预测确实非常困难，尤其在经济充满不确定性时期。国际货币基金组织、经合组织或私人机构等也没能交出更好的答卷。降低财政纪律框架对经济预测的依赖或为更好选择。

欧盟现行财政框架存在的另一个重要缺陷是“灵活性”条款透明度较低。这就导致成员国和欧盟委员会在执行财政纪律方面无休止的讨价还价，彼此间的信任也逐渐削弱。一些违反欧盟财政纪律的国家认为这些纪律规则并不合适，并公然无视这些规则的存在。遵守纪律规则的国家则担心其他成员国拒不执行。

因此，继续沿用当前的财政纪律框架不会产生较好的政策效果，需建立一个新框架。

二、建立财政纪律新框架的政策建议

优先方案。最好的方案是完全放弃现行的财政框架，并停止对成员国政府实施救助，为市场约束机制有效发挥作用创造条件，允许成员国财政上拥有较大程度独立自主性，同时在欧洲整体层面设计应对经济周期的政策，如欧洲失业保险计划等。

次优方案。当前进行全面的调整在政治上并不现实。次优方案为，放弃原来导致结构性预算状况评估错误的纪律规则，建立新纪律框架，限制公共支出增长率（公共支出不包括失业救济金、银行纾困等突发性大规模支出）。在新纪律约束下，公共支出增长速度上限应控制在一国 GDP 潜在增长率与央行通胀目标之和。这样，政府在经济萧条时削减财政支出的激励性导向就会下降，即使税收收入下降，失业救济金支出增加，政府仍需支持经济增长；而在经济活跃期，这一规则有利于抑制过度繁荣，因为经济泡沫带来的额外税收部分政府不得支出。同时，该纪律框架将公共债务水平也纳入考虑范畴。高公共债务国家的支出增速应低于低公共债务国家，以保持债务的长期可持续性。

此外，应提高当前财政框架中“灵活性”条款的透明度。应新设立一个独立的欧洲财政委员会（European fiscal council），由执行委员会和成员国国家财政委员会主席组成，会同各成员国财政委员会共同监督财政纪律执行状况。欧洲财政委员会负责评估成员国在哪些特殊情况下可暂时不受纪律约束。调整后的财政纪律框架将更简单、透明、易监督，也避免了对难以预测的指标的依赖。

同时，在欧洲层面实施该框架应避免制裁威胁，否则可能带来非常负面的政治后果。最终，各国将会主动接受新框架，而非因担心制裁被迫接受，因为它们均认为这些纪律规则是在经济衰退中保持财政政策可持续性和支持经济增长的最佳政策方针。

（尹晓君　燕晓春）

2016 年第二轮欧盟峰会简析*

6 月 28—29 日，欧盟峰会在布鲁塞尔召开。此次峰会是欧盟及成员国首脑于英国脱欧公投后的首次会议，英国脱欧成为本次峰会焦点。此外，峰会还重点围绕欧洲学期、单一市场、贸易、投资计划、经济与货币联盟、税收以及农业等问题展开讨论并达成多项共识。

一、关于英国脱欧

与会各方认为，当前英国脱欧程序有序进行对欧盟和英国均十分重要，敦促英国政府尽早启动脱欧程序和相关谈判。《里斯本条约》第 50 条款为成员国脱离欧盟提供了法律依据。根据该条款，一旦英国政府正式照会欧洲理事会表明退欧，欧洲理事会将启动与英国进行谈判的工作指南，欧委会和欧洲议会也将遵照各自职责开展工作。

各成员国首脑与欧央行行长深入探讨了英国脱欧后的经济形势，一致认为英国经济增速将大幅下降，欧盟将面临新的挑战，并可能对全球经济产生负面溢出效应。为应对挑战，各成员国表示将在欧盟框架下紧密合作，共同推动各项改革，促进经济发展。此次峰会未能就欧盟因此受到的具体影响和应对措施形成一致性意见。会议决定在 9 月的非正式会议上继续就该问题展开讨论。

二、关于就业、增长与投资

（一）欧洲学期

本次欧盟峰会签署了欧洲理事会讨论通过的“国别建议”，允许 2016 年欧洲

* 本文写于 2016 年 7 月 14 日。

学期[①]进入总结阶段。“国别建议”最初由欧委会根据各成员国提交的结构性改革及中长期财政方案拟定。在总结阶段，欧委会将监督成员国对建议的采纳和执行情况，对没有按期采纳和执行的成员国提出政策警告，对宏观经济严重失衡和预算赤字过度国家实施经济惩罚。

（二）单一市场

峰会呼吁欧盟采取多元化的单一市场改革措施以完善单一市场，从而为推动就业与投资创造良好环境。为此，欧委会将于2018年完成制订相关计划，并开始执行。此次峰会通过的一项单一市场改革方案涵盖以下几个方面：一是完善“单一信息市场”，具体指实现数字信息产品的跨境可携带，消除电商跨境销售障碍，2017年6月前废止手机漫游费，以及执行电子政务行动计划；二是建立可覆盖全欧洲的高速固定与无线网络；三是推行“服务护照”，支持服务供应商跨境拓展业务；四是继续推动“资本市场联盟”从而确保商业融资便利化并支持实体经济投资。欧委会近期公布报告显示，《资本市场联盟行动计划》取得积极进展，未来欧委会将着手解决更为长期性的问题，目前已就商业重组和破产启动咨询，将很快开展欧洲养老金市场建设的基础性工作，并提出一揽子建议，推动风险资本市场发展。

（三）欧洲投资计划

峰会认为，欧洲投资计划[②]，特别是“欧洲战略投资基金”（EFSI）已取得实质性进展，该计划是欧盟向着“以公共资金带动私营部门投资”迈出的关键一步。根据欧盟最新数据显示，截至2016年6月，欧洲战略投资基金完成投资金额共计177亿欧元，其中110亿欧元用于为基础设施和创新项目融资，另外67亿欧元用

① 欧洲学期（European Semester）：欧洲学期是欧盟在欧债危机后推出的重要经济治理改革措施，旨在加强欧盟内部经济与财政政策协调，完善欧盟经济一体化建设。欧洲学期于2011年正式启动，每个学期的时长为12个月，学期起始期为11月，欧盟对成员国的经济政策进行部署，衡量成员国宏观经济失衡风险和过度赤字风险，形成《年度增长调查报告》和《预警机制报告》；之后，成员国提交各自中期财政及结构性改革方案，即《国家稳定与趋同计划》及《国家改革计划》，欧盟针对方案制定国别建议；此后，欧委会监督成员国对建议的采纳和执行情况，对没有按期采纳和执行的成员国提出政策警告，对宏观经济严重失衡和预算赤字过度成员国实施经济制裁，最后，成员国提交下一年度预算草案，欧委会对此提出意见并审核，之后提交国家议会审核。

② 欧洲投资计划于2014年11月底由欧委会推出，于2015年中期正式运行，旨在通过成立“欧洲战略投资基金（EFSI）”带动社会总投资，并通过一系列制度改革和投资环境改善措施来满足实体经济投资需求，提振欧洲整体经济。EFSI由欧盟预算和欧洲投资银行（EIB）共同出资210亿欧元作为启动资金，其中欧盟预算出资160亿欧元，EIB出资50亿欧元。EFSI主要支持长期投资项目和中小企业的风险融资，该基金通过为EIB和欧洲投资基金项目提供担保来提高项目的风险承受能力，从而带动私营部门投资，预计带动投资总额为3150亿欧元。

于为中小企业项目融资，预计带动 1068 亿欧元的社会总投资。投资项目中，获得批准的基础设施和创新项目共计 78 个，中小企业融资项目共计 188 个，投资领域涉及社会设施（3%）、能源（22%）、科技研发创新（27%）、小企业（25%）、数字信息通信（12%）、交通基础设施（6%）、节能环保（5%）。欧委会计划尽快就欧洲投资基金的未来发展提出建议，届时欧洲议会和欧盟理事会将紧急审议提案。

（四）其他

峰会强调打击税收欺诈、逃避漏税和反洗钱是欧盟和全球优先事项，为应对这些挑战，欧盟近期已批准了一系列相关立法和行动计划。为进一步完善经济与货币联盟，峰会还总结了“银行业联盟”的进展并提出未来举措。此外，鉴于欧盟乳制品和猪肉市场令人担忧的局面，峰会呼吁欧委会紧急采取必要措施。

三、几点分析

（一）英国脱欧并未影响本次峰会经济议题的顺利完成

本次峰会是欧盟首脑在英国公投结果公布后召开的首次会议。虽然英国脱欧成为本次峰会焦点，但这一重大事件并未影响峰会的整体进程，峰会议程草案公布的所有经济议题均顺利进行，且取得多项共识和成果。接下来，峰会所讨论的“资本市场联盟”“银行业联盟”“欧洲投资计划”“单一数字市场”“能源联盟”以及“欧洲学期机制”将继续推进，这些措施将为推动成员国经济与欧盟整体经济发展，为深化欧盟一体化建设继续发挥积极作用。

（二）欧盟对英国脱欧态度转强硬意在“维稳”

英国脱欧公投结果宣布前后，欧盟之前的挽留态度不再，欧盟首脑纷纷敦促英国尽快启动脱欧程序，其中德法等国的态度尤为一致和强硬。德国总理默克尔认为“公投结果已既成事实、无法撤销，那些希望成为欧洲大家庭成员的国家和不那么想留下的国家必须有，也将会有明显的差别对待”。法国总统奥朗德表示，“英国不会获得任何进入欧盟单一市场的机会，这不是惩罚，而是英国人必须面对的后果”。此外，其他成员国首脑也纷纷表示不会在脱欧谈判中给予英国特殊优待。欧盟及成员国对英国脱欧态度的转变主要是出于两方面考虑：一是希望通过脱欧程序的尽快启动来减少因不确定性造成的市场波动和负面影响；二是为警示其他有潜在脱欧倾向的成员国，减少政治层面上的“多米诺骨牌效应”。

（三）英脱欧或影响欧盟和欧洲经济，但也将推动欧盟务实改革

英国脱欧程序繁琐，根据退欧法律条款——《里斯本条约》第 50 条规定，有退欧意向的成员国需要与欧盟进行为期两年的谈判。在此期间，英国将作为第三方国家就此前与欧盟达成的数项协议重新进行谈判。由于欧盟实行统一的对外贸易政策，英国脱欧后还需与其他主要经济体重新进行贸易谈判。漫长的谈判过程伴随的不确定性将会影响市场信心，抑制贸易投资，给英国和欧洲经济蒙上阴影。作为欧盟预算的重要出资国，英国的离开必然给欧盟带来压力。按 2016 年预算安排，英国需向欧盟缴纳 194 亿欧元，欧盟将返还英国 70 亿欧元农业和地区补贴。英国“脱欧”后，欧盟整体预算和再分配将受较大影响，欧盟成员国需补上这个预算“窟窿”，同时调整相关补贴方案。退欧程序结束后，英国和欧洲经济是否会继续受到负面影响则取决于协议的具体内容，并不排除通过谈判英国可与其他欧洲国家以及其他主要经济体构建更加紧密经贸关系的可能性。不过，作为一直在欧盟内部寻求特殊性的成员国，英脱欧或有利于欧盟一体化的完善，有利于减少欧盟政策“洼地”和“例外”，比如资本市场联盟和未来财政联盟的构建。英脱欧目前看似对欧盟一体化造成负面影响，但中长期或有利于欧盟内政策一体化向前迈进。

（宋馨　郭昊）

欧盟经济展望及“英国脱欧”评估报告*

近日，欧盟委员会发布欧盟经济展望及“英国脱欧”评估报告，指出“英国脱欧”公投结果导致全球金融市场动荡，不确定性显著增加，并可能阻碍欧盟经济复苏。尽管不确定性预期将逐步减少，但英国与欧盟其他成员国的经济和政治关系转变将对欧盟中长期经济前景产生持续影响。报告主要内容如下，供参考。

一、外部环境

（一）外围经济预期略有下调

自欧盟发布《2016 年春季经济预测报告》以来，非欧盟国家近几个月 GDP 和贸易预期均略有下调。受石油价格反弹、国内危机及“英国脱欧”影响，国家和区域间形势出现明显变化。石油价格反弹缓解部分大宗商品出口国压力，如俄罗斯、巴西经济预期回升；中东、北非和撒哈拉以南非洲地区地缘政治风险上升，抵消了油价反弹带来的利好；中国和亚洲地区经济增长预期仍保持弹性，没有实质变动。

（二）市场风险偏好下降

现阶段，“英国脱欧”对非欧盟经济体影响较难判断，其中最有可能造成政治和经济方面不确定性、风险规避以及资产转移。一方面，美元、日元、瑞士法郎等避险货币升值压力增加，部分发达经济体出口和商业信心增强；另一方面，不断上升的不确定性可能会导致美联储采取更为“鸽派”的货币政策，某种程度上能缓冲不确定性影响，尤其是对新兴市场的影响。

* 本文写于 2016 年 8 月 17 日。

（三）石油价格增速超预期

6月份，供需双重因素支撑石油价格升至50美元/桶。预计2016年和2017年平均石油价格分别上调至45.3美元/桶和52.7美元/桶，比春季预测分别高出10%和15%。预计包括金属和农产品在内的其他商品价格下降幅度低于春季预测。尽管向上修正，石油和许多其他商品的价格仍然显著低于价格下降前峰值。

二、欧盟经济展望

2016年，欧元区经济仍保持温和增长，一季度产出首次突破危机前峰值。欧元区一季度GDP增长0.6%，环比增加0.2个百分点；欧盟一季度GDP增长0.5%，环比持平。内需持续支撑经济增长，但出口疲软。低油价、宽松的货币政策、欧元走弱以及2016年欧元区略微扩张的财政政策等确定性因素足以抵消对新兴市场经济体尤其是中国再平衡的担忧，全球贸易势头疲弱以及经济和非经济不确定性因素增加等阻力。

（一）不确定性抑制投资增长

欧元区一季度投资环比增长0.8%，欧盟一季度投资环比增长0.5%。欧元区二季度投资者情绪总体保持稳定，2016年投资预期上调，但由于贸易量和全球经济增速放缓、石油价格反弹超出预期等因素，2017年投资预期并不乐观。

英国及其他欧盟成员国投资可能因不确定性受到抑制，欧盟2016年和2017年投资增速将出现下滑。若不确定性影响到金融系统并导致信贷供给条件紧缩，将使情况进一步恶化，甚至可能引发英国等受影响最大区域出现经济衰退。

（二）不确定性增加导致消费增长放缓

欧盟和欧元区一季度私人消费高于预期，环比均增长0.6%；二季度短期指标表明消费增速放缓。不确定性因素将导致家庭增加预防性储蓄并直接影响消费，还将通过对经济增长和创业的负面影响，降低可支配收入和家庭消费增长预期，间接抑制消费。影响程度取决于冲击力度和持续时间。

（三）贸易恶化将拖累经济增长

贸易方面，欧盟外部经济增速放缓和全球贸易疲软将持续拖累欧元区商品、服务出口。一季度，欧盟和欧元区净贸易增长将GDP增长拉低0.1个百分点；同时，英镑贬值抑制其他国家对英国的出口，并削弱其他欧元区国家的价格竞争力。总的来说，贸易条件恶化将影响欧元区2016年和2017年经济增长。

（四）欧元区和欧盟劳动力市场缓慢复苏

2016 年一季度，欧元区和欧盟净创造就业机会环比增长 0.3%，与 GDP 增长趋势一致。金融危机后，就业增长的周期性变化反映出收入增长放缓、消费转向劳动力密集型产品和服务以及各行业间的劳动力再分配。欧洲劳动力市场也在经济复苏时期通过结构改革得到改善。临时财政措施在一些成员国内产生积极影响。欧元区 5 月份失业率下降至 10.1%，为 2011 年 7 月份以来最低；欧盟失业率下降至 8.6%，已恢复至 2009 年 3 月份水平。“英国脱欧”公投后，劳动力市场复苏步伐将放缓，欧元区和欧盟就业市场基本面将与其经济活动发展步调一致。2016 下半年至 2017 年，欧洲劳动力市场面临风险规避和内需疲软等挑战。

（五）欧元区下半年通胀将有所好转

受能源价格影响，欧元区通胀率走势低迷，4—5 月份一度跌至负值。6 月份通胀率略有好转，为 -0.1%，与预期相同；二季度核心通胀率为 0.8%，低于一季度；服务业通胀率上升。受全球价格压力和国内工业生产价格影响，非能源类工业通胀放缓。受劳动力市场趋于松弛和上升动力不足影响，家庭收入保持在可控范围内。

展望未来，石油价格反弹将减小能源通胀对欧元区三季度通胀率的消极影响。同时，四季度至 2017 年年初能源指数的基数影响较为乐观。自 2016 年春季预测以来，市场假设下的石油价格上升明显，将冲淡对欧元区汇率预期的不利影响。忽略“英国脱欧”公投影响，欧元区 2016 年调和消费者物价指数（HICP）上升至 0.3%。2017 年将稳定在 1.4%，与预期相符。

（六）欧元区外部风险有所减少

欧元区外部下行风险减少。新兴市场经济下行风险减少，外溢效应下降，与预期逐渐接近。同时，美国货币政策正常化对全球经济增长带来的不利影响较春季有所减弱，但不排除地缘政治压力升级如乌克兰和叙利亚局势将对欧洲市场造成超预期的不利影响。金融危机遗留问题对居民消费和投资活动影响将持续或超预期，家庭和公司部门去杠杆需求加大，银行不良贷款增多，实现结构改革的阻力大于预期。名义利率长时间保持低水平也是欧洲经济稳定的潜在风险。此外，一些重要国际事务解决方案难以达成也会加大经济风险，如移民问题和贸易协定。

三、“英国脱欧”公投冲击欧盟经济前景和全球金融市场

“英国脱欧”公投以来，资产价格指数、衡量预测者与调研受访者分歧的指数

以及衡量政治不确定性的贝克布卢姆指数（Baker－Bloom）等多项指标均表明不确定性显著增加。根据不确定性冲击力度差异，欧委会初次评估提出两种情景以全面反映短期冲击影响。一是温和冲击，即“英国脱欧”造成的不确定性较为温和，抑制经济增长的时间有限。二是严重冲击，不确定性冲击更严重、周期更长，导致风险溢价、融资成本以及家庭预防性储蓄增加。两种情形均作出英镑兑欧元贬值15%的假设，这将提振英国出口，但进口商品价格上升将导致可支配收入减少；同时，英镑贬值和英国需求下降双重因素直接影响其他成员国出口。此外，不确定性因素将影响欧盟投资与消费，但对英国投资、消费影响更大。两种情形均未涉及英国与欧盟贸易或移民协议，以及对欧盟预算可能造成的影响。

（一）“公投”结果对欧盟经济造成新的下行风险

“公投”带来的短期政治和经济不确定性不仅影响英国私人消费、投资和外贸，还将影响其他欧盟成员国。预测显示，欧元区GDP累计损失0.25%—0.5%；英国损失1%—2.75%。预计欧元区2016年GDP增速为1.5%—1.6%，2017年进一步放缓至1.3%—1.5%；英国GDP增速将大幅减缓，2016年为1.3%—1.6%，2017年为－0.3%—1.1%。2016年春季预测以来的不确定性风险已逐渐减小，但“英国脱欧”公投将对经济造成新的持续下行风险。虽“英国脱欧”后欧盟的新均衡和调整路径尚不明确，但经济增长和通胀的潜在下行风险已经形成，主要集中在贸易前景、投资和金融服务三方面。“英国脱欧”公投增大了政治风险，若政治风险形成，甚至将改变预测形势。

（二）“公投”引发欧元区市场强烈反应

“英国脱欧”公投在事前已对金融市场产生影响，2016年初起风险规避情绪上升。市场参与者预期英国最终留欧，因此，公投结果发布后引发市场强烈反应，触发巨额维稳现金流，细分市场风险溢价上升，主权债券收益率下降，其中，德国主权债券收益率跌至负值。欧元区非核心成员国的主权债利差略微增加，但在欧央行进一步实施宽松货币政策预期下有所收窄。受益于欧央行企业债券购买计划，欧元区企业债所受打击较小。股市下跌，欧洲银行股尤其严重。尽管部分金融细分市场复苏，但中期政治、经济不确定性依然较高。

（三）欧洲银行业遭受重压

在低利率和低速经济增长环境下，欧洲银行业持续面临盈利能力较低的挑战，“公投”后银行股大幅下跌。收益率曲线进一步扁平化，以及经济增长疲软导致银行优化资产负债表变得更加困难。市场对欧洲银行业，特别是意大利银行业修复资产负债表的能力存疑。银行贷款方面，截至5月份，欧元区整体贷款形势良好，但在当前市场对银行部门较为敏感的情况下，或对一些国家放贷造成负面影响。

（四）“公投”对欧元区通胀率影响不大

“英国脱欧”公投后，经济活动的不确定性带来的短期不利影响、英镑贬值对进口价格带来的影响将对欧元区本土价格造成压力。然而，虽然英镑贬值以及不确定性造成的影响规模难以估计，但其对欧元区通胀率的影响不大，并将仅集中于2017年。

（五）外汇市场受损严重

“公投”后，英镑于6月24日暴跌10%左右，随后几天外汇市场持续波动，英镑进一步下跌。欧元名义有效汇率对英镑约升值10%，对日元约贬值10%。总的来说，欧元对其他欧盟货币走强，对美元和多数新兴市场货币走弱。多数避险货币之间的交叉汇率所受影响较小，如美元对欧元汇率。

（六）主要央行政策路径预期改变

自欧盟发布《2016年春季经济预测报告》以来，多数央行保持宽松货币政策。在欧洲货币政策进一步宽松化以及美国货币政策正常化拖延的环境下，实际的市场利率水平也在调整。英格兰银行采取宏观审慎政策，降低了银行的逆周期资本缓冲资金，并暗示今年夏天可能采取宽松的货币政策。欧央行过去几个月已经放松货币政策立场，并表明将对改变通胀预期的财政状况紧缩情况动用所有可用措施。

（李俊葶　胡可馨　郭昊）

IMF 发布英国第四条款磋商报告*

5 月 13 日，国际货币基金组织（IMF）发布 2016 年英国第四条款磋商报告。报告重点分析了英国脱欧可能带来的经济后果，并针对性地提出了政策建议。报告认为，受脱欧预期影响，英国的经济活动已跌至三年来最低水平，并面临诸多下行风险。结合英国近期经济形势分析，IMF 从宏观经济政策、金融部门政策、宏观审慎政策、结构性改革等方面提出了其他政策建议。报告主要内容如下，供参考。

一、英国宏观经济形势

若英国继续留在欧盟，今年下半年的经济增长预计将出现反弹。考虑到上半年英国 GDP 增速处于较低水平，以及公投带来的不确定性影响不会立即消失，全年 GDP 增速可能低于 2%，但中期内将回升至 2.25%，与潜在增长率基本一致。受商品价格止跌、失业率改善推动工资上涨的利好影响，预计通胀将从目前的 0.5% 逐步反弹至目标值。

英国经济仍面临诸多下行风险，包括居民储蓄率低、家庭负债和政府赤字水平居高不下（尽管危机后出现改善）、经常账户赤字攀升，以及生产率增速长期偏低等。自上轮对英国的第四条款磋商以来，上述风险在一些时点出现不同程度加剧，如 2015 年底经常账户赤字进一步恶化、生产率增速长期放缓等。

二、英国脱欧可能带来的经济后果

英国经济面临的最大风险和不确定性来自即将举行的脱欧公投，因为它将引发市场对英国与欧盟及其他国家长期经济关系走势的不确定性。

* 本文写于 2016 年 6 月 24 日。

（一）脱欧将使英国经济不确定性加大，持续时间也更长，这将加剧金融市场动荡，影响经济产出

一旦脱欧，英国需就退出条款以及与欧盟各国的经贸关系重新进行谈判，否则英国将失去欧洲单一市场地位，仅能在 WTO 规则下开展经贸活动。由于任何与欧盟签订的新贸易协定均需获得欧盟成员国一致同意后才能获批，因此新协定能否顺利达成面临极大政治风险。此外，欧盟目前与60个非欧盟经济体（另有67个经济体正在洽谈中）签订了贸易伙伴协议，脱欧后，英国也需重启与这些国家的贸易谈判，否则只能遵循 WTO 框架下的贸易条例。上述谈判过程和结果的最终落实可能长达数年，期间可能导致投资受创、经济不景气和产出下滑。此外，在适应新经济环境的过程中，金融市场波动或将加剧。

（二）英国退出欧盟还可能对经济产出和收入水平造成极大负面影响

第一，各方评测显示，由于可能面临更严格的贸易壁垒，导致贸易、投资和生产率受到重创，英国或将在长期内蒙受巨大经济损失。研究人士认为英国 GDP 将因此缩水 1.5%—9.5%，具体受影响程度取决于英国与欧盟和其他国家之间的经贸关系走向。

第二，产出减少若超过 GDP 规模的 1%，将给英国政府带来净财政损失。英国目前承担的欧盟预算费用占其 GDP 的 0.33%，脱欧后省下的此笔费用不足以抵消相应的经济损失。

第三，脱欧还可能威胁伦敦作为全球金融中心的地位。总部设在英国的公司可能失去在欧盟其他国家提供金融服务的营业许可，欧元主导的大部分业务也将逐渐转移到欧洲大陆。

（三）英国脱欧将带来显著的消极市场反应，导致股票和房价下跌、家庭和企业贷款成本走高、商业地产和金融等关键部门的投资流入骤然停滞

由于英国经常账户赤字创历史新高，以及高度依赖外部融资，上述风险或被进一步放大。市场对英国脱欧的消极反应将严重影响经济活力，并在市场自身机制的作用下，加速资产贬值。脱欧后英镑贬值或许能短暂刺激出口增长，但作用有限，无法抵消消费和投资减少带来的 GDP 下滑，通胀率在一段时间内也会远高于目标值。英国本土将首当其冲地受到影响，同时这一政治事件的溢出效应还将波及欧洲乃至全球市场。虽然由于缺乏历史借鉴，市场将如何对英国脱欧作出反应尚有很大的不确定性，但 IMF 倾向于认为其后果将是负面且非常严重的。

（四）上述担心在过去几个月里已开始对英国市场产生影响

2016年第一季度，英国商业地产交易量锐减40%，尽管住房市场依旧火热，但这主要是受税收政策变化的刺激。金融市场方面，自11月份以来，英镑贸易加权指数已下跌9%，英国主权债务违约的保险成本已翻番（尽管原保险成本较低），同时公投前后汇率波动的保险成本也相应上升。

（五）如果英国脱欧，预计政府将出台一系列政策维护市场稳定、减少不确定性

一旦市场对脱欧反应强烈，必须确保市面上有充足的流动资金。针对这一点，英国央行近日已宣布将于公投前后的数周内向市场增加流动性投放。同时，如果出现外币流动性不足，英国央行或将激活与其他央行的互换条款。宏观经济政策的走势目前尚不明朗，政府需要在稳定通胀和稳定产出及就业之间作出艰难权衡。宏观政策能在何种程度上为经济活动受到冲击提供缓冲取决于对供求的评估，以及长期通胀预期能否很好维持在锚定区间内。另外，为应对长期不良财政影响，有必要出台额外的中期预算整顿计划。

三、宏观经济政策建议

（一）英国宏观政策应当以稳步推进经济增长并同时减少市场脆弱性为目标

一是进行财政整顿以在中期内增加足够资本缓冲。整顿必须是循序渐进的，以避免货币政策负荷过重，同时也应具备应对不同冲击的灵活性。二是继续实施融通性货币政策以抵御财政“逆风”，为经济增长提供支持。三是收紧宏观审慎政策以减少金融稳定风险。这样的宏观政策组合能有序调节经常账户赤字，配合结构性改革将能有效促进生产率和收入的提高。

（二）财政政策需在逐步减少赤字的同时保持应对风险的灵活性

为应对经济增长放缓背景下收入进一步减少，英政府3月份的预算案并没有进一步安排短期紧缩政策，而是希望通过从其他年份额外调节，在2019—2020财年实现财政平衡。考虑到当前经济势头疲软，市场不确定性高，这种做法有其合理性。长远来看，财政政策必须具备应对市场变化的灵活性。假如需求增长持续萎靡，通胀率难以达到理想区间，政府需要确保其财政框架有足够政策空间用于结构性调整，避免对货币政策的过分依赖。

（三）英国政府应进一步强化整顿，以促进经济增长和稳定

为实现这一目标，鉴于基础设施建设仍存在较大需求缺口，政府的首要任务是激活基建领域的资金投入。减少扭曲性税收支出（例如调整不恰当的增值税率）将有助于收入增长，并有利于提高经济效率和税收中性。

（四）继续实施融通性货币政策，以支撑经济增长，确保通胀率重新升至目标区间

由于核心通胀率低于预期且工资增长缓慢，通胀率仍呈递减势头。尽管劳动力市场趋紧可能带来通胀上涨，上涨信号应出现在紧缩性周期开始前（尤其在政府需要借通胀上涨抵消财政整顿带来的“逆风”的背景下）。事实上，如果需求和通胀率持续低迷，政府有必要进一步放宽货币政策，包括出台一系列政策削减利率及进一步实施量化宽松。

四、金融部门政策建议

（一）IMF 金融部门评估规划（FSAP）小组对英国金融部门进行深入评估后表示，英国自金融危机以来进行了大量制度性改革，目前金融系统整体具有较大弹性

调查显示，英国银行业普遍将风险资本比例从危机前水平上调 1 倍以上，并增加流动性及减少杠杆。压力测试显示，大型银行、保险公司、资产管理经理及中央对手方清算制度等金融关键部门都具有应对危机的弹性。但一旦遭遇冲击，各金融部门之间的联系可能放大冲击的影响，使某一部门的困境发展为系统性难题。因此，需要进一步强化对风险相关性数据的统计和分析。

（二）英国在处理金融机构破产问题上取得较大进步，提高了金融稳定性，并更好地保障了纳税人的权益

英国应按照既有日程深化改革，完善对金融机构，特别是具有系统重要性的机构的处置制度。尤其要在现有基础上进一步健全企业在破产清算时的融资准则，加强国际合作，就具有系统重要性保险公司的清算流程达成有效的解决方案。

（三）鉴于金融周期趋于密集偿付期，而人们对危机的记忆逐渐淡化，因此政府有必要继续实施坚定而深入的审慎监管和规制措施

包括继续严格审查股息支付，对银行内部抗风险能力进行压力测试，在构建有效的银行风控标准方面寻求达成国际共识。

政府应充分认识“去风险”的规模和驱动因素。金融危机后至今，为响应去杠杆、加强金融领域治理以及减少风险偏好的呼声，英国各大国际银行纷纷对客户关系重新审查，减少代理行关系，并终止了某些汇款公司和非营利机构的业务。为抵御潜在金融风险，政府需推动利益相关方加强对话，明确调控预期，并加大对汇款公司反洗钱和反恐融资的监管力度。

五、宏观审慎政策建议

（一）如果住房市场和抵押贷款市场依然火热，政府有必要在今年下半年收紧宏观审慎政策

2014 年年中到 2015 年年中，受政府收紧宏观审慎政策影响，英国住房和抵押市场曾一度出现降温。但近来，房价上涨速度已达收入增速的 3 倍以上，具较高贷款收入比的新增贷款比例再度上扬。

近期英国房地产交易量的火热反映了 4 月印花税上调前的购买情况。但如果这一趋势延续，政府有必要在下半年收紧宏观审慎政策，加强对贷款收入比高和贷款价值比低的贷款的限制，以避免家庭债务过重引发金融稳定性风险。

随着房屋出租市场的快速发展，政府有必要对其采取宏观审慎措施，防止对金融市场的稳定产生冲击。同时，应继续对商业地产交易市场实施严格监管。英国的商业地产价格在 2014—2015 年曾出现飞涨，近期价格涨势有所放缓。

（二）英国政府要始终以维护金融市场稳定作为宏观审慎政策的出发点和落脚点

金融政策委员会应就调节目标和政策手段与民众及时沟通，并依据信贷和资产的市价情况适时提高逆周期资本缓冲。英国可能确有必要在今年内大幅增加逆周期资本缓冲。

六、结构性改革建议

结构性改革将有助于提高生产力和减少经济脆弱性。目前政府的当务之急是增加住房供给，一方面刺激建筑业拉动经济增长，另一方面提高家庭购房能力、减少家庭债务负担，稳定金融市场。同时，还应放宽规划限制，提高未开发国有土地供应，改革财产税，鼓励住房市场去库存。

其他结构性改革措施包括：（1）进一步扩大职业技能培训，提供高质量的实习岗位，以减少目前高达两位数的青年失业率，使增长更具包容性；（2）增加对

幼托等教育资源的投入，减少单身母亲的压力，从而提高劳动参与率。英国单身母亲的就业率近年来有所改善，但仍低于 OECD 国家的平均水平。

英国政府近期出台了一系列改革措施以增加企业透明度，打击逃税、腐败和其他金融犯罪。同时，政府还对英国各大公司的所有权人和有限责任公司合伙人进行登记入册以加强监管，并发起倡议呼吁各国实现对企业受益人信息的自动共享。

为配合以上改革措施，英国政府还强化对信托和公司服务提供商、律师及会计师反洗钱和反恐融资的合规监管，并提高反洗钱和反恐融资监管有效性。

拥有金融中心的皇室属地和海外领地也应在本辖区内建立起核心受益人登记制度或其他类似制度。英国政府已通过机制安排，经执法和税务部门有效地获取上述登记信息，同时不受任何限制。实施这一政策的关键在于官方能够采集高质量的公司受益人信息，确保信息的公开透明，并在相互信任的基础上进一步推动相关倡议的落实。

（姜天晨　陈茜　董杨　燕晓春）

英国脱欧对我经济影响简析*

6月23日，英国举行脱欧公投，“脱欧派”以51.9%比48.1%战胜“留欧派”，标志着英国脱离欧盟的政治进程将正式启动。脱欧结果超出了国际社会的普遍预期，按照《里斯本条约》相关规定，如进展顺利，英国将在两年后正式失去欧盟会员国身份，这必将对全球政治经济格局、国际金融市场和大国政策产生深刻影响，也将对危机后步履蹒跚的全球经济复苏和区域一体化进程带来冲击。中国作为全球经济重要的内生变量，将必然或多或少受英国脱欧的影响和冲击。现将英国脱欧对我经济领域可能造成的影响简析如下，供参考。

一、短期看，英国脱欧对我影响主要集中在金融领域

英国脱欧结果一出，英镑和欧元大幅贬值，全球避险情绪升温，大量投资者抛售英镑及欧元资产，购入美元、日元、黄金和主权债券，人民币承压。短期内，国际金融市场波动可能对人民币汇率和我金融稳定造成一定冲击，而中长期影响则相对有限。

（一）英国脱欧或加剧人民币短期汇率波动

受脱欧结果影响，英镑兑美元直线暴跌，创有史以来最大单日跌幅，但美元升值导致的人民币贬值压力加大，人民币兑美元6月27日盘初跌破6.64关口，创近五年半新低。同时人民币兑日元汇率持续下滑，由于国际市场对日元升值的心理预期不断提高，人民币对日元的贬值趋势料将持续。短期内，人民币汇率波动或将加剧，资本外流压力加大，需要在充分释放稳定人民币币值预期的基础上，密切监测市场流动性变化，将人民币汇率保持在合理均衡水平。此外，英国脱欧将使美联储加息进程进一步延后，全球流动性环境或将继续保持宽松，有利于我

* 本文写于2016年7月1日。

推进国内供给侧结构性改革的窗口期得到延续。

（二）英镑和欧元贬值或为人民币国际化创造机遇

从人民币国际化角度看，英国是发达经济体中最早认识到人民币潜力的国家，伦敦作为全球主要金融中心之一，于 2012 年启动“人民币业务中心计划”，已发展成为最重要的人民币交易中心和离岸人民币市场之一，英国也是中国之外第一个发行人民币国债的国家。短期看，英国脱欧增加人民币通过英国在欧洲推广使用的成本，在一定程度上削弱伦敦作为人民币离岸中心的地位。

中长期看，英国脱欧或使英国和欧盟“两败俱伤”，双方经济实力的下降必然反映在货币的国际地位上。目前，英镑和欧元在国际货币体系中的地位和影响力都高于人民币，一旦英镑和欧元地位下降，或将吸引更多投资者转向人民币，使人民币在贸易融资、支付结算、金融交易和资产配置等领域得到更广泛使用，客观上推动人民币国际地位的提升和人民币国际化进程。

（三）英国脱欧使非金属大宗商品价格承压，对我影响甚微

作为大宗商品计价货币，在供求水平不变的情况下，美元走强，大宗商品价格必然承压。同时当美元走强时，投资者对美元资产偏好增强，促使部分资金从商品市场流出，导致其价格回落。英国脱欧事件后，受到美元指数急速上涨的影响，原油、工业金属等大宗商品价格快速下行。其中国际油价呈现出大幅度回落走势，最大跌幅高达 7%。其他大宗商品对于欧洲公投的反应两极分化：贵金属特别是黄金由于有避险资产属性，价格出现跳涨，而其他大宗商品价格大多以跌为主。而国内商品市场对英国脱欧反应有限，尚未出现大幅波动。

（四）英国脱欧对中国股市和债市影响有限

由于国内资本市场并不完全开放，脱欧事件对中国股市和债市的短期影响多来自全球风险偏好下降和政策预期博弈，应警惕风险偏好下降和人民币贬值导致资本流出引发的“市场失血”。中国股指受英国脱欧的直接影响不大，但很难在全球金融市场动荡的背景下走出独立升势。而受宏观经济压力犹存、市场流动性相对宽松等因素影响，债券市场整体态势依然向上，且债券相对风险较低，短期可能吸引更多避险资金。

二、中长期看，英国脱欧对中国经济直接影响有限

从贸易和投资角度看，中国对英出口仅占中国出口总额的 2.6%，英国在中国对外投资中占比也非常有限，脱欧后欧盟和英国对中国提高关税水平的概率不大，

由于脱欧将导致英国失去欧盟成员国的地位和待遇，出于促进贸易投资与保持经济增长的急迫性，英国或进一步拉近与我经贸合作关系，推动英国早于欧盟与中国签署双边自贸协定，以进一步减少贸易和投资壁垒。

欧盟作为中国第一大出口目的地和第一大进口来源地，英国脱欧引发的汇率市场波动将增加中国企业出口的汇率风险。长期看，英国脱欧可能导致英国和欧盟经济低迷，使中国经济发展面临的外部不确定性增加。此外，英国脱欧意味着中国在欧盟内部失去了一个促进中欧自由贸易的重要支持者，未来中欧自贸谈判、中欧投资协定谈判进度或受此拖累。

整体而言，英国脱欧对中国经济的直接影响有限。但应警惕英国脱欧引发欧盟乃至更大范围的经济衰退，波及中国。

三、我应密切关注事态发展，妥善应对，顺势而为

（一）英国脱欧或对中国经济发展和国际地位提升构成利好

尽管英国脱欧在短期内为我通过英国加强与欧盟沟通与合作制造一定障碍，但英脱欧将给中欧、中英提供更多、更直接的对话机会，中长期对推进中英和中欧全面战略伙伴关系带来一定正面影响。随着经济实力的不断增强，我将更有能力从容应对国际格局的调整，并充分发挥自身巨大的市场优势，与英国、欧盟等有关各方加强沟通，谋求于我有利的外部环境。如应对得当，英国脱欧事件甚至能为中国带来新的发展机遇。如英国一直呼吁欧盟给予中国市场经济地位，但进展甚微。英国脱欧后，我可绕过欧盟，直接促成英国承认中国市场经济地位，倒逼其他主要经济体尽快承认我市场经济地位。再如，近年来大批中国企业利用中英关系的“蜜月期”在英国积极布局，并准备以英国为跳板，拓展欧盟市场。虽然“跳板”不复存在，但英国脱欧带来的欧盟内部巨大的贸易和市场空缺将给“走出去”意愿强烈的中国企业提供战略机遇。

（二）以英为鉴，让全体人民共享改革发展成果

全球金融危机以来，英国经济复苏较为强劲，但复苏基础不牢，受难民危机和欧洲整体形势低迷的影响较大，民众实际生活水平并没有因经济复苏而得到改善，对卡梅伦政府和欧盟的不满情绪渐浓，民粹主义和孤立主义势力抬头。英国一步一步走向脱欧，本质在于英国执政当局没能平衡社会各阶层利益，民众没有正视欧盟身份给英国带来的利好，却加大了对法律制度、预算缴纳、移民难民等问题上的不满情绪，最终以公投的形式爆发。事实上，民粹主义、孤立主义、宗教极端主义思潮在很多欧洲国家普遍存在，越是经济低迷、民众生活没有改善的

国家，这种谋求变革的思想动力就越强大。而应对这种思潮的最好方式，就是让全社会共享改革和发展的红利，使社会各阶层都能享受全球化、一体化带来的经济收益。同时，应加强舆论引导和宣传，树立对全球化、一体化的正确认识，坚定我推进供给侧结构改革的立场和信心，使改革开放的成果更多惠及全体人民。

（三）务实推进亚洲区域经济一体化进程

英脱欧使欧洲一体化进程遭遇重大挫折，也反映了全球政治经济体系的不稳定和不平衡性。实际上，欧洲一体化进程在英脱欧之前，已经受到了来自希腊债务危机、难民问题、德法合作失衡等因素的冲击，包括英国在内的大多数成员国只愿享受一体化的利益，而不愿承担相应的责任和义务。而类似的问题也存在于亚洲区域一体化进程中。受政治、领土争端等因素影响，亚洲区域一体化进程进展缓慢。为此，我应充分借鉴欧盟一体化进程中的经验和教训，以区域财金合作和贸易投资便利化为抓手，借助“10 + 3”财金合作、区域全面经济伙伴关系（RCEP）等平台，做实清迈倡议多边化（CMIM）机制，不断提升东盟与中日韩宏观经济研究办公室（AMRO）机构能力，加强区域金融监管合作，稳步推进亚洲区域的一体化进程。

（王虎　贾静航　李雨嘉）

奥地利养老保险体系简析*①

欧债危机后，面对经济下行压力和人口老龄化问题挑战，奥地利对养老保险体系实施了一系列改革，取得了一定成效。但是，奥地利仍面临进一步完善养老保险体系的压力。学习借鉴奥地利养老保险体系的经验和教训，对我国稳步建立更加公平可持续的养老保险体系有一定参考价值。现对奥地利养老保险体系作简要分析，供参考。

一、奥地利养老保险体系的主要特点和挑战

（一）基本情况

经过100多年发展，奥地利已建立比较完善的养老保险体系，由三个支柱组成。第一支柱为社会养老保险和社会救助，为国民提供养老金和老年人最低收入保障，在养老保险体系中作用最为重要；第二支柱为企业年金，对法定养老保险起到重要补充作用；第三支柱为自愿储蓄性养老保险，由个人自愿缴费并由私营基金公司或保险公司管理，属于基金制养老保险计划，奥地利政府正采取各种鼓励措施加快培育。

为满足未来人口和经济社会发展需要，奥地利降低作为第一支柱社会养老保险的比例，鼓励第二、第三支柱的企业年金和个人储蓄性养老保险发展，加强个人和企业对养老保障的责任。为此，奥地利构建了"现收现付"（PAYG，pay－as－you－go）体系为主的养老保险体系，该体系是养老保险资金的最主要来源，占比超过95%，其中的财政支出占GDP比为13.9%，且呈上升趋势。

---

* 本文写于2016年7月30日。

① 此报告是在财政部国际财经中心2016年5月奥地利出访报告基础上整理而成。2016年5月4日，周强武主任等一行三人在奥地利维也纳会见了奥地利央行经济分析与研究室主任Doris Ritzberger－Grünwald等五位官员和专家，就奥地利养老保险体系进行了交流。

（二）主要特点

总体而言，奥地利养老保险体系呈现以下主要特点：

1. 缴费率较高。依据奥地利法律，该国养老保险的资金主要源自雇主和雇员缴纳的资金，缴费率为22.8%，即按参保人员收入的22.8%收取。其中，雇员缴纳其月收入的10.25%，雇主缴纳工薪总额的12.55%。此外，如果养老保险基金出现不足，则由政府弥补亏空。

2. 全民覆盖。奥地利在2004年通过《养老保险法通则》后，实现了统一的养老保险法制，在统一体制下实现养老保险全民覆盖；同时，对没有达到养老保险缴费要求的个人（比如失业时间较长者，留学、外来务工的短暂停留人员等），也可通过其他方式参加法定养老保险。此外，奥地利法律规定的均衡补贴①也为那些养老金收入过低的退休人员提供最低养老保障，从而确保养老保险体系全民覆盖。

3. 养老金替代率高。第二次世界大战后，一些欧洲国家普遍推行福利项目多、保障水平高的养老保险制度，奥地利也不例外。为尽力减少国民退休前后收入水平差异，奥地利实施了高养老金替代率政策。2012年，奥地利养老金替代率大约为75%，在OECD国家中排名第三，仅次于荷兰（90%）和丹麦（近80%）。

4. 退休年龄较低。奥地利法定退休年龄为男性65岁、女性60岁。OECD统计数据显示，奥地利部分居民会提前4—6年退休。实际上，奥地利平均退休年龄约为60岁。

（三）主要挑战

1. 财政负担将加重

奥地利社会保障支出由养老金、医疗保健及妇幼保健等支出组成。2012年，奥地利社会保障支出占奥地利GDP比为30%，其中养老金支出占社会保障支出比最大，为43%，占GDP比为15%（详请见图1）。根据欧盟2015年《人口老龄化报告》（Aging Report），奥地利养老保险支出中的公共支出占GDP比将由2013年的13.9%攀升至2060年的14.4%，同期欧盟平均水平将由11.3%下降至11.1%。其中，奥地利公务员养老保险支出将减少，其他居民将增加。

① 均衡补贴是奥地利为确保在国内居住的人员一个特定的最低收入水平而提供的补助。奥地利没有设立最低养老金水平，并且按照保险原则计算养老金收入时，不考虑个人和家庭的总体经济情况，因此保障退休人员最低收入只能通过均衡补贴来实现。养老金收入低于法定的最低收入基准线的退休人员可以申请补充收入，使退休老人达到最低的收入保障。

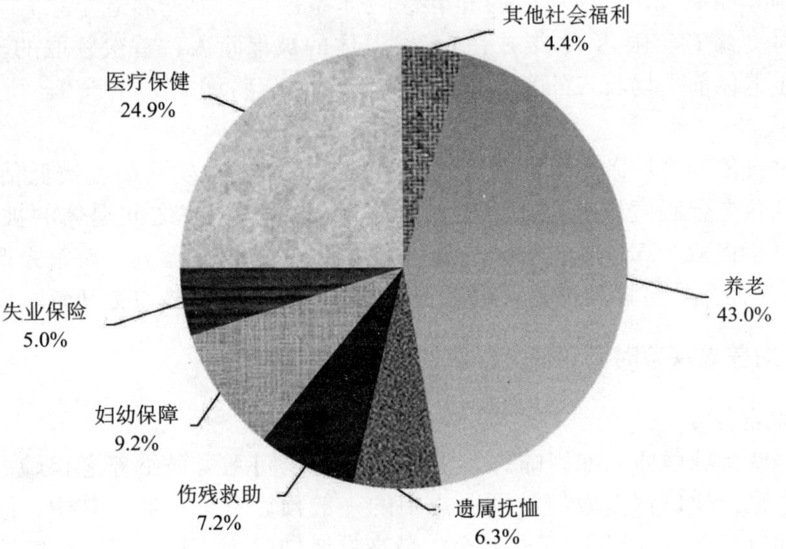

图1　2012 年奥地利社会保障支出构成

来源：《奥地利社会保障情况（2014 年）》。

2. 人口变化趋势将带来负面影响

从趋势看，奥地利人口死亡率将下降，预期寿命将上升，2015 年平均预期寿命为 81 岁，到 2045 和 2060 年将分别上升至 85 和 87 岁；同时，人口出生率前些年呈下降趋势，以后将呈现波动趋势，两者综合作用的主要负面影响是人口抚养比提高，养老保险代际和同代内部负担不平衡将加重。此外，近期移民潮也将对奥地利养老保险体系构成挑战。

二、奥地利养老保险账户体系

（一）计算养老保险时间和额度的两种方式

奥地利养老金计算和发放额度每年都将进行调整，主要参照消费者价格指数波动进行。决定被保险人退休后养老金额度的具体因素有：一是退休年龄；二是养老保险缴费期限；三是养老保险缴费基数；四是如果养老金额度低于均衡补贴基准水平，被保险人可申请均衡补贴。奥地利有两种计算保险时间和额度的方式，其中，第二种方式为主要实施方式。

1. 方式一

被保险人获得养老金的前提是累计一定的投保年限和月份数。奥地利《养老保险法通则》明确规定，统一后的养老保险体系被当作福利养老金账户，缴纳比例为22.8%。缴存年限达45年并在65岁退休的被保险人，首次领取的养老金金额将相当于退休前平均收入的80%，且调整系数每年将增加1.78%[①]。

2. 方式二

由于过去依赖平均缴存基数确定调整系数，使养老金发放额度被低估。因此，目前奥地利养老金额度调整主要根据通胀率。在62—64岁之间退休的被保险人，调整系数每年将减少5.1%；在66—68岁之间退休的被保险人，调整系数每年将增加5.1%。而且，对提前退休人员有例外条款，尤其是重体力劳动者。

（二）对养老保险时间和额度计算的例外和其他情况

1. 特殊群体

对于一些特殊群体，如因哺育、失业或疾病期间无力缴纳养老保险的，此期间的养老金账户缺口将由政府特别账户中的一般预算资金补缴。其中，政府将为哺育期女性每月补缴1650欧元养老金，最高补缴期限为4年。同时，奥地利2004年养老保险一体化改革，对养老保险计算期间作了两条规定：对其中一种养老保险（old – age pensions），最低养老金计算年限为15年，至少要缴纳保费7年；对另一种养老保险（corridor pension），最低养老金计算年限为40年，如果投保不足480个月，计算期间为实际缴费期限。

2. 养老保险金的上下限

养老保险金的下限：如果一个单身家庭养老金领取额度低于883欧元/月或者一对夫妇低于1323欧元/月，缺口将由一般预算补齐，即通过均衡补贴确保退休人员实现最低收入保障。近期，约12%的养老金领取者需要靠均衡补贴达到养老金领取的下限。

养老保险金的上限：养老保险缴存基数上限为4860欧元/月。因此，对一个65岁退休人员而言，领取养老金的最高上限为3888欧元/月。

---

① 被保险人每多投保缴费一年增加养老金计算基础一定百分比的养老金权利，这个百分比就是养老金的调整系数。1988年改革之前，养老金计算将保险期间分成两个阶段，前30年和后15年。前30年的调整系数为1.9%，此后为1.5%。因此，如果投保35年，养老金调整系数累计为64.5%（30×1.9%+5×1.5%），即首份养老金额度为养老金计算基础的64.5%。如果投保满45年则可获得养老金计算基础80%（30×1.9%+15×1.5%）的养老金收入。1993年改革引入了针对提前或延期退休的人员的更高的调整系数的折扣或奖励。1996年结构调整法，对于参加养老保险没到40年的，或申请提前退休养老金或工作能力减弱而提前退休养老金的，其调整系数的奖惩有所下降。这些新的规定很复杂，主要为女性和伤残人员受到福利削减的影响。新的调整系数还没完全施行，1997年改革又决定推行新的调整系数，为每个投保年份养老金权利增长2%，这样，投保40年可获得的养老金达到计算基础的80%。到2009年开始，养老金调整系数为1.78%。

三、奥地利养老保险体系改革的趋势

为实现奥地利养老保险体系的主要目标：金融稳定、养老金福利保障有力、防止因老致贫和规则不公平等，奥地利须完善现有养老保险体系。未来，奥地利将进一步完善养老保险体系，主要有以下几个方向：

1. 通过监测实际退休年龄与预期退休年龄的变化趋势，逐步提高法定退休年龄。

2. 完善现有养老保险体系。为确保预算自动平衡，现有养老保险账户体系应进行完善，考虑以下几个参数：退休年龄、养老保险缴费年数、保费缴费比例、调整系数等，并调整保险金额度计算公式。

3. 逐步转向瑞典社会保障制度（Swedish system）的“名义账户制（Notional Defined Contribution）”。该体系有以下优势：其一通过基于退休时的剩余预期寿命计算退休年金，从而对不断增长的预期寿命作出自动反应；其二不需要进行外部调整，即可实现中期预算平衡；其三个人可自由选择退休年龄；其四该体系相对简单和透明。

4. 加强养老保险中的融资功能。通过出台税收优惠政策等措施，鼓励养老保险基金参与资本市场，逐步提高其融资功能。

四、几点看法

（一）奥地利养老保险体系面临巨大改革压力

与欧洲其他国家相似，奥地利目前也面临第二次世界大战后生育高峰期（baby - boom）出生的一代人退休速度加快难题，再加上老龄人口预期寿命也在持续提高，奥地利养老保险体系面临巨大改革压力。一是应减轻联邦财政负担。虽然奥地利经济发展水平位居欧盟成员国前列，但奥地利产业结构单一、经济增长动力不足等问题一直未得到有效解决，再加上高支出的“大政府”特点突出，奥地利一直面临养老财政支出压力加大。按照奥地利政策，一旦奥地利养老保险金出现缺口，将由奥地利联邦财政通过征收一般税收（general taxation）来充实。以 2015 年为例，奥地利联邦财政弥补养老保险金 76.05 亿欧元，约占 GDP2.3%。二是应适度降低缴费率，降低企业负担。三是提升养老保险金的保值增值功能，增强养老保险基金的保障能力。

（二）奥地利养老保险体系构建经验值得借鉴

虽然奥地利养老保险体系面临挑战、部分领域亟待进一步改革，但中国可考虑借鉴其合理的做法，应对人口老龄化问题：其一，根据中国人口老龄化变化趋势，研究制定渐进式延迟退休年龄政策，并坚持精算平衡原则，实现代际平衡。其二，可借鉴奥地利培育养老保险第三支柱经验，提高个人保险意识，逐步健全“多缴多得”的激励机制，提高个人储蓄性养老账户占养老保险体系比重，大力推动补充养老保险发展。其三，可借鉴奥地利通过征收一般税收弥补养老金缺口的做法，继续研究健全中央和地方养老保险投入责任及基金缺口共担机制，稳步提高统筹层次，实现养老保险全国统筹。其四，拓宽养老保险基金投资渠道，通过获得更高边际回报，更好地促进养老保险基金收支平衡。

（三）欧洲亟待进一步深化社保领域结构性改革

一直以来，民粹主义在欧洲大陆流行，以全民覆盖、受益范围广、社会保障支出占 GDP 比高等为特征的高福利养老保险体系在欧洲国家非常普遍。但是，由于国际金融危机、欧债危机等原因，欧洲大多数国家经济下行，财政不堪重负，面临改革包括养老保险体系在内现行制度的巨大压力，一些国家相继推出延迟退休等提高劳动力市场弹性、缓解财政压力的改革。然而，改革效果似乎并不理想，过去几年，一方面，经济复苏乏力、劳动力市场仍然僵化；另一方面，改革迟缓造成其他社会负面影响，法国、希腊等国家不断地出现大规模罢工等抗议活动，欧洲高福利主义受到挑战。因此，高福利、早退休等政治承诺应与国家经济发展实力及财力相适应，同时经济复苏要通过劳动力市场改革、财政改革等结构性改革释放沉重包袱，欧洲经济复苏才能可持续，养老保险等社保体系才能树立真正的所谓“全球标杆”。

（胡振虎　于晓）

奥地利宏观经济形势及结构性改革简析*①

欧债危机后，欧盟经济整体复苏乏力。但是，奥地利经济复苏步伐较快、质量较高，是少数经济恢复至危机前水平的欧盟成员，这与奥地利推行的结构性改革密不可分。现对奥地利宏观经济形势及结构性改革作简要分析，供参考。

一、奥地利宏观经济形势

（一）经济复苏步伐较快

奥地利经济复苏步伐较快，2010 年实际 GDP 总量已超过危机前水平，是欧盟中为数不多经济恢复至危机前水平的国家。奥地利财政部预计，未来奥地利实际 GDP 增长潜力将超过德国；同时，奥地利人均 GDP 水平较高，2014 年位列欧盟国家第四，高出欧盟平均水平 28%，且人均消费水平较高，在欧盟国家中仅次于卢森堡。此外，奥地利是欧盟中劳动生产率增长最强劲的国家之一。

（二）通胀率稳步回升

近期奥地利通胀率呈稳步回升态势。2015 年，消费者物价指数（HICP）为 0.8%，预计 2016 年和 2017 年将分别上升至 1.3% 和 1.7%，但仍未达到欧洲央行 2% 的通胀目标。未来服务部门将成为通胀率回升的主要驱动因素。

---

* 本文写于 2016 年 7 月 30 日。

① 此报告是在财政部国际财经中心 2016 年 5 月奥地利出访报告基础上整理而成。2016 年 5 月 4—6 日，周强武主任等一行在奥地利维也纳分别拜会了奥地利财政部、奥地利央行及奥地利高等研究所，分别与奥地利财政部经济政策与金融市场司司长 Harald Waiglein、奥地利央行经济分析与研究室主任 Doris Ritzberger - Grünwald、奥地利高等研究所所长 Thomas Czypionka 等官员和专家，就奥地利宏观经济形势及结构性改革、英国“脱欧”公投等问题进行了交流。

（三）失业率和就业率双双呈上升态势

尽管奥地利是欧盟失业率较低的国家之一，但近年来失业率不断上升。2015年失业率为5.8%，2016年2月份曾一度上升至6%的历史高位，预计2016年和2017年将进一步上升至6.1%和6.3%。同时，就业率也将同比分别增长1.2%和1.1%。

（四）财政状况有所改善

2015年奥地利财政赤字占GDP比为1.6%，较2014年的2.7%有所下降，预计2016年和2017年仍将分别维持在2.0%和1.7%。但是，奥地利公共债务占GDP比却超过欧盟警戒线（60%），2015年公共债务总额2907亿欧元，债务率为86.2%，预计未来两年公共债务率将有所下降。

（五）经常账户长期盈余

奥地利经常账户长期盈余，主要受益于服务账户盈余。2015年，奥地利经常账户盈余占GDP比为2.7%，预计2016年和2017年将分别上升至2.8%和3.1%。

（六）出口贸易额持续增长

自2000年起，奥地利出口贸易额持续增长。2015年出口额为1315.5亿欧元，同比上升2.7%。2016年上半年，出口增长态势依然强劲，预计出口额将从110亿欧元增长至115亿欧元，较去年同期上升2%—5%。预计2016年和2017年，奥地利净出口额对GDP的贡献率均达到0.3%，对中欧和东欧国家出口贸易额的快速增长将成为奥地利贸易增长的潜在优势。

二、奥地利结构性改革

（一）税收改革

目前奥地利最紧迫的结构性改革任务是税收改革。自2016年1月1日起，奥地利实施新的税制改革方案，旨在减轻纳税人税收负担，涉及金额达52亿欧元，约为奥地利GDP的1.5%。其中，49亿欧元将用于个人所得税减免以及社保缴款返还。此外，增加预算支出1亿和2亿欧元分别用于儿童津贴和鼓励发明创新。

具体改革措施如下：一是大幅调低个人所得税税率，起征点依然为年收入1.1万欧元，规定收入在1.1万—1.8万欧元间，课税税率由36.5%下调至25%；收入在1.8万—3.1和3.1万—6万欧元间，税率分别下调至35%和42%。同时，个人所得税超额累进税率级数从3级增加至6级（详见表1）。二是从2016年起，向低收入人群返还社保缴费额。对非通勤雇员和通勤雇员返还额度最高分别为400和500欧元/年；对养老金领取者返还额度最高为110欧元/年。三是实现儿童津贴翻一番的目标，由目前的220欧元/人增加至440欧元/人。此外，对双职工家庭的税收津贴将由132欧元/人增加至300欧元/人。四是研发支出占财政支出比例将从10%增长至12%。

表1　　奥地利税改前后个人所得税率表

2015年12月31日以前的税率			2016年1月1日以后的税率		
高于	低于	税率	高于	低于	税率
0 €	11000 €	0%	0 €	11000 €	0%
11000 €	25000 €	36.5%	11000 €	18000 €	25%
			18000 €	31000 €	35%
25000 €	60000 €	43.21%	31000 €	60000 €	42%
			60000 €	90000 €	48%
60000 €		50%	90000 €	1 m€	50%
			1 m€		55%（暂行）

同时，奥地利将通过上调增值税和资本利得税等税率、降低公共行政成本和政府补贴、打击逃税和社会欺诈等手段，填补减税带来的资金空缺。主要有以下措施：一是上调增值税税率，由目前的12%上升至13%。二是上调资本利得税税率，除银行存款（银行直接转账账户和存款账户）利息外，资本利得税税率将由25%上升至27.5%。三是上调房地产所得税税率，将上升至30%；另外，对特定房地产交易，计税基础将拓宽（不再计算通胀折现）。四是降低公共行政成本和政府补贴，预计将缩减支出11亿欧元。

（二）财力分配均等化改革

由于奥地利现行税收分配制度较复杂、政府间转移支付系统繁琐，造成各部门之间结构、权责重叠，且州、市预算份额不断减少。因此，奥地利政府计划从2017年起实施财政收入分配均等化改革，通过优化资源配置方式、创新政府融资渠道、完善政府间转移支付、提升政府行政效率等手段，优化税收分配以强化各级政府事权与财权相匹配、提高公共资金使用效率，预计每年将投入800亿欧元。主要改革措施如下：一是增强各州税务自治监管及专项转移支付能力；二是完善政府间转移支付；三是创新医疗系统融资以及老年人养护领域融资方式；四是加强城市间合作；五是完善政府担保及或有债务规则。

（三）劳动力市场改革

劳动力市场改革是奥地利目前面临的最棘手问题之一。目前，欧洲普遍缺乏高素质劳动力，造成居民收入水平无法有效提高。同时，欧洲高等教育在产学研结合方面的僵化与脱节，也使最先进的技术和成果无法有效地投入经济中并转化为实际产出，造成资源浪费，不利于经济长期发展。因此，必须持续推动劳动力市场改革。

奥地利劳动力市场改革主要采取以下措施：一是通过监测实际退休年龄与预期退休年龄的变化趋势，逐步提高女性退休年龄。目前奥地利法定退休年龄为女性 60 岁，男性 65 岁。从 2033 年起，奥地利将执行男女统一的 65 岁法定退休年龄。二是逐步取消提前退休领取养老金的做法。从 2004 年到 2018 年，对长期缴费而提前退休的年龄将逐年延长到法定标准退休年龄。三是根据通胀率调整奥地利养老金额度。过去依赖平均缴存基数确定调整系数，使奥地利养老金发放额度被低估。以通胀率为参数调整养老金额度，能更务实地保障退休人员生活水平。四是降低非工资性劳动成本。

三、几点看法

（一）奥地利经济将继续保持温和上升态势，内需仍是拉动经济复苏的主要驱动力

未来一个时期，奥地利经济仍将保持温和上升态势。2015 年奥地利经济增长势头平稳，GDP 增速达 0.9%。预计 2016 年二季度和三季度 GDP 增速分别为 0.5% 和 0.4%①，2016 年和 2017 年 GDP 增速将达 1.5% 和 1.6%。尽管近期奥地利国内公共和私人消费较德国略显疲软，但内需仍是推动经济复苏的主要因素。预计未来将出现内需走强的趋势，2016 年和 2017 年内需将拉动奥地利实际 GDP 分别上升 1.6% 和 1.4%。目前奥地利资本密集度较高，国内投资保持活跃，随着经济复苏，国内投资还将进一步改善。国内私营部门融资方式较为保守，尽管利率水平较低，但杠杆率依然处于中等水平，私营部门应逐步增加股权融资。

（二）奥地利税收改革将推高其经济增长率

奥地利本次税收改革为其历史上规模最大的一次减税计划，将使奥地利 670 万雇员、退休人员和低收入者每年增收约 1000 欧元。同时，税改将大幅拉动奥地利

① 2016 年 5 月份奥地利央行内部更新，为绝密信息。

经济增长，预计税改对GDP的贡献率将达1.5%，2016年和2017年将使GDP增长分别提升0.4%和0.1%，到2019年将推动实际GDP提高0.5%，新增就业人口8400人。长期看，将增加至少2.9万个就业岗位[①]。此外，预计税改将使2016年奥地利预算盈余有所下降，减少额约为GDP的0.15%。但长期看，将增加预算盈余，增加额约为GDP的0.1%[②]。

（三）欧洲难民危机将在一定程度上刺激奥地利经济增长

2015年，奥地利接纳难民人数达8.9万人，约占其总人口的1%，预计2016年和2017年还将分别新增3.75万人和3.5万人。短期看，难民涌入将导致奥地利财政支出增加并对公共财政造成一定压力，但也将增加总需求，这对国内需求疲弱的国家来说无疑是一种不错的财政刺激方式。长期看，也将有助于活跃劳动力市场，妥善解决移民问题的经济利益远大于安置和接纳移民的经济成本，劳动技能较强的移民将有利于提升生产力，提高接收国的移民吸纳能力，继而推动经济增长。2015年，难民接收使奥地利整体经济增长提升约0.1%，预计2016和2017年将分别提升0.2%和0.1%。

（四）奥地利经济将受英国脱欧不利影响

短期看，英国或将为脱欧付出代价。经济方面，预计到2030年英国GDP规模损失将达0.6%—14%。但就奥地利本身而言，所受影响较有限，到2030年GDP规模将小幅萎缩0.05%—0.2%。尽管英国脱欧对奥地利的直接影响并不是很大，但仍将通过影响欧盟政治经济格局间接地对奥地利产生影响。一是英国脱欧将增加欧盟内部不稳定性，恐为其他国家带来示范效应，少数成员国可能效仿，将在一定程度上阻碍欧盟一体化进程，甚或使欧盟面临解体威胁。二是欧盟在全球的影响力将被削弱。英国GDP总量占欧盟的17.56%，仅次于德国；英国对欧盟进口和出口贡献率分别高达14.5%和11.6%，也仅次于德国。英国脱欧将在经济总量、经济合作等方面直接或间接影响欧盟全球竞争力。三是欧盟自由贸易进程可能放缓，欧元下行压力仍将持续。

（于晓　胡振虎）

---

① 数据来源：奥地利财政部。

② 数据来源：奥地利高等经济研究所。

意大利银行业“危机”简析*

近期，欧洲银行业管理局公布 2016 年最新欧盟银行业压力测试结果显示，在负面环境①打击下，51 家主要银行 2015 年至 2018 年平均一级资本充足率将由 12.6% 降至 9.2%，总体杠杆率由 5.2% 降至 4.2%，参与测试的 5 家意大利主要商业银行表现不佳，承压后的资本充足率均低于平均值，其中西雅那银行（Banca Monte dei Paschi di Siena）的一级资本充足率甚至降至 -2.2%，是所有银行中唯一跌到负值的金融企业。本次压力测试结果引发市场的普遍担忧，意大利银行业或将成为欧洲经济领域最易爆发危机的风险点。现将意大利银行业危机的情况及原因分析如下，供参考。

一、危机显现

（一）不良贷款问题严重

意大利银行业规模在欧元区 19 国中排名第四，但银行不良贷款率高达 17%，几乎是美国的 10 倍，不良资产总额达 3600 亿欧元，其中 2100 亿欧元属于严重坏账，占欧元区银行不良资产总额的三分之一，是意大利 GDP 的五分之一。

压力测试中表现最差的西雅那银行是意大利历史最悠久的银行，也是目前意大利第四大银行。截至 2015 年底，其不良资产高达 469 亿欧元，占总资产的 40%。最近几年，该行已接受数轮援助，但境况仍未改善。除西雅那银行，其他意大利银行的情况也不容乐观，意大利资产规模最大的裕信银行（UniCredit S. P. A）坏账规模高达 800 亿欧元，占总资产的 17%。第三大银行大众银行（Banco Popolare）一季度坏账减记规模达 6.84 亿欧元，比 2015 年同期的四倍还多，净

* 本文写于 2016 年 10 月 12 日。

① 在未来 3 年中欧盟经济产出低于基准线 7.1%，银行利率收益骤降 20%。

亏损则达3.14亿欧元。采用德州比率（Texas Ratio）[①] 考察意大利银行业，西雅那银行超过140%，意大利大众银行接近140%。

（二）市场对意大利银行业的信心严重下滑

从股票价格来看，今年上半年，意大利西雅那银行下跌85%，意大利裕信银行下跌69%，意大利联合圣保罗银行（Intesa Sanpaolo）下跌67%。时至今日，许多欧洲大银行股价止跌希望渺茫。股价暴跌令许多银行市值急剧萎缩，其中很多意大利银行市值几乎被腰斩。英国脱欧等突发事件也严重冲击意大利银行业股价。为应对冲击，意大利银行监管部门紧急规定，从7月7日开始的3个月内禁止做空西雅那银行的股票。但这只能暂缓股价下跌，短期维持一定的资产价格，对解决债务问题没有实质帮助。

（三）政府救助无力

面对潜在的银行业危机，意大利政府和欧盟采取的危机应对措施远远不够。今年开始，意大利实施了由欧盟指定，旨在避免动用公共资金救助银行的自救规定，并救助了4家小型银行，却导致大量投资散户损失惨重。4月份，意大利政府设立了50亿欧元的阿特兰特基金（Atlante），在与欧洲签订协议的情况下，容许银行将不良贷款证券化。但由于基金规模远小于不良贷款总额，无法从根本上消除系统性风险。6月25日，欧委会通过了意大利政府的流动性担保计划，最高担保额为1500亿欧元，该计划将在意大利银行业突然缺乏流动性的紧急情况下启动。但该计划适用于有偿付能力的银行，无助于优化银行业资本结构。意大利曾向欧盟提出规模达400亿欧元的外部救助计划，欲通过政府直接注资的方式帮助银行业进行资本结构调整，但该计划遭到欧盟及德国的强烈反对。

二、危机根源

（一）经济不景气导致意大利银行业前景堪忧

2008年全球金融危机后，意大利银行业曾大规模向未能及时还款的贷款者提供滚动贷款，期待经济上行后贷款者顺利还款，然而意大利经济形势持续低迷，贷款形势不断恶化。在全球经济持续疲软、英国脱欧公投拖累欧洲经济的背景下，意大利经济预期进一步下滑。2016年一、二季度，意大利GDP分别同比增长1%

① 考察不良资产与贷款（包括拖欠90天以上的贷款）同银行普通股本与贷款损失准备的比值，若该值高于100%，则表明形势非常严峻。

和 0. 8% ，低于欧元区主要经济体。意大利国家统计局预测意大利 2016 年 GDP 增速仅为 0. 8% 。IMF7 月份下调意大利经济增长预期至不足 1% ，并认为意大利到 2025 年才能恢复至全球金融危机前的水平。此外，意大利央行 2015 年末数据表明，银行坏账主要分布在建筑业、批发零售业、房地产业，占总额比例超过 50% 。2010—2015 年，意大利房价下降 14% ，加剧了房地产业坏账积累。若个人可支配收入或企业投资没有大幅改善，房地产业很难复苏。更严峻的是，三分之二的贷款以个人物品或房地产作为抵押，若经济增长持续下滑，不良贷款与房地产市场表现将可能陷入恶性循环。

（二）欧洲银行业盈利能力严重下降

第一，由于经济下滑、金融风险加大，近几年欧洲银行业盈利能力大幅下滑，2016 年一季度，瑞银、德银净利润分别同比下降 64% 和 58% ，渣打银行税前利润同比下降 59% 。意大利银行业盈利能力在欧洲银行中处于垫底水平，主要原因是员工数量庞大、机构臃肿，宽松的货币环境让以贷款为主要收入来源的传统意大利银行在业务上难有起色。第二，欧元区实施的负利率政策造成作为银行业核心利润来源的信贷利差不断缩水。欧元区推出负利率政策两年来，低利率未能有效地激励欧元区银行向实体经济发放贷款，抑或改善银行资产的市场流动性。金融机构对私人部门贷款几乎没有增加，贷款余额长期保持在 12. 7 万亿欧元左右。第三，负利率政策还会降低银行未来盈利预期。面对过重压力，银行业可能会选择收缩业务，减少放贷规模，这对实体经济有害无益。

（三）政治体系僵化导致改革难以推进

为支持经济复苏并提高银行部门竞争力，意大利需要实施大规模的结构性改革。意大利现任总理伦齐自上台后一直积极推动改革，然而由于政治体系僵化、腐败问题等，改革推进困难重重。意大利将于 11—12 月期间举行宪政改革公投，伦齐提出的宪法改革方案旨在简化意大利立法程序，削弱参议院的政治权力，打破议会僵化局面，从而为意大利推进经济改革打开大门。由于伦齐表示若公投结果不批准改革将辞任总理职务，外界认为公投结果关系到意大利乃至整个欧元区的经济政治格局，是继英国脱欧公投后欧洲最关键的政治事件，若公投不同意改革或将引发意大利政治危机，并为其经济带来新的不确定性。

三、几点看法

（一）意大利银行业危机若爆发将波及欧元区

若意大利银行业不良债务继续恶化，将严重打击投资者信心，几家大型银行将面临破产清算，并通过股市、债市等连锁反应波及整个欧洲金融市场，增加金融系统风险，恶化企业融资环境，对意大利乃至欧元区经济构成下行风险。此外，由于欧盟的银行是欧盟成员国主权债的主要购买者之一，意大利银行业若崩溃将直接冲击主权债务市场。2015 年末，意大利政府债务已超过 2 万亿欧元，占 GDP 比达 132% 的历史高位，而银行业持有本国债务超过 4000 亿欧元，因此意大利银行业危机或将引发主权债务危机。

（二）危机可能进一步加深意大利反欧盟情绪

意大利长期对欧盟和欧元区政策持有怀疑态度甚至反对情绪，主要原因在于欧元区一体化政策令意大利难以有效刺激国内经济。自 1999 年加入欧元区以来，意大利劳动生产率几乎没有增长、失业率高企、政府债务激增。从欧洲央行建立以来，欧元区成员国央行独立性及货币政策独立性也不断被弱化。在这种背景下，与英国脱欧派类似的五星运动党[①]在意大利迅速崛起，已经成为执政党外第二大政党。针对本次潜在危机，欧盟和德国均以欧盟《银行复苏与清算指令》（BRRD）为根据，强烈反对意大利采取公共救助措施，用纳税人的钱保护银行投资者。该指令规定，在政府的公共资金注入前，问题银行的股东和债券持有人应首先承担银行损失的风险。德国的强势态度可能加剧意大利民众对欧盟一体化的怀疑态度，为政治危机埋下伏笔。

（三）欧盟很可能采取措施以避免危机爆发

《银行复苏与清算指令》中还包含特定极端情况下政府救助的可能性条款，其原则是根据实际情况，在一些不可抗力情况下可同意政府救助。尽管欧盟目前态度强硬，但最终很有可能妥协。为避免一系列不利于欧盟一体化的政治后果，欧盟或将基于现有监管规定的特殊情形条款，与意大利现政府就银行业救助提出折中方案。相应地，意大利政府也可能承诺进行银行业重组、部分破产和更大范围的结构性改革。欧盟和意大利在处理此次银行业救助中的灵活性，将对欧洲一体化进程的前景产生重要影响。

（四）我应持续关注意大利银行业危机

意大利是欧元区第三大经济体，全球第八大经济体。若银行业危机全面爆发，将冲击意大利经济，并通过多种渠道影响欧元区经济，可能发生类似英国脱欧的“黑天鹅”事件，从而威胁欧元区一体化进程。届时全球经济将承受更大风险，我

---

① 意大利最大的反对党，该政党持民粹主义观点，政治上诉求直接民主，反对腐败，脱欧意愿强烈。执政理念符合中下层人民的利益，受到学生和工薪阶层的广泛支持。

外部环境将更加复杂。为此，我应持续关注意大利银行业危机走向，未雨绸缪，并积极通过多双边渠道与欧盟及意大利保持政策沟通。

（李明慧）

爱尔兰 2015 年经济增速为何全球第一？*

2015 年，爱尔兰实际 GDP 增速高达 26.3%，较 2014 年高出 17.8 个百分点，远高于欧盟其他成员国，并在全球经济增长中“独领风骚”。但 2016 年上半年，爱尔兰经济风光不再，增速回落至 4.1%。在欧洲经济整体复苏乏力背景下，爱尔兰经济 2015 年实现大幅增长的增长动力值得研究。现简要分析爱尔兰经济高速增长的内在原因，供参考。

一、爱尔兰 2015 年经济概况

爱尔兰经济体量较小，2015 年 GDP 为 2439.14 亿欧元，欧盟排名第 14 位，全球排名第 44 位。农业曾是爱尔兰主要产业，但现已被工业和服务业取代。2015 年，爱尔兰工业产值占 GDP 比为 38.84%，服务业产值占 GDP 比为 33.88%。出口和投资是爱尔兰经济增长的主要引擎，近几年，国内消费水平也在逐渐上升。

（一）GDP 增速名列欧盟前茅

作为曾经的“欧猪国家”，爱尔兰在 20 世纪 90 年代前农业、贸易和人均收入等均处于欧洲国家末端。为此，爱尔兰通过大幅下调企业税、充分调动海外资金、改善教育等措施提振经济，使爱尔兰经历了经济高速发展的“凯尔特虎”时期①。在此期间，爱尔兰经济平均增速超过 7%，领先大多数欧盟成员国。尽管全球金融危机使爱尔兰遭受强烈冲击，经济出现衰退。但通过“三驾马车”提供的 850 亿欧元援助金，以及自身实施的一系列改革，爱尔兰 2014 年和 2015 年分别实现了 8.5% 和 26.3% 的增长率，大幅领先于欧盟其他成员国。

* 本文写于 2016 年 10 月 20 日。

① “凯尔特虎”时期：20 世纪 90 年代至 21 世纪初期，爱尔兰经济高速发展。由于爱尔兰源于凯尔特民族，所以将这段时期称为“凯尔特虎”时期。

（二）失业率降至欧盟平均水平以下

全球金融危机前，爱尔兰劳动力市场表现良好，在欧盟处于较低水平，失业率不足5%。危机爆发后，爱尔兰失业率快速上升。其中，更是在2011年三季度达到15.1%，远超欧盟9.3%的平均水平。此后，随着全球经济缓慢复苏、本国内需和投资需求逐步增强，爱尔兰劳动力市场出现转机，建筑业和IT业等领域就业快速增长带动全国其他行业转好。2016年一季度，爱尔兰失业率降至8.4%，为8年以来最低水平，并再度降至欧盟平均水平以下。

（三）面临较大通缩压力

全球金融危机前，爱尔兰通胀率稳步上升，2004—2008年，HICP通胀率分别为2.3%、2.2%、2.7%、2.9%和3.1%，处于欧盟平均水平之上。危机后，爱尔兰在经历两年负通胀后，受大宗商品价格上涨等因素影响，健康保险、航空旅行、住房与燃料等费用大幅度增长，各类食品价格也出现不同幅度增长。因此，爱尔兰2012年通胀率升至1.9%，创三年来新高，但低于欧盟平均水平。此后，由于能源价格和大宗商品价格持续下挫，爱尔兰与欧盟其他成员国一样陷入通缩困境。2013—2015年，爱尔兰通胀率为0.5%、0.3%和0%，2016年上半年更是长期处于负通胀水平。

（四）财政状况明显改善

全球金融危机导致爱尔兰财政状况急剧恶化。由于大量的资本转移支付，爱尔兰2010年政府赤字占GDP比高达32.3%，远超欧元区其他成员国。此后，由于税收增速强劲，政府支出增速温和，爱尔兰财政状况明显改善，2015年政府赤字占GDP比仅为2.3%，危机后首次低于《稳定与增长公约》3%的要求，并帮助爱尔兰退出欧盟“超额赤字程序”。政府债务方面，爱尔兰近几年一般政府债务占GDP比呈稳定下降态势。截至2015年年底，爱尔兰一般政府债务为2012.66亿欧元，占GDP比为93.8%，较2014年下降了13.7个百分点，但仍高于欧元区平均水平。

（五）长期维持国际贸易顺差

爱尔兰长期维持国际贸易顺差，且顺差额逐年升高。化工与制药产业是爱尔兰最大支柱产业，占出口总额比接近60%。主要企业包括辉瑞、强生、惠氏等国际知名企业。此外，信息通信技术产业也是爱尔兰重要出口产业，主要企业包括微软、戴尔、苹果等。2010—2014年，爱尔兰出口贸易较为稳定，年贸易额维持在920亿欧元左右；进口额则保持稳定增长。2015年，爱尔兰国际贸易额为

1822.16 亿欧元，贸易顺差422.02 亿欧元。其中，出口额大幅度增长至1122.09 亿欧元，较2014 年增长约21%，英国、美国和比利时为爱尔兰前三大出口国；进口额为700.07 亿欧元，较2014 年增长约13%。

二、爱尔兰2015 年经济高速增长原因分析

在欧洲经济整体复苏缓慢大环境下，爱尔兰经济异军突起，凭借“避税天堂”的税收竞争优势，爱尔兰吸引了大量跨国企业投资，同时，在净出口方面也有大幅度增长，进而实现了26.3%的增速。

（一）“避税天堂”吸引大量跨国企业

20 世纪90 年代末期，爱尔兰政府发表声明称，由于税负水平过高，导致爱尔兰面临高失业率、经济增长停滞、债务水平高企等问题。为此，爱尔兰进行了企业税改革，明确提出未来将逐步下调企业税至12.5%，并将下调企业税时间表列入法律条款。为此，爱尔兰成为欧盟企业税率最低的成员国。欧盟其他发达成员国如德、法等，税率分别高达37%和35%。美、英的税率同样相对较高，分别为35%和30%。同时，爱尔兰还存在“双重爱尔兰”① 税收漏洞，帮助企业在享受爱尔兰低税收福利的同时进一步降低税负。因此，爱尔兰被全世界公认为“避税天堂”，吸引了苹果、微软等巨型跨国企业在爱尔兰投资、设立公司和总部等。其中，普药集团阿特维斯和爱尔兰肉毒杆菌制造商艾尔建在2015 年合并，并购规模高达1400 亿美元，合并后将总部移至爱尔兰；飞机租赁公司爱尔开普也在2015 年将约390 亿美元转移至爱尔兰。

（二）投资和净出口快速增长

按支出法，爱尔兰私人消费、投资和净出口的GDP 占比较大，其中，私人部门消费增速为4.5%，而出口和投资增速则分别高达44%和37%。因此，爱尔兰2015 年高速增长的主要动力源自出口和投资。投资方面，爱尔兰2015 年无形资产投资占GDP 比高达9.5%，是拉动固定投资增长的主要动力。无形资产包括金融资产、专利权和商标权等。得益于“避税天堂”的低税率，IT 巨头如苹果等，以及生物制药公司纷纷将专利转移至爱尔兰，使爱尔兰无形资产投资快速增长。出口方面，爱尔兰2015 年货物出口增长55.4%，服务业出口增长17.2%。其中，化工

① “双重爱尔兰”：指爱尔兰法律条款允许跨国企业在爱尔兰设立两家公司，跨国企业将未完税利润转移至其中一家公司，然后再将其转移至另外一家注册地为爱尔兰，但实际管辖位于税率更低地区的公司，从而达到进一步避税目的。

与制药出口是爱尔兰出口增长的主要原因，占爱尔兰货物总出口比超过 50%。IT 业同样对爱尔兰出口增长作出巨大贡献。数据显示，2015 年爱尔兰企业出口总额排名前五家企业中有三家 IT 企业，微软和谷歌分别为第一名和第二名。此外，合同制造（contract manufacturing）也是爱尔兰 2015 年出口大幅增长的重要原因。在过去，离岸生产的产品或零部件会运回爱尔兰组装，这将计入进口。然而，为达到避税效果，一些公司将制造订单转移至低税率地区，而非在爱尔兰进项实物制造和出口，其结果是净出口出现大幅增长。

三、几点分析

（一）爱尔兰高速增长并不可持续

净出口和投资增长等因素造就了爱尔兰 2015 年 26.3% 的高速增长。然而，这种高速增长缺乏长期有力支撑。最新数据显示，爱尔兰 2016 年上半年 GDP 增速为 4.1%，已出现大幅度下降。主要有以下几点原因：一是全球已高度重视 BEPS（税基侵蚀与利润转移）问题。在经济全球化背景下，各国就有关 BEPS 的共识和行动逐渐增多。近年来 G20 峰会就 BEPS 不断取得新进展，2016 年 G20 杭州峰会就税收国际合作达成进一步的共识，将有利于建立更加公平和现代化的国际税收体系并促进经济增长。2016 年，欧盟就针对苹果公司利用爱尔兰法律避税而要求该公司支付 130 亿欧元税款。由此可见，未来爱尔兰或不再成为“避税天堂”，继而难以再吸引大量外国投资。二是大规模并购和总部转移等为偶发事件。2015 年，阿尔维斯与艾尔建并购后将新公司注册地改为爱尔兰；美国美敦力并购柯惠会将注册地改为爱尔兰；飞机租赁公司爱尔开普也迁至爱尔兰。这些事件为促进爱尔兰投资增长作出巨大贡献，但均为一次性行动。爱尔兰今后能否再受惠于类似事件尚不确定。三是全球贸易萎缩对爱尔兰出口业造成冲击。出口是爱尔兰经济增长主要引擎之一，然而，全球贸易增速正逐年萎缩，无疑将对爱尔兰出口造成负面影响。因此，爱尔兰难以维持如此高速增长，2016 年上半年经济数据也印证了这一点。

（二）爱尔兰填补税收漏洞未必能解决逃漏税问题

长期以来，爱尔兰“双重爱尔兰”条款备受国际争议。该条款允许跨国公司将收入从设立在爱尔兰的公司转移至另外一个注册地为爱尔兰但实际运营在税率更低区域的公司。跨国公司可通过该条款逃避大量税款。迫于美国和欧盟重压，爱尔兰政府宣布，自 2015 年 1 月起，在爱尔兰设立的公司将无法利用“双重爱尔兰”条款，享受该条款优惠的公司需在 2020 年底前逐步停止使用该条款。然而，这未必能有效解决逃漏税问题，主要原因包括：一是宽限时间长。2016 年至 2020 年仍有 4 年时间供跨国企业进行逃漏税，国际税收税基在此期间仍将受到侵蚀。二是爱尔兰或将另寻他法维持税收竞争优势。依靠低税率和税收漏洞，爱尔兰吸引大量企业投资，并带动地方就业。废除漏洞意味着当地员工面临失业风险。因此，为维持竞争优势，爱尔兰或从其他方面制定新的政策，为企业继续提供低税收优惠。

（三）爱尔兰税收政策对欧洲经济一体化造成负面影响

得益于欧洲单一市场，欧盟成员国之间能在统一标准下进项货物、服务、资本和人员自由流动。但是，税收属于一国主权范畴，征管由各成员国自行出台相关法律规范执行。因此，在单一市场机制下，爱尔兰设置如此低的税率，且存在税收漏洞，无疑在欧盟内更具竞争力。此外，爱尔兰还涉嫌通过提供税收优惠吸引外资企业投资。如欧盟从 2014 年起开始针对苹果公司在爱尔兰纳税纪律进行调查，并在近期对苹果公司开出 130 亿欧元天价补税单，指出爱尔兰帮助苹果公司非法避税多年。通过非法手段提升竞争力将对欧洲单一市场造成负面影响，进而影响欧洲经济一体化进程。

（郭昊）

第四部分

美洲经济

雅各布·卢谈国际金融机构对美重要性*

3月22日，美国财长雅各布·卢在出席美众议院金融服务委员会有关国际金融机构重要性听证会时指出，IMF、多边开发银行和多边信托基金等国际金融机构（IFIs）是美国实现国家安全和长期繁荣的重要部分。美国对这些机构的投资促进了美国战略利益和全球稳定，有助于打开美国未来出口市场，有利于促进私营部门发展和创业，是增强美国国内经济和应对国际重大挑战的最佳路径之一。卢证词主要内容如下，供参考。

一、关于IMF

IMF是维护金融稳定的最重要国际机构。IMF通过监管、技术援助和贷款促进经济稳定，协助各国避免和应对金融危机，从而促进增长，缓解成员国贫困状况，提升美国国家安全。当前，全球经济不确定性增强，IMF正积极为易受低油价、金融市场波动和其他外部震荡影响的国家提供政策咨询和融资服务。

IMF在提升美国国家利益方面作出诸多努力，具体表现为：一是IMF是首个为乌克兰提供巨大金融支持的国际组织，帮助乌克兰维持经济改革和反腐，并取得进展；二是降低了约旦、突尼斯等美国重要同盟国经济的脆弱性；三是为伊拉克应对油价大跌和对抗“伊拉克和黎凡特伊斯兰国”（ISIL）造成的巨额财政赤字提供政策咨询。此外，IMF支持联合国《2030年可持续发展议程》中的可持续发展目标，对低收入国家进行能力建设和融资，积极鼓励其所有成员国做到更加公开和负责任。IMF还与G20合作，致力于制定促进“强劲、可持续和平衡增长”的政策。

IMF在打击非法融资方面是美国和金融行动特别工作组（FATF）的重要伙伴。IMF于2000年提出，基于反洗钱金融行动特别工作组标准，打击洗钱和恐怖主义

* 本文写于2016年4月7日。

融资对保障金融体系的完整性和稳定性十分关键。因此，IMF 将反洗钱和反恐融资举措纳入其贷款约束、经济监测和能力建设的活动中。

作为 IMF 最大股东，美国在决定 IMF 政策和机构问题方面扮演重要角色。过去一年中，美国通过创立 IMF 债务免除基金帮助受埃博拉病毒等公共卫生灾难打击的低收入国家，并鼓励 IMF 积极发挥能力建设方面的作用，帮助发展中国家通过调动并有效利用国内资源发展经济。美国支持 IMF 在其资助的项目中进行公共债务上限改革，使上限设置更加全面并根据不同国家风险水平进行调整。根据美国会决议，美国政府支持对特殊途径贷款框架（Exceptional Access Lending Framework）进行改革，以增进债务稳定性。

二、关于多边开发银行

美国对世行和区域开发银行等多边开发银行的投资促进了国家安全、经济增长和减贫。多边开发银行还为发展中国家和新兴经济体的基础设施建设、教育、管理和商业环境改革提供融资。

多边开发银行的技术支持和援助帮助美国最重要贸易伙伴国进行经济改革、基础设施建设和社会投资。同时，它们在促进发展中国家和新兴经济体可持续、公开透明的经济增长中也扮演了重要角色。而且，多边开发银行在维护国家安全方面是美国的重要伙伴，美国希望多边开发银行在解决难民危机和其他被迫迁徙的根源问题上有更多作为，更好地让难民融入接收国，应对流行疾病，以及投资可持续基础设施建设。

美国国会当前紧要任务是兑现其对世行的捐资承诺，即尽早支付 16 亿美元拖欠款项。此事事关重大，若无法兑现，美国在世行的股份将减少，这不仅影响美国的投票权、威胁美国的“一票否决权”，还将降低美国的信用水平和政策影响力。世行为美国战略重点事务提供了重要支持，比如应对叙利亚难民危机、为乌克兰提供融资，以及为亚非最贫困国家基础设施建设融资。

FATF、G7 和 G20 等国际机制一直致力于应对不法分子滥用法律架构带来的严重威胁，如不法分子通过空壳公司隐藏身份并协助金融犯罪。美国政府在这些国际机制中都处于领导地位，因为美国早已认识到修补这些薄弱点的重要性。填补法律漏洞的工作重点是公开实际受益人信息，即从根本上掌握该法律实体的个人或团体的信息。其中，最关键的工作是使执法部门在调查金融犯罪时更易得到实际受益人信息。近年来多边开发银行正努力提升信息透明度以维护基金安全，尽力降低基金被滥用的风险。

美国财政部支持近期颁布的《2015 巩固和继续拨款法案》（Consolidated and Further Continuing Appropriations Act），该法案要求多边开发银行收集并证实收到拨款的法律实体的实际受益人信息。美国建议世行收集的信息不仅包括私营部门的投资，还应包括所有世行资助项目的采购项目，且将信息公布于网站。

三、关于多边基金

当面临环境、食品安全和性别平衡问题等全球性挑战时，世界将继续依赖于多边机构和美国强大的领导力去帮助发展中国家进行稳健投资。美国通过支持专业的多边基金撬动其他捐资国和私营部门的资源，极大提升了美国出资的影响力。

具体看，全球环境基金（GEF）帮助各国保护环境，包括保护臭氧层、渔业、打击野生动物走私，以及减少对美国食品供应链造成威胁的汞污染；绿色气候基金（GCF）是增强气候恢复力和降低碳污染的重要组成部分，它使发展中国家有能力投资环保项目，并通过国家规划转向更加可持续的发展道路。

预算要求还包括对其他一些特定项目的资金支持，项目包括：中美洲和加勒比巨灾风险保险计划，世行全球基础设施基金（GIF），全球农业和食品安全计划（GAFSP），以及国际农业发展基金（IFAD）。

高效管理和良好运作有利于国家发展。在过去25年里，美国财政部技术援助办公室（OTA）为发展中或转型中国家的政府官员提供咨询培训服务，使他们能构建有效的公共金融机构；同时，帮助其在预算计划执行、债务管理、财政收入征收、建立稳固银行系统和反腐等方面改善政府运营；此外，在美国实施针对乌克兰、中美洲、非洲、亚洲和其他地区的外交政策、安全和经济的重点工作时也发挥了重要作用。

四、总结

美国在国际金融机构中的领导地位使其能影响资源分配方式，它们的影响力超出美国任何双边项目。它们能推动美国国家安全、全球经济增长和减贫。其他机制都无法如此有效地撬动美国的有限资源以维护美国国内和全球的利益。但是，要维护美国过去几十年在国际金融机构中的领导地位，两党支持至关重要。美国财政部期待与国会进一步就国际金融机构重要性问题展开讨论，尤其是关于IMF立法改革的问题和几个多边开发银行支持穷困地区的问题。

（杨听雨　郭昊）

奥巴马政府促进基础设施投资政策措施简析*

当前，全球主要经济体普遍面临需求不足、复苏乏力问题，加大基础设施投资、以投资促增长已成为主要经济体的普遍共识。作为全球最大经济体，美国一贯高度重视基础设施投资，奥巴马执政以来，提出了很多促进基础设施投资的政策，一定程度上支撑了危机后美国经济较快复苏。但受资金不足、党派斗争等因素影响，奥巴马相关政策的成效不及预期。本文试简析奥巴马执政以来促进基础设施投资的政策措施及效果，供参考。

一、美国基础设施现状

（一）基础设施质量下降

美国基础设施老化问题长期存在。城市道路、高速公路、给排水系统、能源等基础设施近年来快速老化，整体质量下降。世界经济论坛年度基础设施评分显示，2015 年美国基础设施综合得分为 5.8 分，明显低于 10 年前水平，而同期其他发达经济体整体得分呈上升趋势。特别是铁路运输和道路桥梁，一直是美国基础设施的短板。数据显示，2014 年，约 21% 的道路质量不达标，创 1999 年以来新高；而存在结构性缺陷的桥梁超过 6.1 万座，约 8.5 万座桥梁被定性为功能型废弃。联邦公路管理局估算，仅道路修缮就需要各级政府每年投入上千亿美元。而道路和桥梁质量下降又加剧了拥堵。1990 年，每人每年平均因拥堵延误 26 小时，全国合计 30 亿小时，造成额外燃料消耗 10 亿加仑，总经济损失约 650 亿美元。目前，拥堵造成的经济损失已超过 1990 年的两倍。

（二）投资严重不足

第二次世界大战以后，美国曾引领世界基础设施投资风潮，州际高速公路网

* 本文写于 2016 年 5 月 13 日。

的建成为美国经济长期繁荣打下了坚实基础。但近三十年来，各级政府对交通基础设施的投入占 GDP 的比重开始逐渐下降。2014 年，各级政府交通基础设施投资占 GDP 的 2.42%，比 1959 年的峰值低了 0.6 个百分点，仅略高于 1998 年 2.35% 的最低值。目前，美国交通基础设施资金分配结构大致为：街道和公路（42%）、水运（35%）、铁路（14%）和航空（9%）。然而从总的基础设施投资规模来看，美国公共基础设施投资占 GDP 的比重已降至 2% 以下。

二、奥巴马任内促进基础设施投资的主要政策措施

为扭转美国基础设施发展相对落后的局面，奥巴马上任伊始就在《2009 年美国复苏与再投资法案》中推出了“交通投资促进经济复苏项目”和“建设美国债券”等措施。在两届任期内，奥巴马推出或推动基础设施建设的政策措施和法案共 10 余项，包括“建设美国投资倡议”“重振制造业框架”及《修复美国地面运输法案》《交通基础设施融资和创新法案》等。在最近提交的 2017 财年预算案中，奥巴马又提出了“21 世纪清洁交通计划”，意在通过提高石油税税率为建设清洁交通系统筹资，延续了其任期内积极推动基础设施建设的理念。

（一）交通投资促进经济复苏项目（TIGER）

TIGER 是《2009 年美国复苏与再投资法案》的一部分，用以为高速公路、铁路、港口和其他地面交通项目提供资金。TIGER 以奖补资金的形式，依据项目重要性、环境可持续性、社区有益性、运输安全性等指标对地方基础设施项目进行综合评价，以确定该项目能否获得联邦政府资金支持。从 2009 年起，TIGER 已为全美 381 个项目提供了超 46 亿美元资金。据测算，TIGER 每投入 1 美元，能撬动各个投资主体 3.5 美元的基础设施投资。

（二）建设美国债券（BABs）

与 TIGER 类似，BABs 也是《2009 年美国复苏与再投资法案》的一部分，用以鼓励州和地方政府投资具有重要经济意义的基础设施项目。州和地方政府有权发放 BABs，不同类型的 BABs 享有不同形式的补贴或抵免。在 2009—2010 年的 20 个月间，各州和地方政府共发行了 2275 项 BABs，总额达 1810 亿美元。以现值计，BABs 比传统形式的免税市政债券节约了大约 200 亿美元的借款成本，远高于联邦政府在 BABs 上投入的净成本。

（三）重振制造业框架

2009 年底，奥巴马提出“重振制造业框架”，推动建设包括电网现代化、城市

基础设施、高速铁路、互联网普及和新一代航空运输系统开发在内的一系列基础设施建设项目；出台了“先进制造业伙伴计划”和“先进制造业国家战略计划”，并推动国会通过了《美国制造业促进法案》，进一步明确了基础设施发展规划和实施路径。

（四）建设美国投资倡议

2014 年 6 月份，奥巴马签署行政令，推出“建设美国投资倡议”，旨在联合各级政府促进全美基础设施投资，重点是创新融资模式，在全美大力推广 PPP 模式。该倡议包括在美国交通部设立“建设美国交通投资中心”、成立“建设美国跨机构工作组”、举行“美国基础设施投资峰会”等内容。2014 年 9 月份，首届“美国基础设施投资峰会”在华盛顿举行，峰会为未来五年美国境内基础设施建设向全球投资者筹集了超过 500 亿美元的基建资金。

（五）《修复美国地面运输法案》（FAST）

2015 年 12 月份，奥巴马签署了《修复美国地面运输法案》，该法案将为未来 5 年美国公路、桥梁、轨道交通等基础设施建设提供超过 3000 亿美元资金，其中约 2260 亿美元用于高速公路建设，约 610 亿美元投资于轨道交通项目。FAST 法案是美国 10 多年来第一个为地面交通提供长期资金支持的法案，但未达到奥巴马在提案中设定的 4780 亿美元的目标。

（六）21 世纪清洁交通计划

在 2017 年总统预算案中，奥巴马总统提出“21 世纪清洁交通计划”，拟在未来 10 年中投入 3200 亿美元用于建立清洁交通系统，将清洁交通础设施投资总额增加 50%，以拓展美国现有交通系统、在主要地区建设高铁以及投资磁悬浮等新型铁路技术。还将通过每年 100 亿美元的联邦投资，有针对性地帮助州和地方政府建设“更加智能、更加清洁、更加灵活的”交通系统。争取在 2020 年之前，使每个美国人都能利用至少一种以上的清洁交通燃料，并在长期减少对石油的依赖度、降低碳排量、更好地应对气候变化。

（七）优先修缮计划

相比新建基础设施项目，奥巴马政府注重通过“优先修缮计划”，加强对现有基础设施的维护和保养，以实现“花小钱办大事”效果。以美国水利和交通基础设施为例，1956—1970 年，新项目投资和现有项目维护投资之比约为 5∶3；1970—2004 年，这一比例约为 1∶1；而在奥巴马任期内，这一比例已达到 5∶6。据统计，奥巴马政府近年来已拨出 500 多亿美元资金用于修复和扩建地面基础设施，已修缮

35 万英里公路、2.6 万英里铁路，更新或扩建 2 万座桥梁。

（八）《交通基础设施融资和创新法案》（TIFIA）

TIFIA 由美交通部主导，为地面交通及枢纽项目提供长期贷款、贷款担保等融资服务，贷款对象为州和地方政府、运输公司、铁路公司及私人企业，TIFIA 通过提供补充资本以吸引私人及其他非联邦投资，在交通“政府与社会资本合作（PPP）项目”中发挥了很大作用。TIFIA 从 1999 年开始实施，在金融危机期间得到广泛应用。目前，《修复美国地面运输法案》已将 TIFIA 年授权额从 10 亿美元降到 2.87 亿美元。

（九）免税债券

发行免税债券是美国基础设施融资的传统方式之一，免税市政债券从 1913 年发行以来，已有百余年历史。奥巴马任内，免税债券仍然是州和地方基础设施建设的重要融资工具。白宫经济顾问委员会数据显示，2004—2013 年，公共和私人部门为基础设施项目筹集资金而发行的免税债券总额达 2.02 万亿美元。其中 73%（约 1.5 万亿美元）用于州和地方层级基础设施建设。

（十）力推 PPP 模式

2007 年以前，每年全美通过 PPP 模式完成的交通基础设施融资项目不超过 15 个，而目前，PPP 模式已成为美国基础设施融资的重要选择。2014 年 7 月，奥巴马总统提出了“建设美国投资倡议”，提出运用 PPP 模式动员社会资本，促进基础设施投资；近期的“21 世纪清洁交通计划”也提出“州和地方政府要做好协同配合，利用 PPP 等模式更好地使用联邦资金”。

（十一）其他措施

奥巴马在任内还提出了诸如设立国家基础设施银行（NIB）等诸多建设性倡议，但因多方掣肘而未能实现。在金融领域，美国借助其高度发达的资本市场，开始越来越多地采用资产证券化、房地产投资信托基金和业主有限合伙基金等融资方式为基础设施建设提供支持。

三、奥巴马任内基础设施投资的效益和效果

（一）刺激短期需求，支撑经济复苏

美国作为全球金融危机发源地，能实现快速复苏，在发达经济体中“一枝独

秀”，除了宽松的货币政策外，奥巴马政府增加公共支出、扩大基础设施投资的举措功不可没。IMF 数据表明，在低增长时期，公共支出在当年会产生 1.5 倍的乘数效应，并在接下来 4 年中产生略高于 3 倍的乘数效应。特别是在利率水平接近零或为零的情况下，增加政府支出效果更好。而据白宫经济顾问委员会测算，不同领域的基础设施投资能够产生不同规模的乘数效应，并带动就业增长和居民收入水平提高。见表 1。

表 1　　美国基础设设施投资的投入产出效应

行业	直接乘数	制造业间接乘数	非制造业间接乘数	总乘数
政府投资				
联邦非国防	1.00	0.10	0.43	1.54
州和地方	1.00	0.21	0.44	1.65
客运交通	1.00	0.88	1.30	3.19
电力设施	1.00	0.12	0.69	1.89
非住宅投资				
建筑（除商用和农用）	1.00	0.39	0.37	1.76
维护修缮	1.01	0.42	0.47	1.89
核心基础设施投资				
高速公路和街道	1.00	0.48	0.52	2.00
发电量、输配电	1.01	0.18	0.61	1.80
水利、污水处理	1.00	0.12	0.48	1.60

注：乘数指在上述行业每投资 1 美元所带来的美元产出价值。

数据来源：美国经济分析局、白宫经济顾问委员会。

（二）一定程度上改善长期供给

在中长期，基础设施投资有助于改善美国潜在生产率并产生可观的社会经济效应。如撬动私人资本，增加社会投资；吸引更多劳动者进入就业市场；形成规模经济效应，帮助企业降低成本；提高资源利用效率等。数据显示，公共投资每增加 1 美元会在长期吸引 0.64 美元私人投资，通过动员私人资本参与基础设施投资，不仅提高了社会总投资，公共投资效率也将进一步改善，潜在经济增长率得到提升。此外，基础设施投资还能产生积极的外溢效应。例如，增加城市群交通基础设施投资，既能改善资本、劳动力、技术等要素的流动和配置效率，还能对于沿线区域农业、制造业乃至房地产业产生拉动作用。

（三）总体效果不及预期

基础设施投资是奥巴马政府经济领域的施政重点之一，被奥巴马视作“未来发展的基石”，并在国情咨文中将基础设施建设列为“赢得未来”战略的四大支柱之一。然而两个任期以来，美国基础设施建设效果有限，远没有实现奥巴马上任伊始雄心勃勃的目标。其原因主要有三个方面：一是赤字率和债务总额的上涨压力限制了联邦政府的财政政策空间，联邦财政已难以负担大规模的基础设施开支。各州政府和地方政府作为基础设施投资的重要主体，财政状况更不乐观，不削减基础设施开支已属不易，何谈扩大投资。二是两党政治斗争制约了投资的增加。由于各项支出法案均需得到国会授权，奥巴马曾多次提出扩大基础设施投资的计划或提案，但大多没有得到国会的支持。特别是在共和党控制国会以后，奥巴马增加开支的提议几乎寸步难行。三是美国基础设施领域开放度较低。相比于美国国内资金捉襟见肘的状况，包括中资在内的海外资本，既有“走出去”的意愿，又有雄厚的财力和一定的技术优势。但奥巴马政府出于政治和国家安全等方面的原因，通过“国家安全审查”等机制对外资投资设置障碍，把潜在的基础设施资金“拒之门外”，一定程度上阻碍了美国基础设施投资。

四、几点看法

（一）基础设施投资仍是拉动经济增长的有效途径

基础设施投资是实现经济增长的重要引擎之一。当前全球经济复苏乏力，有效需求不足，需要各经济体对基础设施投资给予更多关注，充分发挥基础设施投资对经济增长的支撑作用。特别是目前全球流动性相对充裕，融资成本较低，客观上为引导更多资金进入基础设施领域创造了条件。而对中国来说，尽管经济增长正在向消费驱动转型，但消费驱动并不意味着减少对投资的重视，合理的基础设施投资仍将是经济增长的重要动力。特别是现阶段，找准稳增长和调结构、适度扩大有效需求和推进供给侧结构性改革的最佳结合点，要求基础设施投资应在保证适度规模的同时，积极推动投资方式改革，针对不同领域做到“有所为有所不为”，提高投资的质量和效益。

（二）构建多元融资体系对基础设施发展至关重要

基础设施投资既能提振短期需求，推动经济复苏，又可作为推动供给侧改革的有效手段，提高潜在增长率。但无论是发达国家还是发展中国家，都面临着巨大的基础设施融资缺口，客观上要求各经济体在更高效地利用公共部门资金的同时，推动构建多元化的基础设施投融资体系，引导包括机构投资者在内的私人部门资金积极参与基础设施建设，通过 PPP 模式促进政府和社会资本在基础设施领域的合作。同时，各经济体应充分利用多边开发机构的资金、技术和经验，推动新、老多边开发机构进一步加强对基础设施等生产性投资的支持力度。特别是今年以来，随着我“一带一路”倡议深入推进，以及亚投行、新开发银行和丝路基金等新机构投入运营，我应充分利用作为 G20 轮值主席国在议程安排上的优势，推动主要经济体在 G20 框架下形成有利于基础设施发展的务实成果，引导更多长期稳定资金投入基础设施建设领域。

（三）用好双边和多边渠道，拓展中美基础设施合作

据美国财政部数据，到 2020 年，美国基础设施建设资金缺口达 1 万亿美元，公路、桥梁、水道、航空和电力基础设施亟须更新、扩容和改造，而中国在高铁、桥梁、机场、电力等领域拥有先进的技术与设备、强大建设能力和一定的价格优势，双方在基础设施领域合作潜力巨大。我应积极利用双边和多边渠道，拓展中美基础设施合作的深度和广度。在双边渠道下，继续依托中美战略与经济对话及其他双边机制进一步增进互信与合作，争取尽早完成中美双边投资协定（BIT）谈判，并就美方在基础设施领域对外国投资者的限制和审查加强应对，为中国企业赴美参与基础设施项目创造条件。在多边渠道下，中美应加强在 G20、APEC 等机制下和在世行等多边开发机构的合作，推动相关机制形成更多促进基础设施投融资合作的务实成果。此外，我应采取积极措施，推动美尽早参加亚投行，努力将亚投行打造成一个在全球范围内具有重要影响力的基础设施投融资平台。

（王虎　王莎）

美国联邦政府2017财年预算案简析*

2016年2月，美国总统奥巴马向国会提交了2017财年①预算案，并对未来10年联邦政府收支趋势作出预测。作为奥巴马任内提交的最后一份预算案，2017财年预算案提出了加大创新、促进经济发展成果共享、加强美国国家安全和提升美全球领导力等举措，以应对美国面临的一系列挑战。该预算案主要内容及我们的分析如下，供参考。

一、预算案总体情况

2017财年，美国联邦政府预算支出总额4.147万亿美元，预算收入总额3.644万亿美元，预算赤字5030亿美元，赤字率2.6%。为使联邦财政状况更加可持续，预算案提出了通过医疗改革、税制改革和移民改革实现未来十年减赤2.9万亿美元的目标。预算案预测，2016—2025年，美联邦政府债务率将在73%—77%区间内波动；赤字率方面，除2016年冲高至3.3%外，其余年份均在2.3%—2.8%区间内波动。

（一）预算支出情况

2017财年，联邦政府预算支出为4.147万亿美元。其中，62.8%（约2.6万亿美元）为强制性支出，包括社会保障、医疗保险和医疗补助、移民改革津贴等，也包括国债利息支出3030亿美元；29.7%（约1.23万亿美元）为自主性支出，由奥巴马总统和国会协商确定，主要部分为政府开支，其中约50%（约6080亿美元）为国防支出；按事权划分，社会保障支出、国防和非国防拨款、其他强制性支出、医保支出等占美国联邦政府预算支出的83.17%（见图1）。其中，社保支

* 本文写于2016年5月19日。

① 美国财政年度从每年10月1日起至下年9月30日止。

出 9670 亿美元，占支出总额的 23. 31%（或占 GDP 比重为 5. 0%），与 2016 财年持平；国防支出 6080 亿美元，占支出总额的 14. 66%（或占 GDP 比重为 3. 1%），较 2016 财年下降 0. 1 个百分点；医保支出 5980 亿美元，占支出总额的 14. 42%（或占 GDP 比重为 3. 1%），与 2016 财年持平。

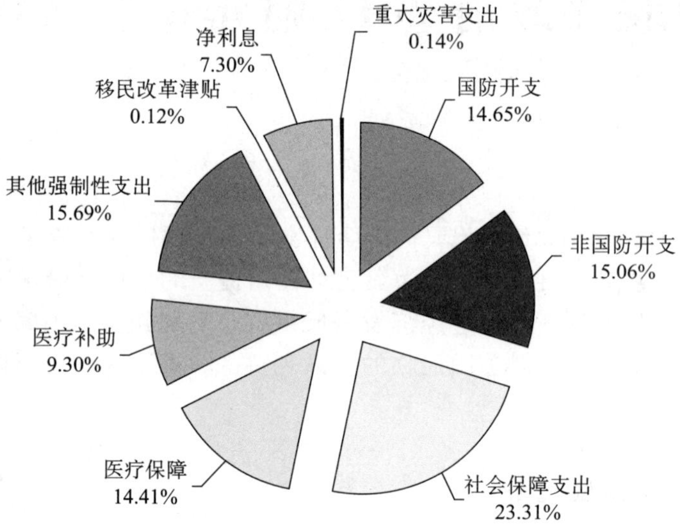

图 1　2017 财年美国联邦政府预算支出结构

从部门预算看，国防部、卫生部、教育部、退伍军人事务部等位居前列，合计占总支出的 69. 11%（见图 2）。与 2015 财年相比，2017 财年预算案调增了住房和城市发展部、退伍军人事务部、国防部、能源部、教育部、社会保障局等部门的预算支出，其增幅位于前列；同时调减了卫生和公众服务部、国务院和国际开发署、陆军工程兵民用部、司法部的部门预算。

（二）2016—2025 财年[①]美国联邦政府预算收支变化趋势

2016—2025 年，美国联邦预算支出 GDP 占比将从 2016 财年的 21. 4% 逐年增长至 2025 财年的 22. 7%。支出结构方面，社保支出、净利息支出、医保支出和医疗补助支出增幅较大。主要原因是利率上升导致利息支出显著增加。从支出总额看，强制性支出项目有一定刚性，短期内难以调减。长期来看，若医改和移民改革顺利推进，强制性支出项目有望缩减，或进一步改善联邦政府财政收支状况。见图 3。

① 根据惯例，美总统向国会提交每一财年预算案的同时，都会对今后 10 年联邦政府预算收支情况作出预测。

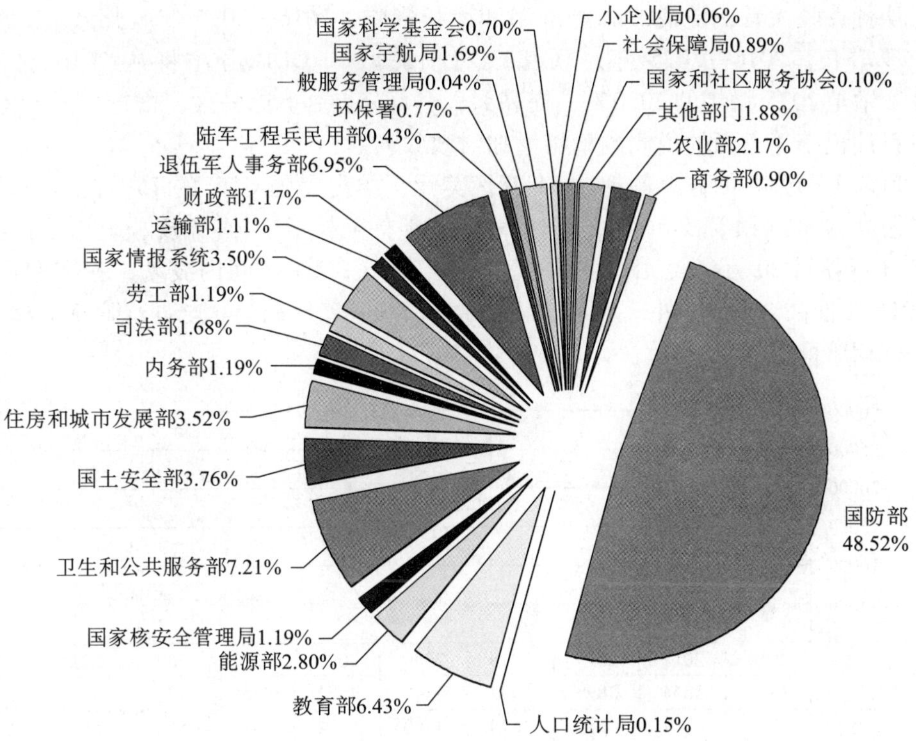

图 2　2017 财年美国联邦政府部门预算支出结构

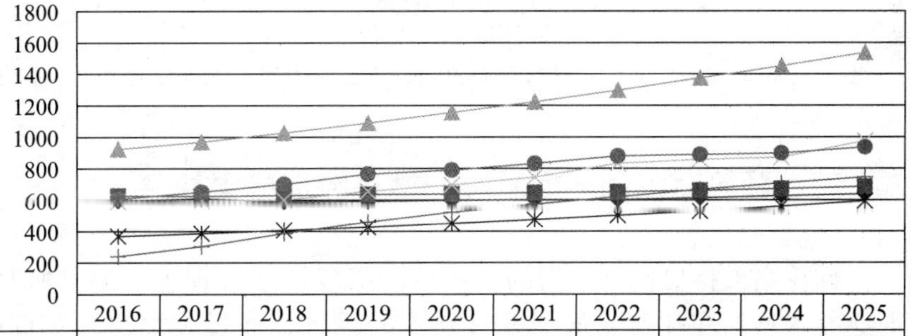

	2016	2017	2018	2019	2020	2021	2022	2023	2024	2025
国防拨款	595	608	589	591	597	603	602	614	626	638
非国防拨款	627	625	629	635	639	646	651	660	671	684
社会保障支出	924	967	1025	1089	1156	1223	1295	1375	1452	1536
医疗保险	589	598	601	656	695	744	833	857	870	974
医疗补助	367	386	405	426	450	474	501	528	559	593
其他强制性项目支出	607	651	700	764	790	831	878	887	897	934
净利息支出	240	303	385	460	523	574	621	668	706	744

图 3　2016—2025 财年美联邦政府支出变化趋势（单位：10 亿美元）

从预算收入看，受税改和经济温和增长影响，2016—2025 年联邦政府预算收入稳步增长。2016—2025 年，联邦政府预算收入 GDP 占比将从 2016 财年的 18.1% 增至 2025 财年的 20.0%，提高 1.9 个百分点。奥巴马称，推行个人所得税、进口石油税率等方面的税制改革将增加财政收入。

目前美国公共债务总额超过 14 万亿美元，约占美国 GDP 的 76%，为 1950 年以来最高水平。预算案预测，2016—2025 年，美国公共债务规模将持续增长，2025 年或超过 20 万亿美元，但债务率将在 73%—77% 区间内波动；赤字率方面，除 2016 年冲高至 3.3% 外，其余年份围绕 2.3%—2.8% 区间波动。债务率和赤字率保持相对稳定（见图 4）。

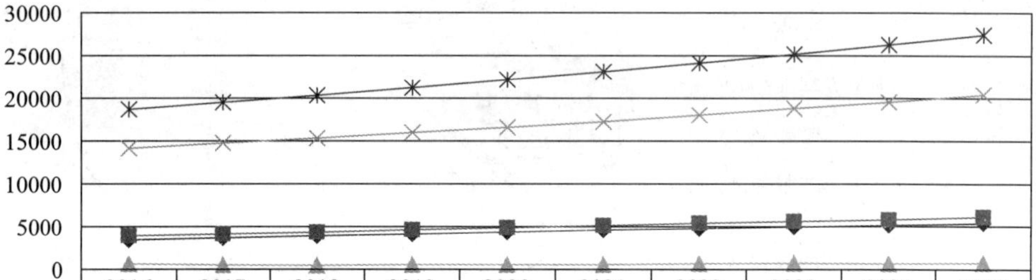

	2016	2017	2018	2019	2020	2021	2022	2023	2024	2025
预算收入	3386	3644	3899	4095	4346	4572	4756	4949	5177	5411
预算支出	3951	4147	4352	4644	4880	5124	5415	5626	5827	6152
赤字	616	503	454	549	534	552	660	677	650	741
公共债务	14129	14763	15324	15982	16615	17264	18016	18793	19548	20396
GDP	18669	19510	20345	21237	22155	23121	24128	25179	26272	27413

图 4　2016—2025 财年美联邦政府收入、支出、赤字、债务变化趋势（单位：10 亿美元）

二、预算案以创新促发展，推进经济成果共享

预算案秉持奥巴马一贯的“中产阶级经济学”理念，提出加大在科研、教育、职业技术培训和基础设施等重点领域的投入，通过大力支持创新引领经济发展，以保持美国的全球领导力。

（一）加大创新投资

一是打造 21 世纪清洁交通系统，降低美国对石油的依赖度，在推进碳减排的同时增强美国应对气候变化的能力。在未来 10 年计划投入 3200 亿美元建立 21 世纪清洁交通系统（A Clean Transportation System for the 21st Century）；计划向石油公司征收每桶 10.25 美元的进口石油税，预计未来 10 年将使联邦财政增收 3190 亿美元，新增税收将用于清洁能源运输项目，为美国发展绿色交通提供资金。整体来看，21 世纪清洁交通计划将使美国在清洁交通领域的投资提高 50% 左右。

二是加大研发支持力度，简化研发项目税收补贴程序。计划在 2017 财年投入 1520 亿美元用于支持清洁能源、癌症治疗、生物医药、民用太空等领域的研发项目，总额较 2016 财年增长 4%。其中，77 亿美元用于清洁能源研究，146 亿美元用于基础性研究，10 亿美元用于治疗癌症的相关研究，331 亿美元用于生物医药研究等。

三是加强环境保护与应对气候变化。2017 财年预算案中，13 亿美元用于支持清洁能源的广泛应用，13 亿美元用于全球气候变化倡议（GCCI），利用多双边机制与主要经济体合作降低碳排放，增加水资源供给，加大保护公共土地与海洋资源的力度等。

（二）促进经济成果共享，推进税制改革

奥巴马总统曾在 2016 年国情咨文中强调，如何使全民共享经济发展成果是美国面临的主要挑战之一。2017 财年预算案将加大在教育、技能培训、医疗保障等方面的投入以使更多民众从经济发展中受益。

第一，预算案将帮助工薪阶层家庭获得高质量的托儿所和学前教育。具体措施包括：将拥有 5 岁以下儿童的家庭的照顾子女及受抚养人税收减免（CDCTC）上限提高 3 倍；为“开端项目”[①]（Head Start）提供 96 亿美元资金并延长该项目期限；增加 8000 万美元预算用于残疾儿童学前教育等。

第二，预算案将致力于推广大学教育并提高学生的就业能力。拟在未来三年投入 40 亿美元用于普及计算机科学，使全美中小学生都能通过计算机和网络获取知识；为符合条件的优秀学生提供免费社区大学教育；简化教育税收优惠并提高额度上限至 1500 美元。

第三，为劳动者提供技能培训和免费社区教育以提高劳动力素质。为高需求岗位提供免费职业培训，设立总额为 20 亿美元的“学徒培训基金”，投资 30 亿美元在全美范围内增设 50 余家“人才热点”（Talent Hotspots）以帮助当地产业及相关企业发展等。

第四，鼓励劳动者加入就业市场，确保美国民众在医疗、养老等方面的切身利益。预算案将为无子女的工薪家庭提高所得税抵扣额度，为“带薪休假”项目投入 20 亿美元，改革失业保险制度。医疗保障方面，继续推行平价医疗法案，增加 500 万美元强制性支出以帮助心理疾病患者获得及时治疗。

① “开端项目”是美联邦政府为贫困家庭儿童免费提供的学前教育项目。

（三）加强美国国家安全和全球领导力

为保证美国国家安全和美国在国际事务中的话语权，预算案为国际事务安排527 亿美元，约占2017 财年预算支出总额的1. 3%。2016—2017 年，预算案计划为摧毁“伊斯兰国”（ISIL）安排110 亿美元预算，数额较上一财年大幅增长；为全球反恐合作安排6. 5 亿美元，用于打击暴力极端主义和恐怖主义，维护美国国土安全；安排190 亿美元加强网络安全；安排43 亿美元应对俄罗斯的扩张性政策同时支持包括北约在内的欧洲盟友；投资10 亿美元支持中美洲区域发展战略，进一步促进该地区经济发展；列支15 亿美元继续推行“亚太再平衡”战略，促进亚洲区域经济合作，支持跨太平洋伙伴关系协定（TPP）。此外，预算案还将特别安排资金用于维护与非洲国家的伙伴关系。

三、几点看法

（一）预算案重点关注投资和经济增长，延续了奥巴马政府一贯的执政理念

支持创新以改善基础设施与应对气候变化、税制改革为经济注入更多活力以及国际事务仍是2017 财年预算案的支出重点。除法定的预算支出外，该预算案再次提出，为每个公民提供共享美国经济增长成果的平等机会。事实上，自奥巴马入主白宫以来，基础设施投资、振兴中产阶级、推进医保改革等领域便成为联邦政府的施政重点。考虑到这将是奥巴马任内最后一份预算案，即使明知预算案有些内容难以获得通过，奥巴马仍再次“振臂高呼”，宣扬提振经济增长、振兴中产阶级、应对气候变化、推进税制改革和增强全球领导力等施政理念，以进一步巩固其经济领域的政治遗产。

（二）预算案通过在国会面临较大阻力

在奥巴马预算案公布后不久①，国会预算办公室便撰文分析奥巴马预算案的经济效应，列举国会和白宫在预测未来经济形势和预算收支规模的主要分歧。根据奥巴马预算案，2017 财年美国联邦政府支出总额将达到创纪录的4. 147 万亿美元，收入总额约为3. 644 万亿美元，赤字水平较2016 财年有所下降，但将在2018 财年

① 按预算审批流程，白宫提交预算草案后，国会已于4 月份就该草案形成共同预算决议案。决议案通过后，参众两院拨款委员会和筹款委员会将于5—6 月份按照决议案规定的指标，起草各项具体的拨款和征税法案。7—9 月份，参众两院将审议、修正并通过拨款法案并于9 月30 日前将最终版预算提交总统签署生效。

后稳步扩大，至2026财年赤字率或将升至3.5%，政府债务水平也将进一步上升。美国会参议院预算委员会主席恩齐表示，奥巴马总统的最后一份预算报告仍只关注新支出项目，忽略了联邦政府开支膨胀，以及超过19万亿美元政府债务的现实，有为总统大选造势之嫌，共和党控制的国会不可能让其顺利通过。预计两党在大选年就预算问题进行的博弈会十分激烈，奥巴马预算案或面临较大改动。

（三）各方普遍预计美国经济前景短期内较为乐观

预算案预测，2016年和2017年美国经济增速将达到2.6%，2016年失业率为4.7%，2017年则降至4.5%。该预测符合外界对美国经济走势的普遍预期，与世行预测的2.7%和IMF预测的2.4%基本一致，中短期美国经济前景较为乐观。随着大选日渐临近，美联储在加息选择上可能更为谨慎，流动性环境或将继续宽松。我应密切跟踪美经济形势和货币政策变化的外溢性影响，充分利用美国经济向好对全球经济的支撑作用和美联储放缓加息的窗口期，为我力推的供给侧结构性改革赢得有利的外部环境。

（贾静航　王虎　王菲）

美国总统候选人特朗普经济政策主张初析*

5 月 4 日，随着共和党主要候选人之一约翰·卡西奇宣布退选，2016 年美国总统大选共和党党内初选形势已经明朗，先前并不被外界看好的唐纳德·特朗普基本锁定共和党党内提名。迄今为止，特朗普在竞选过程中提出了降低个人所得税和公司所得税税负、废除奥巴马医改、促进医疗服务市场竞争等政策主张；而在对华经济政策上，特朗普指责中国操纵汇率、进行出口补贴，宣称要利用包括军事施压在内的多种手段来争取经贸利益。本文试析特朗普国内及对华经济政策主张，供参考。

一、税制改革

（一）政策目标

特朗普提出的税制改革计划主要包括四大目标：（1）为中产阶级减税，增加中产阶级税后收入；（2）简化税制，使税收条款更清晰简明；（3）打击税收倒置行为，增强美国企业的全球竞争力；（4）保持赤字和债务水平基本稳定。

（二）政策主张

一是对年收入低于 2.5 万美元的个人或年收入低于 5 万美元的家庭（夫妻），免征个人所得税。这将使 50% 的美国家庭（约 7500 万家庭）享受免税待遇，预计每人每年可少缴纳约 1000 美元税款。

二是简化并调降个人所得税税率。拟将个人所得税分级税率从目前的 7 档简化为 4 档，分别为 0%、10%、20% 和 25%，为第二次世界大战后美国个人所得税适

* 本文写于 2016 年 5 月 23 日。

用的最低税率。消除目前税制中的“婚姻惩罚”① 问题（the Marriage Penalty）和“可选择的最低税负制度（AMT）”②，但慈善捐款和抵押贷款利息仍可从应纳税所得额中抵扣。

三是无论规模大小，任何公司承担的公司所得税税率都不超过15%。对大公司来说，15%的税率将有利于美国企业降低税负，借税收倒置交易降低税负的行为将得到有效遏制。对小公司来说，自由职业者、个体工商户、非公司制小企业和传递实体按美国现行税法须承担的个人所得税税率很高，特朗普计划在个人所得税税制中设定一个新税率，来匹配15%的公司所得税税率。

四是从以下领域筹措资金，弥补减税带来的政府收入减少，避免出现大规模赤字和债务。具体包括：减少对富裕阶层和特殊利益集团的税收优惠，填补潜在的税收漏洞；对美国公司留存在海外的利润汇回国内时按10%的税率一次性征税，不再允许跨国公司就海外利润延迟纳税；逐步引入限制公司利息支出抵扣的制度等。

二、医疗改革

（一）政策目标

特朗普认为，奥巴马医改导致美国医疗费用进一步上升，民众负担进一步增加，医疗供给方面的竞争减少，患者的选择权更小。一旦其当选美国总统，将立即要求国会废除奥巴马医改法案，并推出一系列促进医疗市场竞争、提升自由化水平的医改方案，以进一步扩大医保覆盖率、降低医疗成本和改善医疗质量。

（二）政策主张

一是彻底废除奥巴马医改法案。二是修改禁止跨州购买医疗保险的法律。只要符合相关规定，保险公司可以跨州销售保险产品，以促进市场竞争，降低保费并改善服务质量。三是允许个人在应纳税所得额中完全扣除医疗保费支出。四是个人和家庭可以更灵活地使用健康储蓄账户（HSAs），HSAs可免税储蓄，继承账户无须补缴税款。五是提高医疗服务价格透明度，使消费者能够获得最优价格。六是向州政府拨款用于医疗救助计划（Medicaid），弱化联邦政府对Medicaid的控

① “婚姻惩罚”是美国个人所得税税制中存在的技术性漏洞之一。具体指夫妻双方无论采用合并纳税或分别纳税方式，其应纳税额都大于结婚前单身身份应缴纳的纳税额之和。

② “可选择的最低税负制度”指纳税人申报个人所得税时，要按常规税率和AMT分别计算出全年应纳税额，然后取两者之大作为其当年实际需要申报的应纳税额，这一制度设计初衷是避免高收入者通过税收筹划避税，但却导致低收入者和中产阶级无法享受正当的税收优惠。

制，充分发挥州政府的信息优势，提高效率，减少浪费。七是允许消费者使用进口药品，以促进制药行业竞争，鼓励制药企业提供安全可靠、价格便宜的医疗产品。八是其他措施，包括执行严格的移民法，消除医疗欺诈和医疗资源浪费等。每年美国为非法移民花费的医疗成本高达 110 亿美元，特朗普认为限制非法移民、收紧签证审批等措施将帮助减少医疗支出压力。

三、对中国政策立场

（一）政策目标

特朗普经济领域对华政策的主要目标包括：一是争取中美贸易公平，迫使中国同意就贸易问题进行谈判；二是维持美国企业竞争优势，保护美方投资权益；三是振兴制造业，创造新就业岗位；四是通过其他方式施压中国以获取更多经贸利益。

（二）政策主张

一是当选后将立即宣布中国为汇率操纵国；二是打击侵犯知识产权的行为，严打黑客行为与假冒伪劣商品，对于侵权行为采取“零容忍”；三是要求中国取消出口补贴，提高环保标准；四是降低公司所得税税率至 15% 以鼓励更多企业在美经营生产，减税后，美公司所得税税率与中国相比低 10%，与美现行税率相比低 20%；五是加强美在东海和南海的军力部署，通过军事力量向中国展示实力并表达美国在亚洲的利益诉求，向中国施压以促使中国就双边贸易关系与美国进行谈判；六是降低政府债务水平，避免中国持有过多美国国债对美国经济安全构成威胁。

四、几点看法

（一）重塑美国领导地位是特朗普经济政策的核心目标

无论是处理美中关系，还是推动国内税制与医疗改革，特朗普都反复强调要重塑美国的全球领导地位，使美国“重新变得伟大”。通过反复强调“重塑美国领导地位”，既放大了美国在经济和外交领域全球领导力日益减弱的现状，迎合部分选民对民主党政府的不满情绪，又彰显了特朗普的雄心壮志，树立积极作为的正面形象。但考虑到奥巴马执政时期特别是第二任期以来美国经济的稳定表现，特朗普若当选或难以在经济上很快取得优势。

（二）施政理念过于主观，改革措施可行性较低

无论是对外的美中、美日关系，还是国内的税制改革和医疗改革，特朗普在竞选中宣扬的施政理念普遍较为主观和随意，特别是对中国操纵汇率和出口补贴政策的指责，既和中美构建新型大国关系的主旋律不符，又与经济全球化和区域一体化的大趋势相背离。从其国内改革措施来看，特朗普在税改和医改领域提出的很多计划与前几任美国总统提出但未能推行的举措类似，大多已被现实证明是阻力较大、可行性较低的政策措施；且特朗普宣扬的政策目标非常激进，一些政策设计缺乏理论和现实基础。事实上，特朗普竞选中的极端言论，甚至夸张的表情和肢体语言，更多地是出于迎合选情需要。随着选情日益明朗，特朗普的选举策略或将更加务实和逐利。

（三）特朗普崛起一定程度上反映了全球民粹主义和极端政治势力抬头的趋势

特朗普的崛起看似出乎意料，实则有很强的现实基础。其抨击他国操纵汇率、将失业等问题归咎他国以及限制移民，甚至要在美墨边境修墙的言论能得到选民支持，反映的是经济危机以来民众对经济状况不满和自身利益担忧的日益加剧，背后是民粹主义和极端政治势力抬头的趋势。美前财长萨默斯已发出警告，“特朗普的崛起显示了在面临经济挫败和人们普遍畏惧未来的情况下，民主进程有失去方向的危险”。这种趋势不仅在美国有，欧洲也普遍存在。特别是难民危机以来，民粹主义和极端政治势力在法国、德国、意大利和西班牙等国普遍抬头，主张排外、反移民、反申根的法国极右翼政党国民阵线领导人勒庞甚至在首轮大选中获得了大量选票。随着经济持续疲软和贫富差距进一步拉大，民众对政治现状的不满将进一步加剧，民粹主义和极端政治势力或将获得更大空间，加剧社会各阶层之间的分裂和对立。

（四）密切跟踪美国大选，加强对特朗普内外政策的研判

特朗普若最终赢得大选，将是第二次世界大战后美国政治生活中具有标志性的事件。他竞选不按常规出牌，一反“政治正确”路数，一切从“美国优先”的视角出发，其出任总统后或将对美国内政外交进行大幅度甚至颠覆性调整，必将引起“全球震荡”。我们需密切跟踪美国大选形势，加强对特朗普各领域基本立场和施政方针的研判，特别要积极做好特朗普胜选后对中国政策的应对预案。

（王虎　贾静航）

奥巴马医改简析*

奥巴马上任以来，大力推行医改，于2010年推动国会通过并签署了《可负担医疗法案》①，并于2014年起全面实施。作为奥巴马政府内政最突出的一项政绩，该法案自推出之日起就饱受争议。奥巴马医改主要目标是改革医疗保险制度②，提高医保覆盖面，控制高企的医疗支出规模和医疗服务成本。至法案通过6周年之际，奥巴马医改的成效、面临的困境和挑战也逐渐显现。

一、奥巴马医改的主要内容

2010年3月23日，奥巴马签署了《可负担医疗法案》（下简称为“医改法案”或“法案”），于2014年起全面实施，兑现了其竞选时的承诺，完成了民主党人的百年夙愿。

法案的主要目标是全民医保③、控制医疗服务成本和提高医疗服务质量。为实现上述目标，法案实施了诸多改革措施：

（一）提高保险覆盖率

医改法案从个人、雇主和政府项目三个渠道拓展覆盖范围。个人方面，法案

* 本文写于2016年5月23日。

① Affordable Care Act，也有人译为《平价医疗法案》。

② 美国的医疗保险制度大体可以分为公共医疗保险和私人医疗保险两大类型。美国的公共医疗保险制度中最重要、惠及面最广的是Medicare和Medicaid。Medicare即一般所说的“医疗保险”，也是美国仅次于社会保障项目（Social Security）的第二大政府财政支出项目。Medicare包括四个部分，分别为住院保险（Part A）、补充性医疗保险（Part B）、医保优势计划（Part C）以及2006年1月实施的处方药计划（Part D）；Medicaid即一般所说的“医疗救助”或“医疗补助”。Medicaid是针对低收入群体的医疗健康保障项目，服务对象是低收入的父母、老人、儿童及残障人士。

③ 作为全球第一大经济体，美国在奥巴马医改之前始终没有提供全民医保，其原有的医保体系十分割裂，政府、雇主和个人投保的商业保险各自为政。美国凯撒家庭基金会的数据显示，2013年美国医疗保障的覆盖率仅为87%。

要求所有美国公民和正式居民必须拥有医疗保险保障，如违反这一规定，将被处以罚款。雇主方面，法案要求拥有 50 名以上正式雇员的大中型企业必须为员工提供医疗保险，否则自 2014 年开始，违规企业将被处以罚款。此外，法案要求拥有 200 名以上员工的大型企业必须自动将所有雇员纳入其提供的医疗保险计划中。政府保险项目方面，一是将医疗救助（Medicaid）项目的覆盖范围扩大至联邦贫困线 133% 以内的所有 65 岁以下人群；二是要求各州政府设立医保在线交易平台（Health Insurance Marketplace）。交易平台自 2014 年开始运行，收入水平位于联邦贫困线 1—4 倍之间的个人，可以获得交易平台的保费折扣，折后实际支付的保费上限与收入水平挂钩。联邦政府通过交易平台向低收入人群提供保费补贴。

（二）保护消费者权利

法案提出，保险公司不能因儿童的既往病史而拒保，美 1760 万名儿童因此受益。2014 年法案全面实施后，所有美国人都不会再因既往病史受到保险公司歧视；限制保险公司随意提高保费；强制要求购买保险，未购买者将会受到惩罚。自 2014 年起，未购买者将被收取收入的 1% 或 95 美元的罚金，2016 年罚金将增加至收入的 2% 或 695 美元，一直达到成本最低保险计划的保费水平为止。

（三）控制医疗支出

一是增加疾病预防和保健方面的支出。医改法案规定，保险人应当向被保险人提供癌症、糖尿病等筛查服务，且不能通过共付和免赔额等方式额外收取费用。目前，已有 5400 万个人医疗保险购买者因此获得了更好的预防保健服务。二是建立以医院价值为基础的购买计划，对提供高质量服务的医院进行奖励，同时减少对表现差的医院的财政补贴。三是改革 Medicaid 的支付方式，实施激励机制鼓励医院提供高质量的医疗服务。四是查处医疗领域的浪费和欺诈行为，对医疗服务提供方进行审查和监督。

（四）提高医疗服务质量

法案提出建立全国质量改进策略，以便为改善医疗服务、提升医疗服务效果、提高国民健康水平作出长期规划；提出设立全国疾病预防、健康改善和公共健康委员会，以协调联邦政府在疾病预防、健康以及公共医疗服务方面的活动。

二、奥巴马医改的主要成效

医改法案大部分条款是从 2014 年开始正式执行的，其效果逐步体现。

（一）医疗保险覆盖率进一步上升

美国原有 4500 万—5000 万人没有任何形式的医疗保障，占人口比例的 15% 以上。2010 年医改实施以来，共计 2000 万医疗保险未覆盖人群获得了医疗保障，医疗保险覆盖率快速上升，创造了 50 年来的最快增速，医疗保险未覆盖率也首次降至 10% 以下。

另一方面，2010 年以来，19—25 周岁的成年人医疗保险未覆盖率不断下降，至 2015 年第三季度降幅已达 52%，且下降趋势仍在继续。

（二）医疗服务价格涨幅趋缓

医改法案实施以来，医疗支出增长得到明显控制。医改法案生效以来的六年是近 50 年来医疗服务价格涨幅最低的几年。在医改法案框架下，Medicaid 支付部分占医疗卫生服务费用的比例上升，对降低医疗服务价格产生了积极影响。法案生效以来，无论是参与员工医疗保险、Medicare 和 Medicaid 的参保人，还是参与个人保险的参保人，其人均医疗费用增速均呈放缓趋势。受此影响，2011—2013 年美国人均实际卫生总支出涨幅创有史以来新低，且增速放缓的趋势仍在持续，2015 年虽新增上百万医疗保险参保人，但医疗支出并未出现大幅增长。

（三）医保费用支出增长放缓

医改法案实施以来，雇主为雇员购买的职工医疗保险费用增速放缓。如果按法案生效前十年的平均保费增速计算，2015 年职工医疗保险的人均保费将比现在高 2600 美元。而这节省的 2600 美元中，绝大多数以减少保费中职工实际所需缴纳部分的形式，间接补贴给了参保人；而其余部分，也以增加工资的形式直接发放给了参保人。

（四）改善联邦政府预算前景

据国会预算办公室测算，在法案生效后的 20 年内，将累计减少超过 3 万亿美元的联邦政府财政赤字，并因此提高国民储蓄，增加资本积累，减轻债务负担，有助于提高工资和国民收入水平。

2016 年 1 月，国会预算办公室预测，现有条件下 2020 年 Medicare 所需的联邦财政支出，与 2010 年 8 月份时的预测值相比，降低了 15%，约 1.23 万亿美元。

（五）医疗质量进一步提高

医改法案鼓励医院提高医疗质量，且投入资金支持医院就提高医疗质量展开交流和学习。法案生效以来，在美国医院受到不当治疗的患者数量减少了 17%，共计 210 万人，使 8.7 万患者避免因不当治疗而致死。

（六）重复住院率急剧下降

法案使 Medicare 参保患者的重复住院率急剧下降。如果以法案生效前的重复住院率计算，法案实行至今，共使得 56 万名患者避免在一年内因同一疾病再次住院治疗。

三、奥巴马医改面临的困境与挑战

（一）医疗支出仍居高不下

奥巴马医改未能兑现其签署法案时作出的人均保费降低 2500 美元的承诺。事实上，美国医疗支出居高不下是美国医疗体制的顽疾。过去半个世纪，美国医疗支出持续快速增长。奥巴马推出医改法案后，医疗支出仍然保持了增长态势。2011 年医疗支出 2.7 万亿美元，占 GDP 的 17.9%（约为 1980 年的两倍）。中美医疗发展联盟预测，2018 年美国医疗支出或达 4.3 万亿美元，占 GDP 的 20%。这意味着，以支出法衡量，美国每 5 美元里就有 1 美元用于医疗方面。美国经济分析局的数据显示，2010 年以来，美国职工医疗保险保费平均增长了 24%，家庭保险保费平均增长了 27%。投保人的自付部分增长更快，2010 年医疗保险平均起付线为 646 美元，2015 年已达 1077 美元，增幅高达 67%。过去的 5 年中，典型的四口之家的医疗支出平均增长了 43%。

即便对医疗支出增速下降而言，美国国内对奥巴马医改究竟发挥了多大作用众说纷纭。有些机构的实证研究证明医改法案的确为此发挥了积极影响，但美国国内的主流观点认为 2008 年爆发的“空前的”金融危机才是医疗支出增速降至 50 余年低点的主要原因。

（二）医疗服务价格不断攀升

医疗支出增势不改，其核心问题是美国医疗服务价格高企。医改法案实施后，新增的数百万保障人群涌入需求大军，使供需关系本就紧张的医疗需求更趋紧张，医疗服务价格水涨船高。

医疗服务价格高企是整个美国医疗体系综合作用的结果。医改法案首先解决的是联邦政府和个人向医疗保险提供者支付的费用已经过多的问题，所以医改法案聚焦医疗保险这一领域。但数据显示，医疗保险费用仅占医疗总支出的六分之一，医院、医生和医药企业等其他医疗服务提供者占据了医疗总支出的绝大部分。而这些医疗服务提供者的收费不菲，为其他 OECD 成员国的 1—2.5 倍，增速也非常快①。因此奥巴马医改未能触及医院、医生、医药企业等，或是其无法从根本上解决这一难题的重要原因。

（三）商业医疗保险商激烈反对

医疗支出升高，还与保费增加密切相关。但法案的实施某种程度上助推了保费价格的上涨。新纳入的覆盖人群是过去因患有某些疾病而被商业医疗保险排除在外的人群，法案通过强制命令禁止保险提供商预设歧视性条款对他们拒保，并进一步禁止对他们进行区别性定价。新纳入这些高赔付概率的人群，推高了保险商的成本，促使其提高保费的整体定价。

如果法案对保险商的种种限制最终能发挥作用，那么保费的上涨将只是暂时的。但法案实施以来的迹象表明，保费非但没有下降，反而使法案招致激烈的抨击。美国媒体评论称，当局对商业保险的政策设计是失败的，对医疗保险和医疗保障的区别缺乏常识。商业医疗保险虽然为了利润最大化采取了“撇奶油”的策略，将许多患病人群排除在外，但对占人口绝大部分的普通人群的健康保障数十年来发挥了重要作用。这类人群原可通过扩大联邦医疗保险覆盖面或特设其他项目的方式纳入，如今美国联邦政府以一种简化的方式，希望通过商业医疗保险商的指令性限制达到扩大覆盖人群的政策目标，使正常经营的企业蒙受经济损失并不得不停止相关业务，显然已踏过了美国“有限政府”的红线，给仍在观望的反对者以口实，奥巴马医改面临着被否定的危险。

四、几点看法

（一）美国历史上第一次基本实现了医保全覆盖

奥巴马医改法案出台以前，美国有近 5000 万人没有任何形式的医疗保障，其中绝大多数属于“低收入劳动者”，雇主不提供医疗福利者，或个人无力自行购买者。医改法案生效以来，已有 2000 万未覆盖人群获得了医疗保障，医疗保险未覆盖率快速降至 10% 以下。从各州来看，2013—2015 年，接受奥巴马医改的成年人医疗保险未覆盖率平均降幅为 6. 6%。奥巴马政府预计，医改最终将使超过 3000 万人纳入医疗保障体系，医保整体覆盖率将达到 95%，基本实现医保全覆盖，从而将结束美国作为唯一没有全民医疗保障的发达经济体的尴尬地位。

---

① 以在总医疗费用中占比近 10% 的处方药为例，联邦医疗保险和联邦医疗辅助计划服务中心（Centers for Medicare & Medicaid Services）预测，未来十年处方药价格如按每年 5% 的增幅上涨，2030 年前处方药的价格将翻一番。

（二）奥巴马医改不乏可资借鉴之处

整体而言，美国原本的医疗体系并非我们学习的范本，全面评估奥巴马医改的成败得失也为时尚早。但奥巴马医改仍不乏可资借鉴之处。如医改法案为过渡期内的政策设计设置了缓冲期，法案2010年即已签署，实施三年后大部分条款才正式生效。此外，在控制医疗服务成本、提高医疗服务质量方面，奥巴马医改的一些创新设计也有其新颖之处。如联邦政府要求在交易平台提供产品的保险公司必须公布其实际赔付率，并将其控制在合理水平。如果实际赔付率低于75%，那么保险公司需返还部分保费，而一旦实际赔付率高于85%，政府可以提供部分补贴。此外，政府鼓励建立创新型组织——责任医疗组织（ACO），即由一组医生或医院组成的医疗集团从政府获取保费转移，并打包全权负责向一组被保险人提供医疗服务，其盈亏与政府共担。这促使ACO有更加强烈的成本意识，激励其更高效地提供医疗服务。

（三）奥巴马医改体现了其“中产阶级经济学”的执政理念

按照法案规定，扩大医保覆盖面所需要的支出将以增税特别是对富裕阶层增税等方式筹集。对之前没有被纳入医保的阶层来说，医改为其家庭财务状况和未来生活水平带来了保障，无疑是利好；而对本就享受雇主提供的医疗保险或有能力自行购买商业保险的中产阶级来说，医改对其利益的影响相对有限；但对富裕阶层来说，医改不仅没有使其受益，反而加重了税负。本质上讲，医改相当于通过联邦收支的形式，用富人的钱为更多人纳入医保体系买单，在不同阶层之间进行了一次促进社会公平的财富再分配。这也是近百年来全民医保提案反复提出，却遭到重重阻力反复失败的原因所在。由于涉及不同阶层间的利益再分配，围绕奥巴马医改存废的斗争近年来始终存在，并将继续存在下去。

（四）2016年总统大选结果或决定奥巴马医改命运

全民医保能在奥巴马任内成为法律，既是美国医疗制度发展史上的里程碑，也是奥巴马重要的政治遗产。2016年总统大选中，医改法案必将被民主党极力捍卫，而被共和党极力抨击。民主党候选人希拉里曾深度参与克林顿任内的医疗改革，奥巴马医改的很多理念与其医改理念非常接近，如希拉里赢得大选，奥巴马医改继续实施并进一步完善的可能性将大大增加。而共和党热门候选人特朗普已公开称奥巴马医改为“彻头彻尾的失败”，一旦其当选总统，或废除奥巴马医改，转而实行符合共和党人执政理念的医改新政。由此可见，今年美国大选结果或成为决定奥巴马医改命运的关键一役。

（周波　王虎　杨晟子）

奥巴马前特别助理麦克法夸尔谈中美经济关系*

5 月 20 日，奥巴马总统前全球经济和金融问题特别助理麦克法夸尔（Rory MacFarquhar）① 在北京与国内专家（北京大学国家发展研究院黄益平教授、张维迎教授，财政部亚太中心副主任周强武，中国人民银行研究局等）举行座谈，就中美关系、人民币汇率、中美 BIT 谈判、中美战略与经济对话等问题发表了看法。

一、当前中美关系

当前的中美关系非常引人瞩目。尽管中美之间存在分歧，但政府间联系不断扩大，领导人频繁会晤，各个层面均在密切对话。双方都意识到，彼此是最重要的合作伙伴（counterpart）。因此，两国不能停止对话，在遇到分歧时应寻求解决方案而非相互对立。

未来无论谁当政，处理中美关系都是很大挑战。这是由两个大国的固有特征决定的，中美之间需要处理的问题多且重要。注意到有人批评奥巴马对华团队中缺少“中国通”，对华政策缺乏一贯性和战略性，时常发出不一致的信号；但实际上美国投入了大量资源用于了解中国和改善中美关系，许多像基辛格这样了解中国的政治家也为奥巴马政府提供了大量有益的建议。目前中美政治、经济、人文等各个领域的交流已进入非常密切的时期。

* 本文写于 2016 年 5 月 23 日。

① 麦克法夸尔于 2011 年起担任美国国家安全委员会资深主管，负责全球经济与金融事务；2013 年 9 月至 2016 年 2 月担任奥巴马总统全球经济和金融问题特别助理，现为彼得森国际经济研究所研究员。他深度参与中美战略与经济对话，在中美关系、中美经济合作等方面为奥巴马总统提供主要政策建议。

二、特朗普选战中的对华政策

特朗普在竞选中时常出现语言上前后矛盾、政策上经常变化的情况。美国内也并不特别看好特朗普当选下一任美国总统。即使特朗普最终当选，仍然面临着诸多制度性约束，他的部分主张很难在国会获得通过，更谈不上实施。虽然美国大选为中美关系带来新挑战，但与总统候选人在竞选中发表的政策主张相比，美国政府会采取更为务实的、问题导向的、具有建设性的政策，因此中国无须过度解读总统候选人的政策言论。

三、美国不加入亚投行的真正原因

事实上，奥巴马政府根本不存在加入亚投行的可能性。其原因是，加入亚投行需要美国国会拨款，而拨款能够获得国会通过的可能性几乎为零。国会花了5年时间才通过了IMF的改革方案，因此可以想象加入亚投行有多么困难。当然，就加入亚投行问题，美国行政部门之间也出现了一些问题，并未就是否加入亚投行形成一致意见并报总统，因而总统也就无法对美国是否加入亚投行作最终决策。

美国注意到亚洲在基础设施建设上存在资金缺口，亚投行可以为亚洲基础设施建设作出积极贡献。美方强调的是新老多边开发机构应共同遵守高标准。中美领导人在此问题上是有共识的，即：新的多边开发机构是对现有国际经济治理体系的强化和补充，而不会成为挑战。

四、美国为何不承认中国的市场经济地位

按照相关规定，如果承认中国的“市场经济地位”，在反倾销调查中就必须根据中国国内成本价计算其市场价格；如果不承认中国的“市场经济地位”，就可以使用第三国的成本价格数据计算市场价格。

从政治层面看，不承认中国市场经济地位是美国和欧盟内部政治斗争的结果，主要原因是目前中国部分行业存在产能过剩问题，出口欧美的产品价格很低，为了便于使用反倾销、反补贴等措施保护欧美企业的利益，才不愿承认中国的“市场经济地位”。

从法律层面看，美国相关法律明确规定了认定“市场经济地位国家”的条件，其中包括汇率市场化等，显然中国目前还不满足这些条件。如果认定中国为“市场经济国家”，美国就需要修改相关法律，这是非常困难的。

五、人民币贬值及维护人民币汇率稳定

美国一贯的立场是呼吁人民币汇率更多由市场决定。美国内同样面临人民币贬值带来的政治压力。美国政府的立场是，对于在中国的投资，如果有压力使人民币升值，中国人民银行就阻碍其升值；而当人民币贬值时又支持其贬值。那么会造成一种情况：在中国投资时，持有人民币不能获益，抛售人民币才能获益。美方的关切是，人民币贬值是否真的是市场作用的结果，因为这个所谓的市场作用从未使人民币升值。当人民币汇率只是小部分由市场因素决定时，美国就不得不对人民币汇率进行方向指导。

作为全球最重要的经济体，中国应该有较为成熟的货币政策和汇率制度。短期看，维持人民币汇率基本稳定非常重要，但中长期看，中国应允许人民币汇率自由浮动。由于从一种汇率制度向另一种汇率制度转型非常困难，建议中国央行采取渐进的方式，先允许人民币对 SDR 或其他一篮子货币自由浮动，逐渐过渡到允许人民币对其他主要货币自由浮动。虽然放开人民币汇率或将加大外汇市场波动，但这种转型是十分必要的。中美在人民币汇率方面的合作需要美联储和中国央行共同决定，美国总统和美国财政部无法干预美联储的自主决策。

六、中美双边投资协定（BIT）

中美间的经济合作是互利双赢的，双方有时会在经济如何运行等方面产生分歧，这给谈判带来了困难。推动 BIT 符合中美双方的共同利益，美方认为，BIT 是中国吸引外资的绝好机会，希望能在奥巴马任期内完成谈判，但越来越缺乏耐心，中方则希望 BIT 谈判能循序渐进，稳扎稳打。美方希望中美两国能在即将开幕的第八轮中美战略与经济对话（S&ED）中取得务实成果，包括推动 BIT 的谈判。

现有的 BIT 谈判文本对中美双方而言都是一份高质量的协议，但下一任美国总统仍有可能对 BIT 文本进行修改，但改动的程度取决于现在谈判成果的质量。目前几位总统候选人的政策主张均受到贸易保护主义、反对全球化等政策倾向的影响，因此 BIT 最终可能会在国会遇阻。

七、美国的结构性改革

“结构性问题”或“结构性改革”的提法在美国并不多见，但不代表美国在经济领域不需要进行改革，而是美国国内对应该在哪些领域进行改革分歧很大。

美国医疗体制改革一直是困扰美国政府和社会的重要问题之一。美国医疗总

支出的增长速度很快，目前已经占到GDP的17%，超过了其他国家平均水平的两倍，但从预期寿命和医护质量等指标来看，支出效率并不高。奥巴马医改一定程度上降低了医疗支出增长的速度，如果医改问题能彻底解决，美国长期财政状况将大幅改善。另一个重要问题是收入分配。美国中产阶级家庭收入增长已陷入长期停滞，这对美国的政治和学术环境产生了极为深刻的影响。美国政府须更多关注收入分配政策，但目前来看，总统初选中连具体的政策讨论都没有涉及。此外，劳动生产率低下问题也很突出，一直困扰着美国政经界。

八、中美战略与经济对话机制（S&ED）

布什总统期间，美方负责S&ED的是财政部长保尔森，获总统全部授权与中国开展对话。由于保尔森财长本人对中国非常了解，其个人的召集力很强，且对话内容与其本职工作密切相关，因此取得了积极成效。奥巴马总统上台后，时任财政部长盖特纳与国务卿希拉里都希望能够负责中国事务，因此新的S&ED分成战略和经济两个轨道进行。现行机制当然有很多优势，但挑战是很难找到一位独具慧眼、有超强影响力、且能引领美方各政府部门最终与中方达成务实成果的人选。

今年正值美国大选，新总统上任后中美或将重新协调双边沟通机制，将构建怎样的制度安排值得高度期待。但S&ED作为中美之间重要沟通机制，在促进中美交流合作，应对共同挑战等方面发挥了建设性作用，双方许多重要部门深度参与其中，对中美双方来说意义重大。所以不管未来由谁担任总统，都将建立类似的对话机制，并将为中美关系的发展继续发挥重要作用。

（周波　贾静航　王虎）

美国近十年外资安全审查重点和趋势简析*

近十年，美国保持对外商直接投资（FDI）较高需求同时，不断加强了对外资并购等交易的安全审查。2005—2014 年，美国外国投资委员会（CFIUS）审查案件数量呈明显上升趋势，其中对中国企业赴美投资审查力度加强，并造成实质性阻碍。现将近十年美国外资国家安全审查重点、趋势及相关政策建议分析如下，供参考。

一、背景情况

外资国家安全审查机制是美国政府平衡市场开放与国家安全的产物。一方面，美国经济对 FDI 有较高需求和依赖。美国是全球 FDI 的最大受益者，全美 5% 的私人部门就业和 17% 的制造业就业机会、21% 的出口、14% 的研发、17% 的企业所得税均来自外资企业。2015 年，美国获得 FDI 流入额约占全球总额的 22.6%，达 3840 亿美元，为 2000 年以来最高水平，其中跨境并购为主要方式，总额达 2280 亿美元，占比接近 60%。另一方面，美国对外资的监管程度处全球较高水平。根据 2012 年 OECD 对美国等 32 个国家 FDI 监管机制进行评估的结果，美国监管机制严格程度超过被评估的大部分国家，评估项目包括外资准入、审查机制（如 CFIUS）、外资雇主限制、操作限制等方面（详见图 1）。

* 本文写于 2016 年 6 月 12 日。

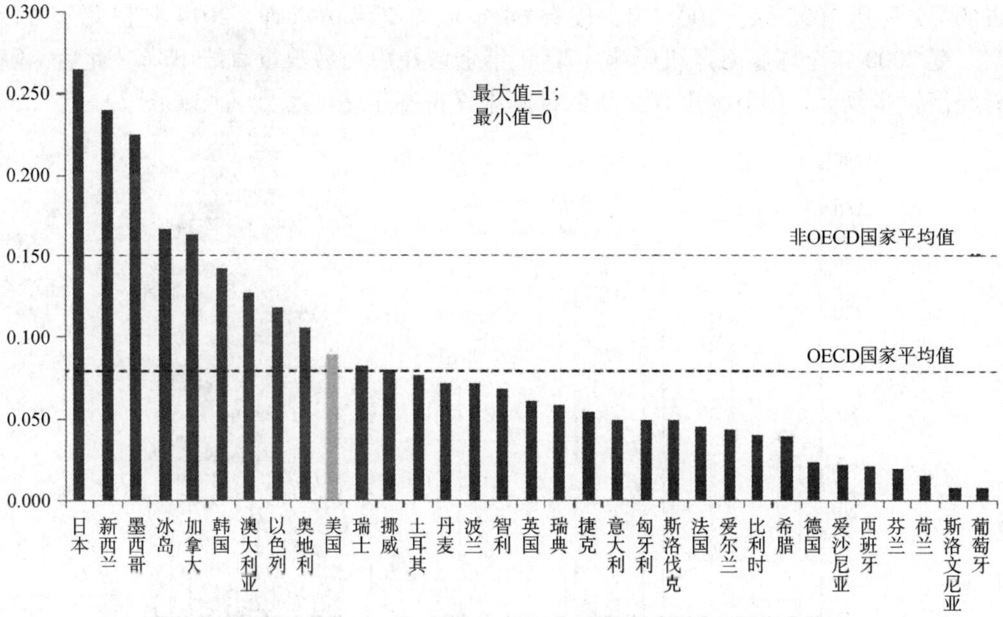

图 1　OECD 国家 FDI 监管机制比较

资料来源：OECD，转引自美国外交关系委员会（Council on Foreign Relations）报告“Foreign Investment and U. S. National Security”，Jonathan Masters，2013 年 9 月 27 日。

二、近十年审查情况分析（2005—2014 年）[①]

（一）审查数量不断增加，与世界经济及 FDI 走势正相关

2005—2014 年的十年间，相关国家或经济体交易当事方向 CFIUS 申报并被审

① 2007 年 FINSA 颁布实施后，CFIUS 自 2008 年依法向国会提交年度报告，报告数据截至发布年份之前第 2 年，如 2015 年发布的报告数据截至 2013 年。该报告分两个版本，一个版本对国会内部，一个版本向公众发布。本部分数据均来自 CFIUS 历年对公众发布的年报（2008—2015）“Committee on Foreign Investment In the United States Annual Report to Congress”。

查的①交易达 1095 宗。2005 年，仅有 64 宗涵盖交易被审查，2014 年已增至 147 宗。受 2008 年全球金融危机影响，2009 年全球并购交易数量直线下降。此后，随着经济逐步复苏，CFIUS 审查交易数量基本保持逐年递增态势（详见图 2）。

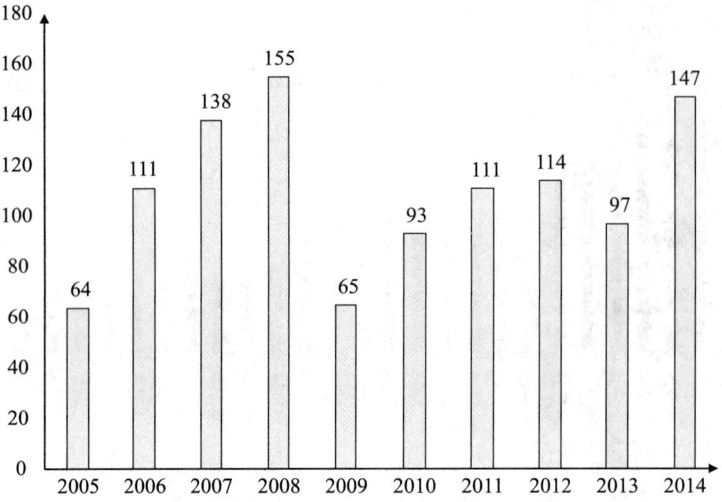

图 2　CFIUS 审查涵盖交易历年汇总数据（2005—2014 年）

（二）中国被审查数位列第三，申报数量快速攀升

从经济体看，英国、加拿大和中国投资被审查的交易最多。过去十年间，英国被审查交易 240 件，占 22%，其次是加拿大（105 件，占 10%）和中国（98 件，占 9%）（详见图 3）。其中，中国②投资申报审查的交易数量近年增速最快，从 2009 年的 4 件快速增加至 2014 年的 24 件。

① 企业申报交易后，CFIUS 即对交易进行正式审查。正式审查一般分为三个阶段。第一阶段是为期 30 天的核查（Review），即根据企业自愿申报、总统或 CFIUS 成员单边发起审查要求，依据 FINSA 的 12 项因素判断交易是否威胁美国国家安全。如审查结束时，CFIUS 认为该交易威胁国家安全，特别是交易处于“外国政府控制”之下，且 CFIUS 要求企业采取一般修正措施仍无法解决问题时，则进入第二阶段，进行更深度的审查，即为期 45 天的调查（Investigation），在核查基础上，在更大范围内进行更深入的调查，包括对相关企业高管和政府官员进行访谈、要求相关企业提供大量文件、举行相关企业高管公开听证会等。CFIUS 于调查结束时向企业发出修正令，或与企业达成相关修正协议，绝大多数情况下，安全审查至此即告终。然而，极特殊情况下，如 CFIUS 以自身力量无法消除相关国家安全威胁，与企业无法达成协议，且有确凿证据表明该交易威胁国家安全，则可向总统报告，进入审查第三阶段，即为期 15 天的总统命令（Action of President），由总统裁定并签发暂缓或终止的命令。

② 在 CFIUS 统计年报中，中国大陆、中国香港和中国台湾三个经济体为各自单独统计，其中“中国”指中国大陆地区。如无特殊说明，本报告所有统计口径与 CFIUS 年报一致。

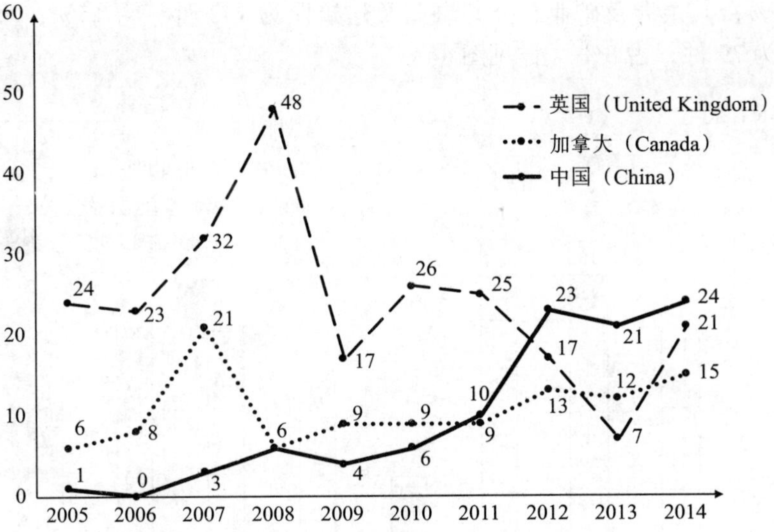

图3　受审查数量最多的三个国家历年汇总数据（2005—2014年）

数据来源：CFIUS历年年报。

（三）主动撤回交易时有发生，"总统行动"有针对中国之嫌

从审查结果看，大部分交易在审查的第一阶段——30天核查（Review）期即结案，其中少部分交易由申报方自行撤回，未达成和解且未主动撤回的交易进入第二阶段——45天调查（Investigation）期。过去三年，被调查的交易在全部申报的交易中占比维持在30%—50%，分别为2012年39%、2013年49%、2014年35%。主动撤回的交易也占一定比例，约6%（63件）在审查阶段撤回，6%（54件）在调查阶段撤回。在特殊情况下，个别交易有可能被提交到最高审查阶段——"总统行动"（Action of President）。"总统行动"有权要求并购方限期撤出投资，并拆除已建成相关基础设施等。截至目前，"总统行动"仅涉及4宗交易，1990年1宗、2006年2宗①、2012年1宗。其中，中国企业涉及1990年和2012年的两宗交易，占一半。

（四）制造业被审查数占比超三分之二

从审查行业看，制造业与金融、信息及服务业两类行业交易占全部被审查交易约三分之二以上。其中，制造业为406件，占43%；金融、信息及服务业为329

① 根据CFIUS2008年报，2006年度，中国企业在美并购交易申报受管辖交易数量为零，即无交易被CFIUS审查。

件，占 34%；其余涉及矿业、公共事业及建筑业为 143 件，占 15%；批发、零售及运输业为 79 件，占 8%（详见图 4）。

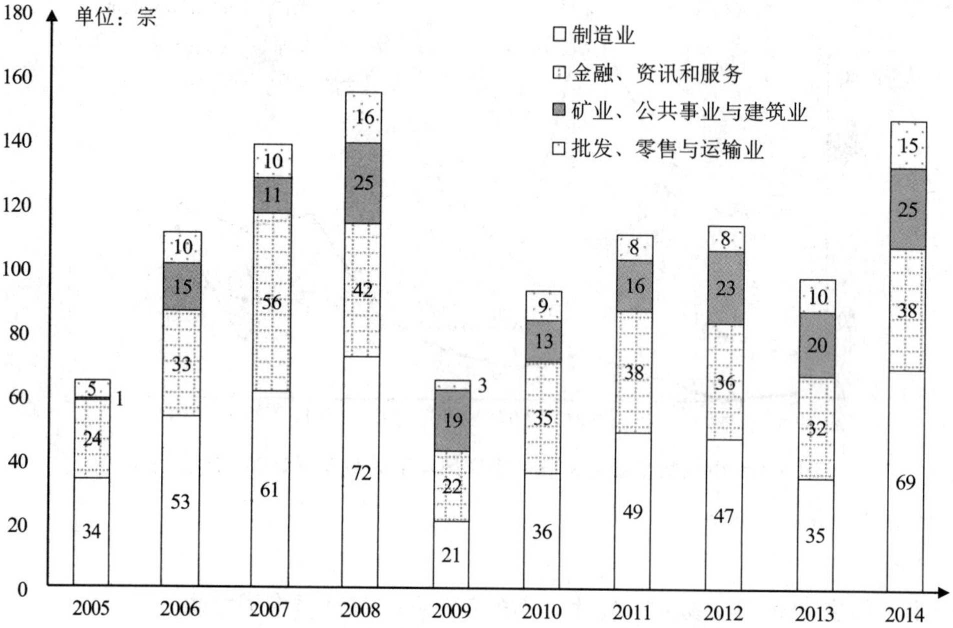

图 4　CFIUS 审查涵盖交易涉及行业情况（2005—2014 年）

数据来源：CFIUS 历年年报。

三、2012—2014 年行业审查情况分析

CFIUS 将涉及审查行业主要划分为四大类，并在每类行业中再进行细分统计，从而基本反映出美国国家经济安全战略重点关注的领域及其最新趋势变化。从涉及行业情况看，制造业和金融、信息及服务业两大行业仍占最大比重，分别被审查 69 宗（47%）和 38 宗（32%），其次为采矿业、公共事业与建筑业 25 宗（17%），批发、零售与运输业 15 宗（10%）。

（一）制造业被审查数占比最高，尤以计算机和电子行业为甚

制造业是 CFIUS 历年审查交易中占比最高的行业。从行业细分看，美国技术优势领域审查日趋严格。2014 年，CFIUS 审查最多的制造业细分行业是计算机和电子产品，审查 29 宗交易，占 42%，其次是交通运输设备和机械，均达 13%，分别审查 9 宗（详见图 5）。

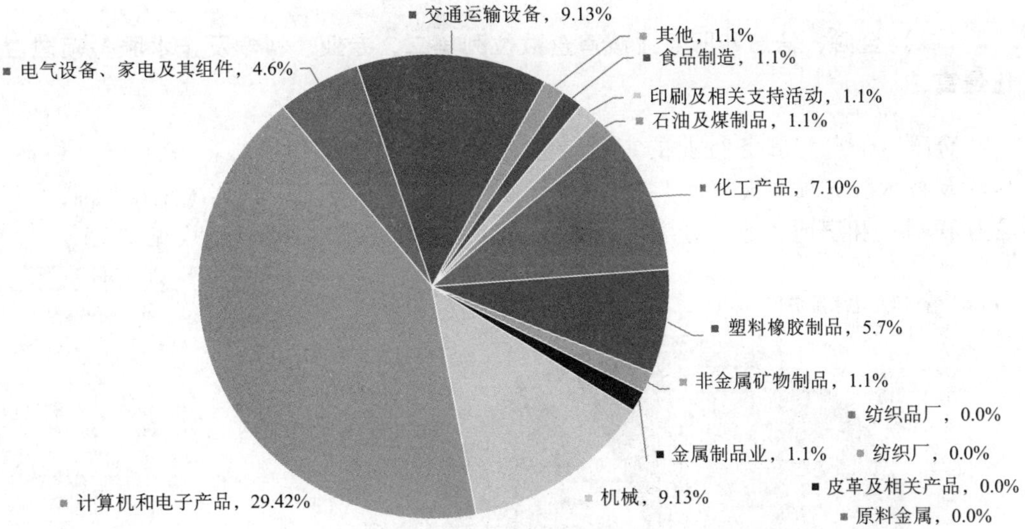

图 5　制造业细分行业涵盖交易分布（2014 年）

数据来源：CFIUS 历年年报。

2012—2014 年，制造业被审查最多的六大领域如图 6 所示。计算机和电子产品的审查比例虽较高，但已开始逐年下降；交通运输设备与电器设备、家电及其组件两个领域的审查交易亦有所下降；而机械、塑料橡胶制品、化工产品三个领域，被审查交易数量有所上升。

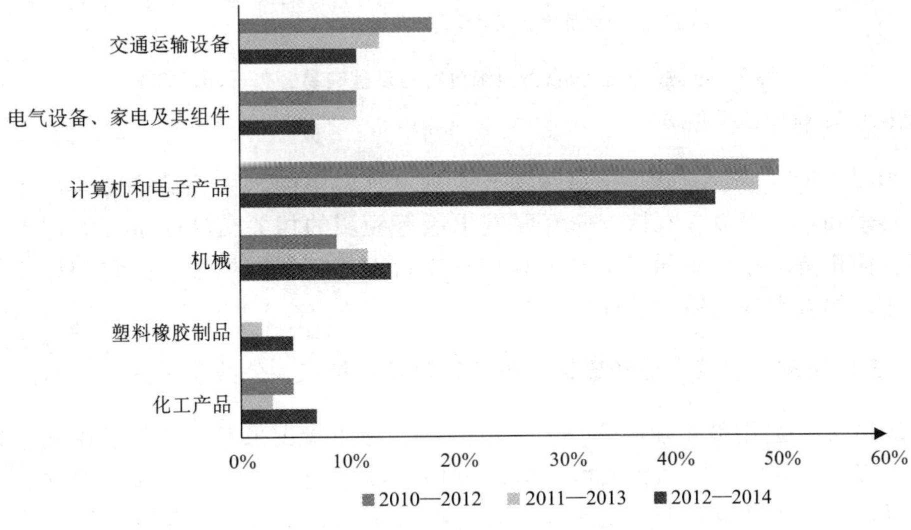

图 6　制造业审查数量较高的六大领域

数据来源：CFIUS 历年年报。

（二）金融、信息和服务业被审查数位列第二，专业、科学及技术服务领域占比最高

金融、信息和服务行业的审查数量在四大行业中位列第二。2014 年，专业、科学及技术服务领域被审查 14 宗，占行业比重超过三分之一，其次是出版业（不含互联网）和房地产业，分别审查 9 宗（24%）和 4 宗（10%）（详见图 7）。

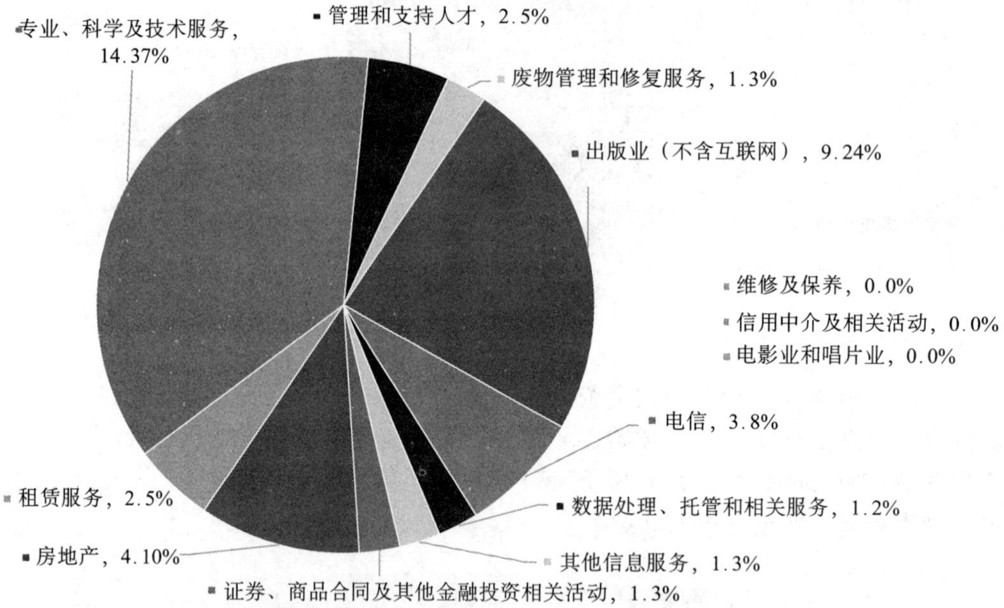

图 7　金融、信息和服务业细分行业涵盖交易分布（2014 年）

数据来源：CFIUS 历年年报。

2012—2014 年，金融、信息和服务业被审查最多的六大领域如图 8 所示。专业、科学和技术服务、电信、非互联网出版等领域的相关交易被审查的比重略有下降，而租赁服务行业明显上升。管理和支持人才与数据处理、托管和相关服务两个领域的被审查交易数量有所增加。

（三）采矿、公共事业和建筑业被审查数位列第三，公共事业占比过半

2014 年，公用事业领域被 CFIUS 审查的交易数量占采矿、公共事业和建筑行业一半以上，其次是原油和天然气提炼领域，被审查 5 宗，占 20%；原油、天然气之外的采矿领域也有少量交易被审查，约占 12%；此外，本年度新增对原木产品领域审查案件 2 宗，占 8%（详见图 9）。

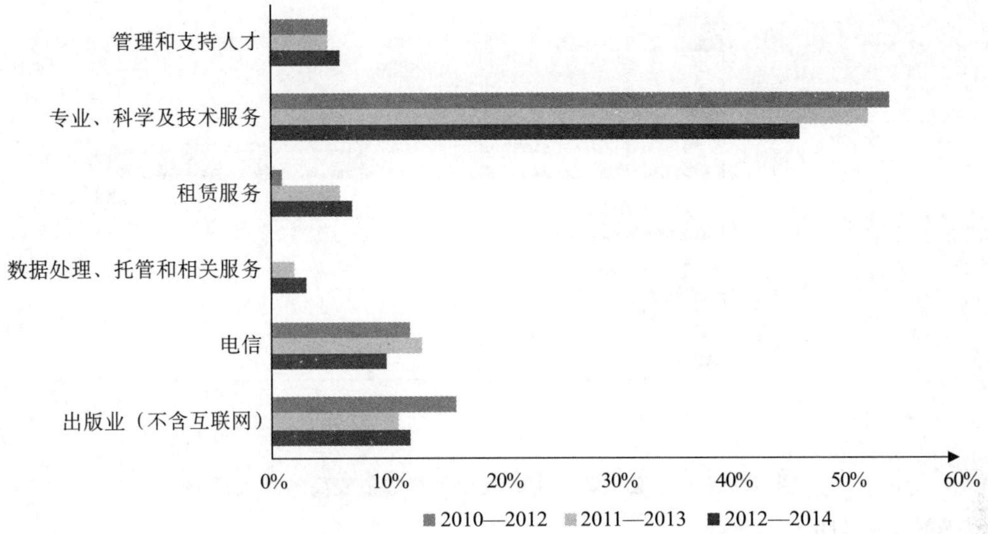

图8　金融、资讯和服务业审查数量较高的六大领域

数据来源：CFIUS 历年年报。

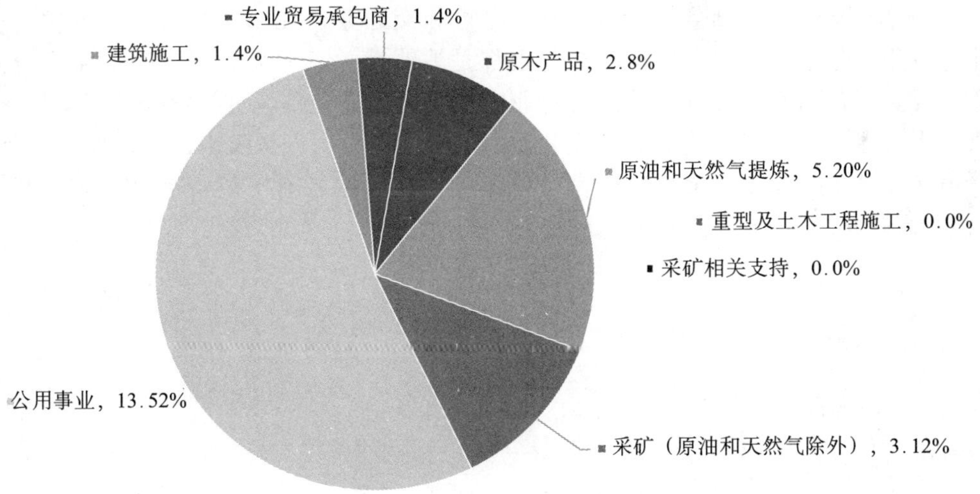

图9　采矿、公共事业和建筑业细分行业涵盖交易分布（2014 年）

数据来源：CFIUS 历年年报。

2012—2014 年，公用事业领域是该行业的重点，比重维持在 50% 左右；原油和天然气提炼、采矿（原油和天然气除外）领域的安全审查显著增加，比重逐年提升，平均比重接近 20%。同时，专业贸易承包商、建筑施工领域也有小幅变化（详见图 10）。

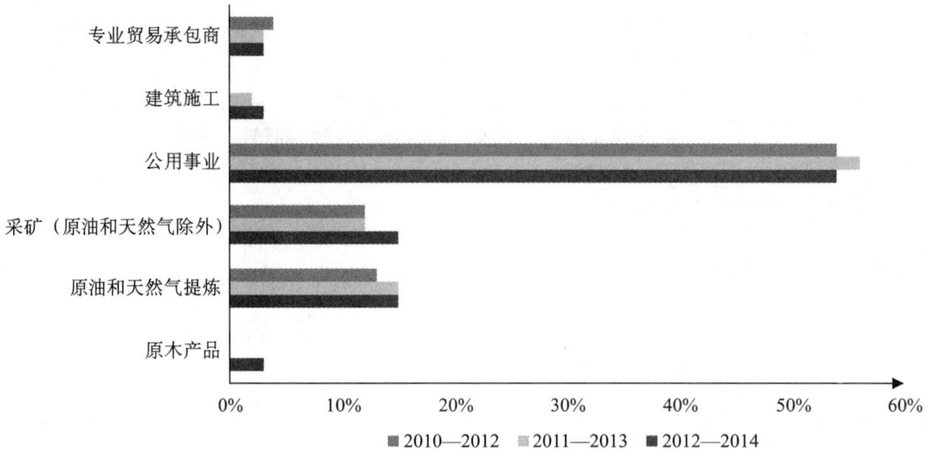

图 10　采矿、公共事业和建筑业审查数量较高的六大领域

数据来源：CFIUS 历年年报。

（四）批发、零售和交通业被审查占比仅为 10%，交通运输支持领域被审查数最多

CFIUS 审查的第四类行业是批发、零售和交通业，在四大行业中所占比重较小，仅为十分之一，但交通运输在各国都是战略性关键基础设施，对国家安全的重要意义不言而喻。2014 年，此类行业中，交通运输支持领域被审查的交易最多，共 8 宗，占 53%；其次是商业批发和非耐用品的交易，审查 3 宗，占 20%。此外，管道运输、水路运输、旅行者住宿、仓库及储存库也各有 1 笔交易被审查，其中“旅行者住宿”为近 3 年新增审查领域（详见图 11）。

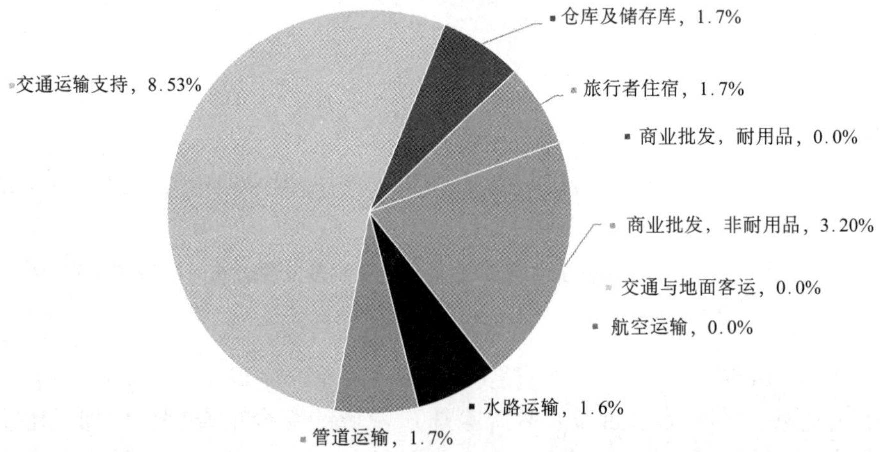

图 11　批发、零售和交通业细分行业涵盖交易分布（2014 年）

数据来源：CFIUS 历年年报。

近几年，交通运输支持领域的被审查交易数量激增，比重由年均40%（2010—2012年）快速增加至年均55%（2012—2014年）。2012—2014年，CFIUS对商业批发、非耐用品、仓库及储存库、旅行者住宿等领域的交易审查也有所加强，而同期管道运输和水路运输方面的审查，总体比重变化不大，但呈逐年下降趋势（详见图12）。

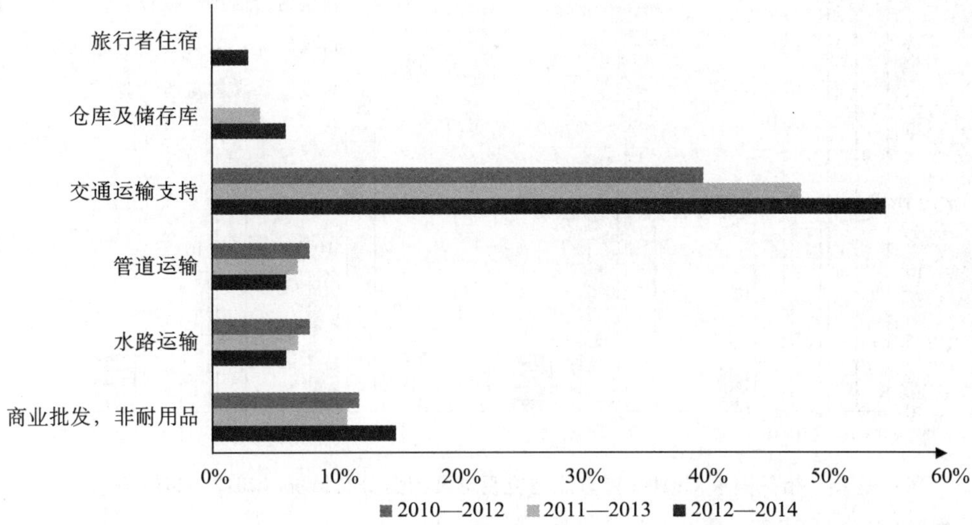

图12　商业批发、零售和交通业审查数量较高的六大领域

数据来源：CFIUS历年年报。

四、中国企业接受安全审查情况分析

2016年2月，CFIUS发布最新年度报告，主要对2012—2014年间的涵盖交易审查情况作了综合分析。2014年，CFIUS审查交易数量创历史新高，达147宗，除大部分交易在核查阶段达成和解结案外，有3宗交易在核查期间撤回申报，51宗交易经核查后进入调查阶段，9宗交易在调查期间撤回申请。2014年无涉及“总统行动”决策。

（一）中国被审查案件数量最多，集中在制造业

2012—2014年，从审查交易涉及的国家看，CFIUS共审查35个国家（经济体）的358宗涵盖交易，被审查交易数量最多的四个国家依次为中国、英国、加拿大和日本。中国被审查数量连续三年高居首位，三年累计被审查涵盖交易多达68宗，占全部被审查交易的19%。从涉及行业看，中国、英国和日本都是制造业

被审查交易数量最多，占三年来审查交易一半以上，而加拿大被审查交易主要集中于采矿业、公共事业与建筑业（详见图 13）。

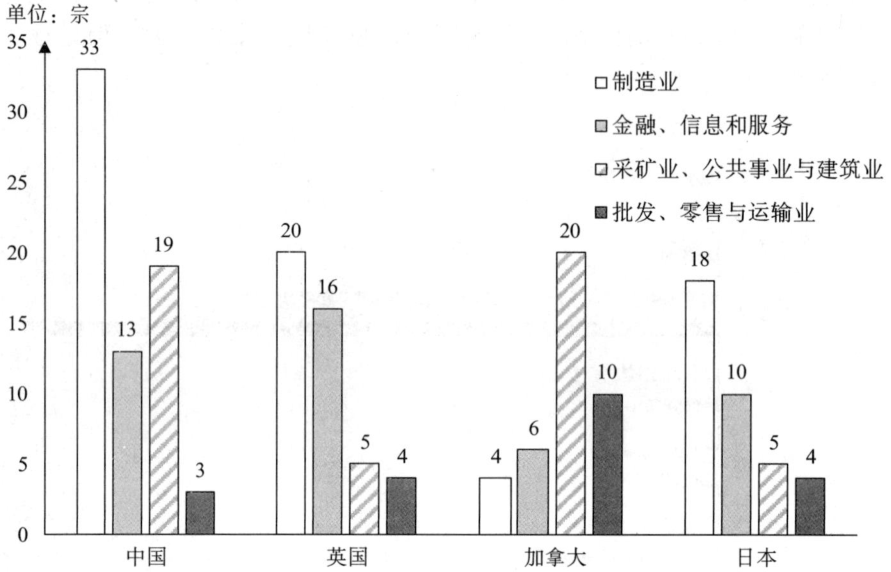

图 13　相关国家 CFIUS 审查涵盖交易涉及行业分布情况（2012—2014 年）

数据来源：CFIUS 历年年报。

（二）中国被审查趋严与中美双边经贸关系不相协调

从中国企业赴美投资情况看，美国是中国 FDI 主要目的地，其中“并购”是中国投资美国的主要方式。2005—2012 年，中国对美 FDI 从 7 亿美元上升至 105 亿美元，增长 14 倍。2015 年，中美贸易额达 5583.9 亿美元，中国企业在美累计直接投资 466 亿美元，已超过加拿大成为美国最大的贸易伙伴。从中国企业对美国地方政府税收和就业的促进作用看，由于美国地方政府预算趋紧，各州对来自中国的 FDI 竞争十分激烈[①]。2015 年 3 月，在“选择美国（Select USA）投资峰会”上，最大的投资代表团为中国代表团，约有 140 家中国企业参会，涵盖机械、纺织、食品、钢铁、金融、能源等各类产业。然而，美国对中国企业赴美并购投资安全审查日趋严格，与中国企业对美国经济的促进作用不断加强以及当前中美双边经贸关系不断深化的大势并不匹配，反差较大。

① 观察：吸引中国投资 美国地方政府“各显神通”，中国新闻网，2015 年 3 月 25 日，文章链接：http://www.chinanews.com/gj/2015/03-25/7158733.shtml

（三）中国企业赴美投资遭到实质性阻碍

相关案例表明，CFIUS 对中国企业赴美投资形成了实质性阻碍和负面影响力（详见表 1）。比如，1990 年中国航空技术进出口公司（CATIC）收购美国西雅图飞机零部件制造商 MAMCO 公司，布什总统签发美国史上首次外资安全审查的“总统行动”，禁止相关收购，限期出售利益所得。再如，2005 年中海油竞购美国加利福尼亚州的优尼科公司（Unocal），遭国会议员反对，国会表决敦促布什政府严格审查，最终导致并购失败。

表 1　CFIUS 阻碍或影响中国企业在美并购主要案例

年份	交易	美方审查结果	交易结果
1990	中国航空技术进出口公司（CATIC）收购美国西雅图飞机零部件制造商 MAMCO 公司	布什总统签发美国史上首次外资安全审查的总统行动，禁止收购，限期出售利益所得	中航技同意将 MAMCO 出售给另一家美国公司 De Crane Aircraft Holding
2005	中海油竞购美国加利福尼亚州的优尼科公司（Unocal）	遭国会议员反对，国会表决敦促布什政府严格审查中海油要约	并购失败
2008	华为公司联合贝恩资本收购美国电信设备制造商 3Com	CFIUS 认为 3Com 公司为美国国防部入侵检测技术供应商，收购威胁美国国家安全，不予通过	审查期间，华为撤销并购交易，并对外宣布为“商业原因”，收购失败
2010	中国西色国际投资公司收购美国优金公司（First Gold）；唐山曹妃甸投资集团投资美国光纤企业 Emcore；鞍山钢铁并购美国钢铁发展公司	CFIUS 审查	审查期间撤销交易，收购失败
2010	华为收购美国服务器技术公司三叶（3Leaf）	五位国会议员致信美国财政部和商务部要求 CFIUS 进行审查，未通过	接受 CFIUS 撤销收购建议，收购失败
2012	三一重工关联企业美国罗尔斯（Ralls）收购俄勒冈州风电项目	2012 年 7 月，奥巴马总统签发总统行动，禁止收购。 2015 年，双方达成和解，CFIUS 认定罗尔斯公司在美其他风电项目收购交易不涉及国家安全问题①	三一重工并购失败。2015 年和解后，罗尔斯公司撤销对奥巴马总统和 CFIUS 的诉讼，美国政府撤销强制罗尔斯公司执行总统行动的诉讼

① 三一诉奥巴马案已达成全面和解，新华每日电讯，2015 年 11 月 6 日。文章链接：http://news.xinhuanet.com/mrdx/2015-11/06/c_134790468.htm

续表

年份	交易	美方审查结果	交易结果
2012	华为、中兴历年在美并购	美国众议院发布针对华为、中兴两家中国企业“涉及威胁国家安全”的调查报告，建议CFIUS必须阻止两家公司并购行为①	
2015	清华紫光收购美国科技公司美光科技（Micron）	CFIUS负面影响力，未实质审查	被收购方美光科技担心无法通过CFIUS审查而拒绝要约
2016	清华紫光收购美国数据储存集团西部数据（West Digital）		审查期间出于慎重性考虑终止交易
2016	金沙江收购飞利浦LED业务	涉及半导体核心技术氮化镓，CFIUS审查未通过	并购失败
2016	华润、清芯华创收购美国半导体公司仙童	CFIUS负面影响力，未实质审查	仙童公司担心无法通过CFIUS审查而拒绝要约

数据来源：根据美国外交关系委员会（CRS）相关报告、CFIUS年度报告及相关新闻报道整理。

五、几点看法

（一）美国外资安全审查体系较为完善

在具体操作上，CFIUS审查的具体内容和过程大部分被严格保密，但从整体上看，美国外资国家安全审查立法基础坚实，机构设置合理、审查程序严格，在一定程度上做到信息公开、执法公正，整体运行机制顺畅有效，体系构成较为完善，为美利用外资形成了一道非常关键的安全屏障，有效平衡了外资利用与国家经济安全的关系。同时，CFIUS相关工作报告为外界研究美国外资安全审查提供了参考，也为其他国家相关体系构建提供了一定参考。

（二）美国安全审查将持续聚焦制造业

先进的制造业技术是形成未来竞争力的关键条件，向高端制造业转型是制造

① 华为思科实力对比与幕后较量，博客中国，2012年10月。文章链接：http：//zt.blogchina.com/2012zt/huawei-cisco-jl/

业大国保持竞争力的必然选择。美国在预测分析、物联网、智能产品和智能工厂为特征的“工业4.0”先进技术，以及先进材料等方面领先全球[①]。为充分保护并大力提升本国在全球制造业中的竞争力，未来五年美国还将持续加强制造业并购交易方面的安全审查，其中计算机和电子产品领域将成为审查的重中之重。因此，为巩固中国制造业在国家经济中的重要战略地位，一方面应支持中国企业在美并购投资以增强对关键人才、先进技术的储备；另一方面也要防范美国通过并购中国企业收揽并窃取我国家战略性人才、技术和材料。

（三）行政终裁在美外资审查中具有不可替代性

CFIUS审查史上仅有四宗交易进入安全审查最严级别——“总统行动”，而其中两宗被审查对象是中国企业：一是1990年中国航空技术进出口公司（CATIC）交易；二是2012年三一重工交易。从程序上看，出于CFIUS工作保密条款要求以及被审查企业自身商业机密的保护意愿，CFIUS的审查一般是保密的，但总统有最终裁量权。中国企业两次被使用“总统行动”，对市场造成负面影响，也使国际社会认为美国会和行政部门协同采取了针对中国的不公正的行动。

（四）应警惕行业细分结构变化带来的审查风险

虽然美国一再强调外资审查的公平和公正，但相关数据表明，CFIUS审查重点与美国国家安全战略密切相关，有多达16个美国关键情报机构[②]参与了相关工作。未来十年乃至更长时期内，我应更密切关注CFIUS相关行业细分领域的安全审查情况，并加强相关政策研究：一是互联网共享金融时代，金融、信息和服务行业的相关人才、数据托管服务是中国的人才和技术优势所在，中国也应提高相关领域并购交易的安全审查；二是美对原油和天然气提炼、采矿领域的安全审查趋于更严，加上中国相关企业的政府背景，相关企业在美并购难度上升，可考虑转变为绿地投资方式；三是CFIUS高度关注政府和军方背景的并购交易，相对民间资本较集中的领域审查较少，应加强对有能力“走出去”的民间企业的相关政策和资源支持。

（胡振虎　于晓　贾英姿）

---

① 据德勤公司研究，在所有行业中，制造业对美国就业的贡献首屈一指——2015年，美国制造业创造了1230万个就业机会，支持相关就业人数5660万人，超过同期所有其他行业。2015年，中国位居全球制造业竞争力第一，美国第二，德国和日本分别位居第三和第四。详请见德勤公司：《2016全球制造业竞争力指数》（2016 Global Manufacturing Competitiveness Index），P1—P5，德勤公司中文官网，2016年4月1日。

② 详请见亚太中心研究报告《美国外资国家安全审查机制运行机制》附录1。

如何看美国 5 月份宏观经济数据*

6 月 3 日，美国劳工部发布数据显示，美国 5 月份新增非农就业人数为 3.8 万人，为 2010 年 9 月以来最低，远低于市场预期的 16 万人。但与非农数据指向相反的是，5 月份失业率下降 0.3 个百分点至 4.7%，创 2007 年 8 月以来新低。两组看似“矛盾”的数据令全球经济界困惑，甚至触发了全球金融市场的短期震荡。6 月 7 日，世行在最新公布的《全球经济展望》报告中将美国 2016 年经济增速预测从 1 月份的 2.7% 下调至 1.9%，再次让各方对美国劳动力市场和经济整体态势的看法出现分歧。

相关分析如下，供参考。

一、美近期主要宏观经济数据整体向好

GDP 数据小幅上修。受企业投资、居民消费、营建支出和地方政府支出增长等因素推动，美国一季度 GDP 增速从 0.5% 上修至 0.8%。

通胀指标稳步走高。4 月份 PPI 同比上涨 2.1%，为 2012 年 3 月以来最大增幅；CPI 同比增长 2.0%，创 2013 年 7 月以来最大升幅；美联储重要的通胀参考指标核心 PCE 物价指数 4 月份同比增速稳定在 1.6%。

居民消费继续扩大。4 月份个人收入环比增长 0.4%，个人消费支出增长 1.0%，增幅创 2009 年 8 月以来最高水平。4 月份美国商品零售额环比增长 1.3%，创一年多以来最大增幅，5 月份继续增长 0.5%，消费增长势头不减。美国消费者信心指数也在 5 月份升至 94.7，扭转了前四个月的下降趋势。

就业市场总体稳定。尽管 5 月份新增非农就业人数降至 3.8 万人，但单月数据对整体趋势的影响有限。若将观测周期扩大到 3 个月，则近三个月平均每月新增非农就业岗位接近 11.6 万人，虽低于 1—3 月份 22.4 万人的平均值，但基本满足将

* 本文写于 2016 年 6 月 17 日。

失业率稳定在接近充分就业水平的需要。同时，失业率从1月份的4.9%到5月份的4.7%，稳中有降的趋势没有改变。

制造业稳步复苏。受美元走强和海外需求疲软等因素影响的美国制造业正在稳步复苏，制造业ISM指数在3月份突破了50的枯荣线后始终保持扩张态势，5月份升至51.4；而4月份耐用品订单增速也从3月份的1.9%扩大至3.4%。

贸易数据有所改善。美国4月份贸易逆差为374亿美元，略高于3月份修正后的约355亿美元，但较1月份、2月份400亿以上的逆差已出现明显改善。

房地产市场量价齐升。4月份，美国新屋销售年化61.9万户，较3月份上涨16.6%，新屋价格中值升至32.11万美元，为2008年1月以来最高水平。成屋销售环比增长1.7%，成屋价格中值增长6.3%，连续50个月增长。

二、美就业市场改善有因可循

5月份，反映美国就业市场情况的两个重要数据出现一定程度的背离：新增非农就业人数仅为3.8万人，大幅低于预期；而失业率大降0.3%，显示就业市场或进一步改善。这一定程度上引发了外界的困惑。实际上，新增非农就业人数创新低受统计方法和随机因素影响较大，单月数据指向意义有限，结合其他就业市场数据，失业率或更真实地反映了就业市场稳步改善的走势。

（一）新增非农就业人数受统计方法和随机因素干扰较大

从细分数据上看，新增非农就业人数从4月份的16万（初值）降至5月份的3.8万人，主要是由于三大行业就业人数大幅减少，分别是电信行业减少3.7万人，耐用品制造业减少3.6万人，专业和商业服务业减少4.6万人。电信行业就业人数减少主要受威瑞森（Verizon）电信公司罢工事件影响，耐用品制造业受美元走强和外需低迷的影响，经营压力加大；而服务行业的就业人数波动性历来较强，单月出现数万人的波动属于正常现象。

从统计方法上看，新增非农就业人数增长较少，失业率却创新低，主要是由于两者采用的统计方法不同，两个数据之间不存在可靠的线性关系。非农就业数据来自企业调查，而失业人口来自家庭调查，两者之差主要包括农业劳动者、非注册企业的自由职业者、无报酬家庭从业者等，且在家庭调查中，每位劳动者只统计一次；而企业调查中，拥有一份以上工作的劳动者在每次收到工资的时候都被统计一次。

（二）失业率创新低也受到劳动参与率下降的影响

除了基本面因素外，5月份失业率创新低一定程度上受到了劳动参与率下降的影响。5 月份劳动参与率从 4 月份的 62.8% 降至 62.6%，说明有更多劳动者选择退出劳动力市场，不再计算在总劳动力人口中。布鲁金斯学会研究表明，在过去 2 个月中，约有 80 万名劳动者由于找不到工作或看淡经济前景而离开劳动力市场。美国劳工部数据显示，5 月份，总就业人口增加 2.6 万人，总失业人口减少 48.4 万人，总劳动人口减少 45.8 万人，失业人数降幅（6.1%）远大于劳动力人口降幅（0.3%），导致失业率（失业率 = 失业人数/总劳动人口）大幅降低。

（三）其他就业数据大都显示就业市场总体稳定

5 月份，有小非农之称的 ADP 就业数据增长 17.3 万人，符合市场预期；PMI 指数中的就业分项 5 月份也继续稳定在 49.2，而美国劳工部公布的 6 月 3 日当周首次申领失业金的人数为 26.4 万人，已连续 66 周低于 30 万人，为 1973 年以来最长。此外，政府薪资税收入上升、JOLTS 职位空缺数①再创历史新高，也都反映出美国就业市场总体稳中向好。

尽管新增非农就业人数从 4 月的 12.3 万人降至 3.8 万人，但与全美 1.51 亿的就业人口和 1.585 亿的总劳动人口相比，单月 10 余万增减对劳动力市场的整体影响相对有限。且失业率为存量数据，比新增非农就业数据更真实地反映了就业市场的长期趋势。

三、几点看法

（一）美国经济全年稳定增长的势头没有改变

尽管单月就业数据出现一定扰动，但其他数据多数偏向积极。总的来说，2016 年以来，美国经济表现稳定，一季度 GDP 增速较低属于近几年美国经济的“常态”，随着近期通胀和就业数据继续改善，个人消费支出增长强劲，房地产市场明显回暖，贸易数据有所改善，预计二季度 GDP 增速将有提升，美联储 6 月份经济展望调查报告（褐皮书）给出了美国多数地区经济温和增长的判断。尽管世行将 2016 年美国经济增速下调至 1.9%，但考虑到全球经济复苏整体偏弱的态势和美国经济的体量，特别是对比其他发达经济体，全年如能实现接近 2% 的增长，对美国经济而言已经非常可观。

---

① JOLTS（Job Openings and Labor Turnover Survey，职位空缺和劳动力流动调查）是美国劳工统计局统计的衡量职位缺口的数据，用于反映零售业、制造业等行业人员流动情况和岗位需求变化，是从需求侧衡量就业市场的重要参考指标。

（二）美联储加息进程或快于市场预期

5 月份非农数据公布后，市场普遍预计 6 月份加息已无可能，7 月份加息概率较低，加息最快也要等到 9 月份。但从目前的情况看，一旦 6 月份就业数据好转，或 5 月份数据得到积极修正，结合通胀方面的表现，若无英国脱欧等“黑天鹅”事件，美联储 7 月份加息仍有可能。此前，美联储官员有意识就加息节奏同市场进行沟通，市场对于美联储 6 月份加息的预期已非常强烈，并开始有意识地提前消化加息带来的影响，单靠一个月份的非农就业数据，或难以影响美联储既定的加息节奏。

（三）中美应加强在宏观数据统计领域的沟通与合作

美国在统计宏观数据时，不同部门间的统计口径和统计方法不同，政府部门和美联储统计方法也存在差异，且常常是先公布初值，然后再进行修正并公布终值，市场往往对统计误差较大的初值反映强烈，待修正值和终值公布时，往往已进入下一个统计周期，市场关注度已经开始下降。美 5 月份新增非农就业数据与失业率数据出现一定程度的背离，部分原因正是统计方法所致。中美作为全球最大的两个经济体，宏观经济数据对全球市场的外溢影响巨大，中美双方应加强在宏观经济数据统计领域的信息共享与交流合作，就改进统计方法、减少统计误差加强研究与研判，为中美两国和全球市场提供更准确、更真实、更及时的宏观经济数据，减少对全球市场的冲击。

（王虎　贾静航　王莎　李雨嘉）

希拉里经济政策主张初析*

近日，美国民主党总统候选人希拉里·克林顿宣布赢得民主党党内初选，获得2016年总统大选民主党总统候选人提名。迄今，希拉里在竞选过程中共提出了提高民众收入、促进中小企业发展、扩大基础设施投资、重振制造业、加强金融监管、发展清洁能源、降低医疗成本和加强工会力量等八大经济政策主张。与特朗普较为激进的立场相比，希拉里的经济政策主张相对务实，反映了民主党一贯以来重视中产阶级和低收入阶层，构建“大政府”的执政理念，继承和发展了奥巴马政府部分经济举措。有关情况简析如下，供参考。

一、提高民众收入

（一）政策目标

提高民众特别是普通劳动者的收入水平，着力实现三大目标：一是实现强劲、公平、可持续的经济增长；二是增加普通家庭可支配收入；三是创造更多待遇良好的就业岗位。

（二）具体措施

1. 扩大基础设施、清洁能源、科技和医药研究领域的投资来提振经济，创造更多待遇良好的就业岗位。

2. 通过提高薪酬和减轻税负，提高工薪家庭可支配收入水平以应对儿童护理、医疗保健和教育成本的上升。

3. 推出“新大学合约”（New College Compact）。计划投资3500亿美元使学生无须通过贷款来缴纳本州内公立大学学费；降低学生贷款利率，使2500万学生贷

* 本文写于2016年6月29日。

款人能以较低利率水平重新贷款，以减轻利息负担。

4. 扩大早教受众范围并提高女性就业率。在未来 10 年使每个学龄前儿童获得良好的学前教育；鼓励更多女性进入劳动力市场，在薪酬和假期等福利待遇上推动性别平等。

5. 鼓励公司与员工分享利润。为有加薪措施的公司提供税收优惠，鼓励公司平衡短期利润和长期增长的关系，为改善员工福利和培育人力资本投入更多资源。

二、促进中小企业发展

（一）政策目标

中小企业是推动美国经济增长，创造就业岗位的重要力量。将致力于改善中小企业融资环境、帮助中小企业开拓市场、减少行政审批并简化监管流程，提供更多税收优惠。

（二）具体措施

1. 改善中小企业融资环境。鼓励金融机构为中小企业特别是少数族裔和女性创办的中小企业发放贷款；支持发展社区金融机构和实施各州小企业信贷计划（SSBCI）。

2. 减少行政审批并优化监管流程。将在全国范围内推动减少行政审批，缩短创立中小企业所需的申报和审批时间，并简化中小企业纳税申报和日常监管流程。

3. 帮助中小企业开拓国内外市场。扩大国内基础设施投资特别是道路、桥梁、机场等交通基础设施投资，降低运输和物流成本；充分发挥进出口银行的作用，加大进出口银行对中小企业的支持力度；鼓励创新和电子商务发展；重视创业者和中小企业经营者的能力建设。

4. 降低中小企业税负。很多中小企业特别是只有几个员工的小企业，承担的税负和纳税所需要的时间成本都远高于大型企业。拟通过简化税制和扩大税收优惠实现不同规模企业之间的税负公平。

三、扩大基础设施投资

（一）政策目标

计划未来五年投入 2750 亿美元联邦资金用于基础设施建设；恢复筹建国家基础设施投资银行；动员更多私人资本参与交通基础设施建设。

（二）具体措施

1. 未来五年投资2750亿美元直接用于基础设施建设；重新推出奥巴马任内取得良好效果的“建设美国”债券。

2. 未来五年投入250亿美元筹建国家基础设施投资银行，该银行将通过贷款和其他方式支持美国能源、水利、交通、网络等领域的重要基础设施项目。

3. 完善交通基础设施。一方面扩大新项目投资，加大对机场、港口、轨道等交通基础设施的投入；另一方面加大对现有交通基础设施的修缮力度，改善交通设施的质量和使用效率。

4. 加大网络基础设施投入。计划在2020年之前使所有美国家庭都能接入互联网，并在公共楼宇和公共交通工具上实现无线网络覆盖。

5. 上述投资所需资金拟通过公司税改革筹措。

四、重振美国制造业

（一）政策目标

重振美国制造业。增加重塑美国制造业的领先地位，创造更多就业岗位，并通过贸易手段改善国内制造业发展环境。

（二）具体措施

1. 在奥巴马提出的“国家制造业创新网络”（National Network for Manufacturing Innovation）的基础上，进一步强化区域创新中心在协同产、学、研各界资源方面的作用，提升美国制造业的发展潜力。

2. 通过税收激励措施鼓励制造业企业扩大投资，特别是加大对就业岗位流失严重的社区和行业的投资力度。

3. 鼓励跨国企业将生产部门迁回美国，打击税收倒置交易，在美国本土创造更多就业岗位。通过打击不正当贸易，为美国制造业创造公平的竞争环境。

4. 加强对工人权益的保障，提高工会谈判能力。加大对劳动技能培训的投入。

5. 通过扩大基础设施投资和发展清洁能源，为制造业创造市场需求。

五、加强金融监管

（一）政策目标

加强对大型金融机构和金融体系中其他风险点的监管，加强对违反法律规定的金融机构和从业人员的责任追究。同时，明确反对共和党废除《多德—弗兰克法案》的主张。

（二）具体措施

1. 根据金融机构的规模和系统重要性，向金融机构征收风险费；对“大而不能倒”的金融机构加强监管；给予监管层更大权力，对高风险或架构复杂的金融机构进行拆分或重组。

2. 强化“沃克尔规则”，限制商业银行从事高风险的金融交易或通过对冲基金进行高风险投资；对高频交易征税；推动股票市场更开放、更透明、更公平；加强对“影子银行”的监管，提高“影子银行”的透明度和稳定性。

3. 加强对金融机构高管和从业人员的管理。提高金融机构高管的社会责任感，不鼓励金融机构从事过高风险的交易；当金融机构违反法律规定时，将追究决策者的责任，而不再仅对金融机构施以罚款；当金融机构遭受损失时，高管的薪酬也应相应减少；当下属人员有不当行为时，管理层应当承担监管不力的责任；延长金融欺诈案件的诉讼时效，加强对违法人员的责任追究。

六、发展清洁能源

（一）政策目标

致力于将美国打造成21世纪清洁能源超级大国，在清洁能源领域创造大量新增就业岗位，并在未来十年实现温室气体排放在2005年基础上减少30%。具体目标包括在全国范围内安装5亿个太阳能发电板；使每个家庭都能使用足够的可再生能源；减少家庭、学校和医院1/3的能源浪费；减少1/3的汽油消耗。

（二）具体措施

1. 巩固并发展现有的促进清洁能源发展的各项措施，包括清洁能源计划。该计划将大大改善美国民众的健康程度并帮助企业降低能耗。

2. 提出总投资600亿美元的“清洁能源挑战计划”（Clean Energy Challenge）。该计划将为各州和地方政府以及乡村社区提供应用清洁能源所需的设备和资源，帮助他们使用清洁能源，减少碳排放，确保每个美国家庭都能从清洁能源发展中受益。

3. 加大清洁能源基础设施投资。拟推出一个促进清洁能源领域基础设施建设的综合性投资计划，包括改善现有基础设施质量，加大新项目投资，并与加拿大和墨西哥加强合作，共同推动北美地区的清洁能源发展。

4. 减少对化石能源生产的优惠措施。取消对化石能源企业的税收优惠；限制租赁联邦土地用于化石能源开采，使更多的联邦土地用于清洁能源生产。

5. 推动环境公平。确保现有化石能源生产和储藏对环境和民众健康是安全的；投入 300 亿美元帮助以化石能源开采特别是煤炭开采为主要行业的地区发展经济，改善工人待遇，使煤炭经济继续健康高效运转；在全美特别是低收入社区和非白人社区加大投资力度，治理空气污染、水污染和土壤污染，发展清洁能源。

七、降低医疗成本

（一）政策目标

反对废除《平价医疗法案》的政策主张，拟以《平价医疗法案》为基础，扩大医保范围，使每个美国公民，特别是妇女、儿童和农村地区人口都能获得优质可负担的医疗服务。

（二）具体措施

1. 反对任何废除《平价医疗法案》的举措，并在该法案的基础上进一步扩大医保覆盖范围，控制医疗费用增长，提高医疗服务质量。

2. 控制医疗保险费水平，使更多家庭有条件购买医疗保险。计划为每个家庭提供最高 5000 美元的税收抵免，使所有家庭保费支出占家庭年收入的比例不超过 8.5%。

3. 鼓励扩大医疗救助（medicaid）的覆盖范围。鼓励各个州扩大医疗救助覆盖率，帮助低收入阶层获得医疗保障，如果州政府选择扩大医疗救助覆盖率，联邦政府将在前三年承担该州 100% 的新增支出。

4. 改善妇女、儿童和乡村人口的医疗服务。致力于为移民儿童提供医疗保障，改善妇女在生育方面可获得的医疗服务，帮助乡村人口获得可负担的医疗保障。

5. 降低处方药价格。处方药价格增速从 2013 年的 2.5% 提高到 2014 年的 12.6%，已大大超出多数美国民众的承受范围。

八、加强工会力量

（一）政策目标

加强工会力量，提高工会的谈判能力，通过工会组织保障美国劳动者获得合理的薪酬和福利保障。

（二）具体措施

1. 推动提高劳动者薪酬水平，使工资增长与中产阶级生活成本的提高相匹配；鼓励企业扩大带薪休假和同工同酬；为更多劳动者特别是女性劳动者进入劳动力市场提供帮助。

2. 恢复工会的集体谈判权，增强工会在反映工人诉求、保障工人权利上的谈判能力。

3. 提高劳动者工作技能。政府将通过扩大基础设施和清洁能源领域的投资创造待遇良好的工作岗位，鼓励劳动者提高工作技能，适应岗位要求；通过一定的方式对高质量的培训计划和学徒制进行奖励。

九、几点看法

（一）与特朗普相比，希拉里经济政策主张更为全面和务实

希拉里经济政策的八大主张基本覆盖了美国经济的方方面面，突出促进增长、创造就业和改善民生的执政理念，一定程度上是对奥巴马“中产阶级经济学”的继承和发展，并巧妙地借助美国经济复苏的“成绩单”为自己拉票。就目前希拉里和特朗普竞选团队公开的信息来看，希拉里在经济政策领域的准备显然更为充分，各项措施更为务实，既有对奥巴马政府医改、扩大基础设施投资等措施的继承，又有加强工会力量、保护妇女和少数族裔的独到之处。传统上，民主党更多地代表中产阶级和低收入阶层，共和党则更多是富裕阶层、跨国公司和大金融机构的利益代言人，双方在《平价医疗法案》和《多德—弗兰克法案》存废、普遍减税还是结构性减税等核心问题上立场截然相反，未来选战中将继续围绕这些问题展开激烈的交锋。

（二）扩大投资是希拉里经济政策的核心手段

与特朗普力推大规模减税不同，希拉里促进经济增长的主要政策措施是扩大投资。在八大政策主张中，有三项明确提出扩大投资，仅已量化的投资总额就超过4000亿美元，还有诸多尚未公布具体金额或难以量化的投入，主要涉及基础设施、制造业和清洁能源。基础设施领域，希拉里再次强调扩大投资对促进增长和扩大就业的积极作用，除了直接投入联邦资金外，还重提筹建国家基础设施投资银行，为美国国内重大基建项目提供支持；制造业领域，希拉里将延续奥巴马2014年提出的“重振美国制造业计划”，重塑美国制造业特别是高新制造业在全球的领先地位，通过改善制造业发展环境，引导更多制造业企业回流美国本土；清

洁能源领域，希拉里提出了雄心勃勃的清洁能源超级大国目标，对外争取应对气候变化全球主导权，对内加快推进民用清洁能源发展。这些扩大投资的政策主张与奥巴马希望通过增加政府支出提振经济、创造就业的理念一脉相承，但扩大政府支出历来是两党博弈的焦点，希拉里的计划能否顺利推行仍有很大变数。

（三）振兴中产阶级将成为美下届政府面临的重要挑战

1971 年以来，美国中产阶级开始出现萎缩态势，截至 2015 年，中产阶级占总人口的比例从 61% 跌至 50% 以下。特别是 2001 年以来，中产阶级萎缩速度加快，中产阶级家庭收入水平下降，贫富分化进一步加剧。尽管在奥巴马两届任期内，美国经济和社会政策向中产阶级倾斜，但总体成效不及预期，难以扭转中产阶级式微的态势。为此，无论是希拉里还是特朗普，在本次大选中都极力拉拢中产阶级，向中产阶级承诺了大量改革举措。希拉里希望通过扩大投资、创造高质量就业岗位、控制医疗和教育成本、加强工会力量等措施争取中产阶级选票；而特朗普指责他国操纵汇率、扬言在美墨边境修墙的等极端言论背后，也是为了迎合美国中产阶级对生活水平下降的强烈不满。可以预见，在未来的选战中，两位候选人对中产阶级的争夺必将更加激烈，表现形式也将更为多样，但无论最终谁当选，应对中产阶级萎缩和贫富差距扩大都将成为美国经济和社会发展面临的重大挑战。

（王虎　李雨嘉）

第三届“选择美国”投资峰会简析*

6月20日，“选择美国”投资峰会在华盛顿举行，美国总统奥巴马、国务卿克里、财政部部长雅各布·卢和商务部部长普利茨克等多位政府高层出席了峰会。“选择美国”投资计划是奥巴马任内在招商引资方面提出的最重要的举措之一，迄今已促成225亿美元对美投资，仅参加峰会的企业，就为美国带来了超过100亿美元的海外直接投资，并创造了大量就业岗位。在今年的峰会上，奥巴马再次力推“选择美国”计划，并强调科技创新对美国经济增长和改善投资环境的重要性，邀请与会代表进一步加大对美投资力度。相关情况及我们的分析如下，供参考。

一、第三届“选择美国”投资峰会基本情况

2011年6月，奥巴马提出“选择美国”投资促进计划。该计划旨在为美境内商业投资提供便利，从而吸引国内外投资、创造就业岗位、刺激经济、提升美国全球竞争力。“选择美国”投资峰会是该计划的年度重头戏，从2013年开始共举行了3届，本届峰会主题为“创新优势”，来自全球70多个国家和地区的政、商、学界代表参加了本届峰会，就海外直接投资（FDI）对美国经济的重要性及美国吸引外资的创新优势进行深入讨论。

峰会上，美国总统奥巴马、商务部长普里茨克等内阁官员分别致辞。奥巴马表示，FDI对促进美国经济增长和创造就业至关重要，美国经济增长势头良好，私营部门就业已连续75个月增长，高中毕业率创下历史新高，医保覆盖率超过90%，医保费用增幅创50年新低，目前正是海外企业投资美国的最佳时机。而随着TPP和TTIP的推进，投资美国的企业还将获得在开拓新市场、降低贸易成本、保护知识产权等领域的竞争优势。美商务部长普利茨克称，美国经济形势好，劳动力质量高，无论是公共部门还是企业，都高度重视研发创新，美国研发支出已

* 本文写于2016年7月9日。

达全球研发支出总额的四分之一，并在积极推动先进制造业的发展。奥巴马还在峰会上宣布，联邦政府将投入7000万美元，在洛杉矶设立全美第9家先进制造业中心，主要致力于智能传感器相关技术研发。此前，美国已从2014年起先后投资10亿美元设立了8个先进制造业中心，以推动制造业前沿技术研发。

自“选择美国”投资峰会举行以来，参与峰会的海外企业已在美国本土投资超百亿美元，既创造了增长和就业，又拉近了美国和投资来源国的经贸关系。仅2016财政年前两季度，“选择美国”峰会的参与者就宣布了67个总值超26亿美元的投资项目，预计将为美国带来超过5400个工作岗位。

二、“选择美国”投资峰会收效明显

（一）峰会对扩大美国FDI流入效果明显

据“选择美国”官网数据显示，2011年美国境内FDI流入量为2299亿美元，自2011年下半年推出“选择美国”计划以来，FDI流入量整体呈上升趋势，到2015年，美国FDI流入量达3484亿美元，创2000年以来新高。从存量上看，美国吸收外资总量已从2011年的24338亿美元增至2014年的29011亿美元，增幅近5000亿美元。

（二）海外投资者赴美投资意愿增强

据美国科尔尼管理咨询公司报告显示，2016年美国FDI信心指数连续四年稳居世界第一，表明海外投资者持续看好美国经济前景和营商环境，赴美投资意愿增强。从基本面看，金融危机以来，美国经济快速复苏，劳动力市场明显改善，在发达经济体中“一枝独秀”。从政策面上看，奥巴马政府近年来先后出台了“重振制造业计划”“建设美国投资倡议”等措施，对制造业和基础设施领域加大政策倾斜，并通过推进奥巴马医改、扩大高等教育投入、推出“技术就业计划”等措施改善劳动力供给。此外，奥巴马任内还先后3次发布“国家创新战略”，大力支持科技创新。

（三）中国企业对美FDI快速增长

近年来，中国企业特别是民营企业积极参与“选择美国”峰会，赴美投资热情明显提高。据“选择美国”官网数据显示，2014年，中国企业对美直接投资额为101.69亿美元，较2013年增长38.5%，对美FDI年综合增长率（Compound Annual Growth Rate）排名第一。2015年，中国企业赴美投资继续保持高速增长，全年累计投资超过150亿美元，并购交易继续占据主体地位，绿地投资明显增加，主要投资领域涉及软件和IT服务、电子设备、工业机械、通讯、商业服务和汽车零配件等。有机构预计，2016年中国企业赴美投资将继续保持快速增长，全年有望突破300亿美元。

三、几点思考

（一）“选择美国”计划的成功经验值得借鉴

“选择美国”投资促进计划自推出以来，在招商引资方面取得了积极效果，特别是2013年峰会举办以来，奥巴马政府投入了大量人力物力，美国总统、国务卿、财政部长、商务部长、贸易代表等高级别官员每年固定出席峰会，为吸引外资站台，奥巴马在峰会中还曾将自己比作美国投资环境的“推销员”。除联邦政府官员外，各州政府也积极派员参加，直接同与会企业进行沟通。峰会在议题讨论之外，还安排了大量的交流和参观活动，以进一步拓展商机。而目前中国经济正处于转型过程中，新经济快速发展，传统产业的升级改造有序推进，对外资仍有巨大的市场需求。在进一步放宽外资准入条件的同时，可考虑借鉴“选择美国”峰会的形式和好的做法，注重中央和地方互动，加强同外资企业的交流，通过鼓励创新、培育人力资本、改善市场环境等措施，全面提高中国对外资企业的吸引力。

（二）发达经济体FDI流入呈明显上升趋势

据联合国贸发会议数据显示，2015年，全球FDI流量总额为1.8万亿美元，其中发达经济体FDI流入量从2014年的5220亿美元增至2015年的9620亿美元，增幅达到84%，流入发达经济体的外资规模6年来首次超过发展中经济体，美国流入量反超中国升至全球第一。发达经济体FDI流入激增，除跨国公司并购因素外，其成熟的市场环境、完善的法律机制、较强的创新能力和健全的劳动力市场都是吸引海外投资者的重要因素，也是新兴经济体相对欠缺和不足的。特别是近年来，新兴经济体增速放缓，内部结构性问题显露，风险和不确定性增加，与美国等发达经济体相比，对外资的吸引力相对下降。短期内，发达经济体“逆转”发展中经济体的趋势仍将持续，特别是随着英国公投退欧，全球风险偏好下降，美元资产或将受到更多青睐。这也为新兴经济体加快推进结构性改革，通过简政放权、鼓励创新等措施提高对外资吸引力提出了更高的要求。

（三）中国企业赴美投资快速增长，但潜在障碍犹存

近年来，中国企业赴美投资热情高涨，虽然总量不大，但增速很快，前景向好。中美经贸合作正由贸易为主向贸易投资并重转变，其中双向投资是新的重要

增长点。但中国企业赴美投资除考量经济因素外，也面临着市场准入、法制环境、监管框架、争端解决等诸多障碍。特别是在基础设施、通讯、高新技术产业等领域，美国政府往往出于政治和国家安全等方面的原因，通过“国家安全审查”等机制对外资投资设置障碍，把潜在的海外投资者资金“拒之门外”，实质上制约了中资企业赴美投资的的规模和效益。2016 年是美国大选年，美国政府和国会应当警惕美国国内可能出现的针对中国投资的过激言论和政治化倾向，避免对中国企业赴美投资造成不必要影响。

（四）用好多双边渠道，为中国企业赴美投资创造条件

2015 年，中美双向投资存量创 1500 亿美元新高，中国企业在美利益不断扩大，中国政府一贯鼓励企业赴美投资，用好国际国内两个市场、两种资源。为此，在双边渠道下，我应继续依托中美战略与经济对话及其他双边机制进一步增进互信与合作，争取尽早完成中美双边投资协定（BIT）谈判，为中美双向投资提供有效的法律保障，并就美方在部分领域对外国投资者的限制和审查加强应对。而在多边渠道下，中美应加强在 WTO 框架下的合作，促成包括美国在内的主要经济体尽快承认我市场经济地位，并通过 G20、APEC 等多边机制和各类区域性自贸安排，减少贸易和投资壁垒，推动形成更多促进中美投资合作的务实成果。

（王虎　王莎）

美国两党总统候选人能源及气候政策简析*

近期，美国大选形势进一步明朗，希拉里·克林顿和唐纳德·特朗普分别获得民主、共和两党提名成为总统候选人，双方已先后向公众阐明各领域主要政策立场，其中能源和气候领域分歧巨大，现行政策恐遭空前挑战，全球能源气候格局发展将面临前所未有的不确定性。

一、政策分歧显著，立场针锋相对

一般来说，美大选两党候选人秉承党派立场，主要政策导向必然有所不同，但此次大选，能源和气候领域分歧引人瞩目，双方几乎在所有问题上都针锋相对。

希拉里表示，将遵循奥巴马政府现行政策，推动实施《清洁电力计划》，促进清洁能源利用，大力提高能效，推行绿色交通，增加核能源供应，逐步减少化石燃料使用；在十年内实现一系列目标，包括美国石油消费量减少三分之一，家庭、学校和医院能源浪费减少三分之一，安装5亿个太阳能电池板，推动全球温室气体排放在2005年基础上减少30%等；当选后还将推行总额600亿美元的“清洁能源挑战计划”，以减少碳排放，推广清洁能源开发利用；通过上述政策措施，将美国建设成为“21世纪清洁能源超级大国”。

特朗普认为，由于可再生能源可行性和经济提振作用值得怀疑，能源主体应当是化石燃料。如当选，将致力于“能源独立”，制订“国家利益优先能源计划”，把握能源战略主导权。能源开发利用不应受政府干预，也不应再依赖OPEC和敌对国家能源。能源税收将主要用于道路、学校、桥梁和公共基础设施建设。气候变化并非人为因素造成，环保重点应转向“真正”的环境挑战——确保民众享有清

* 本文写于2016年8月1日。

洁的水和空气。如当选将实施“百天行动计划”，废止奥巴马政府“气候行动计划”、“水资源条例”等影响就业的政策法规，采取措施拯救煤炭业等受极端环保政策影响的行业，解除特定联邦地区能源生产禁令，废除对新钻探技术的不公正限制，废除“巴黎气候协定”，停止对联合国气候变暖项目的资金支持。

二、两候选人关于能源和气候变化政策的主要设想

在能源和气候变化领域，两候选人主要就化石能源行业、可再生能源与清洁能源、能源环境问题、应对气候变化等方面阐述了各自立场和拟实施政策措施。

（一）传统化石能源行业政策

希拉里认为，美国应从化石燃料主导型经济转变为清洁能源主导型经济，拟取消对石油天然气公司税收补贴，代之以清洁能源领域投资。对于煤炭行业，初步拟定了总额300亿美元的煤炭业振兴计划，创造就业机会，促进新经济成长，实现区域经济多样化，复兴煤炭业社区，保障矿工、运输工、发电厂员工及家庭的利益和尊严。天然气是过渡能源，可以在向更清洁绿色经济转型中发挥重要作用。页岩气将重塑全球能源版图，应当支持压裂法开采油气，同时对外积极推广这一技术。应确保能源生产安全性和责任落实，对环境敏感地区撤销生产许可，如不应冒险在北极开展钻探活动，在公共地域改革采矿租赁制，推广清洁能源。

特朗普认为，美国能源行业潜力巨大，化石燃料才是主要能源来源，应当放手予以开发利用。奥巴马政府对能源业课税重，监管严苛，严重妨碍了行业发展。如当选，将致力于实现“能源独立”，支持化石能源发展，取消油气开采限制，推动油气企业将收益投入基础设施重建，以增加工资和就业，改善教育和贫困现象，提升社会整体福利。页岩油气发展非常重要，预计在7年内有望创造200万个就业岗位，应对页岩能源和水力压裂技术予以大力支持。

（二）可再生能源及清洁能源开发利用

希拉里主张，应推动可再生能源占比快速增长，使美国经济早日转变为“新能源经济”。目前，已制订提升能源基础设施清洁性和安全性的综合规划，未来将大力投资清洁能源相关创新、制造、基础设施和劳动力开发利用，创造更多高收入就业机会，提升美国经济竞争力。此外，将启动总额600亿美元的“清洁能源挑战计划”，联邦政府动员并提供资源，各州、城市及农村社区参与合作，共同削减碳排放，推广清洁能源，鼓励投资低收入社区太阳能和能效项目，使大众共享清洁能源带来的经济利益。对于可再生能源发展，主要鼓励其进入家庭，重点是太阳能利用，加上电网现代化改造，目标是2025年可再生能源占比达到25%，首

个任期结束前安装总计5亿块太阳能板。除继续推动及实施“清洁电力计划”、可再生能源税收抵免等现行政策措施外，还将逐步淘汰化石燃料补贴，维护、实施和推广智能污染和能效标准。

特朗普认为，可再生能源的可行性和提振经济的作用值得怀疑，风能设备噪音过大且不经济，太阳能“非常昂贵”，风能和太阳能都有杀死鸟类等对环境的负面影响。政府光伏发电政策也不尽合理，如太阳能组件制造商Solyndra接受了政府5.35亿美元贷款担保，最终仍然走向破产。因此，政府不应当干预包括可再生能源在内的能源开发利用。特朗普对新能源的反对并非仅仅停留在纸面，此前他曾在英国上诉，反对在其位于苏格兰的高尔夫球场附近建设海上风电项目。

（三）气候变化相关政策

希拉里认为，应对气候变化需全球共同努力，如果不能实现清洁发展，有效减少碳污染，人类将无法避免灾难性后果。美国应就此展现领导力，推动《巴黎气候协议》进程，未来十年便总排放量在2005年基础上减少30%，到2050年减少80%。如当选，将推动美国、加拿大和墨西哥签署气候协定，在北美共同采取行动，减少温室气体排放，促进清洁能源发展。此外，《巴黎气候协议》相关清洁能源投资规模可望达到13.5万亿美元，美国应当积极参与争取相关机会。

特朗普宣称，气候变化并非人为因素造成，奥巴马政府未经国会批准擅自加入《巴黎气候协议》，使得美国能源开采利用被国外官僚机构控制，推出“愚蠢”的“清洁电力计划”加重了美国对国外能源的依赖，如果民主党继续执政，上述趋势将会更加严重。美国应当废除目前实施的去碳化能源政策。

（四）其他政策

关于能效问题。希拉里重视提高能效，提出将美国家庭、医院、学校和办公室能源浪费减少三分之一的目标，将推动使用更清洁燃料和能效更高汽车、卡车、船舶和锅炉，积极维护、实施和拓展智能污染和能效标准，使美国石油消费减少三分之一，拥有全球最为清洁和高效的制造业。特朗普对这一问题关注不多，未就此发布具体政策构想，可见能效并非其政策重点，预期当选后能源政策重心不会包括能效问题。

关于环境保护。希拉里的目标是建立清洁能源大国，高度关注能源的环境影响，主张采取措施确保安全和负责任的能源生产，当选后将禁止在北极等环境敏感地区进行化石能源开采。特朗普认为，政府对化石能源行业环境影响进行不公正执法，滥用濒危物种保护条例限制石油和天然气勘探与生产活动，出于环保因素否决美加基石输油管线项目，当选后将废除包括“气候行动计划”等影响就业的环境政策，并将解散美国环保署，认为环境政策的重点应当是解决社区需要清洁安全饮用水这种“真正的环境问题”。

三、几点看法

（一）选举结果将影响全球能源及气候格局走向

一般认为，希拉里当选后，现行能源气候政策将得以延续，美国将继续在气候变化国际合作中发挥积极作用。如果特朗普当选，即便有政策连续性的制约，现行政策的实施也可能受阻，如执行力度打折扣，部分措施甚至可能废止，而州政策与联邦政策相互关联，地方政策也不可避免受到影响。鉴于美国在气候和能源领域的系统重要性，特朗普当选必然影响到全球应对气候变化行动，如果全球减排进程因此显著放缓，对于环境变化或将带来严重后果。

（二）特朗普当选将增加中美能源气候合作的不确定性

过去 8 年，在双方努力下，中美双边气候合作取得显著成效，带动多边谈判取得进展，最终达成《巴黎气候协议》。如希拉里当选，将延续奥巴马现行政策，中美双边合作有望继续推进。如特朗普当选，立场与现行政策差异较大，且部分主张极端化，双边能源气候合作必然受到冲击。但美国政治制度的多元化和制衡性，决定了选举中的极端主张在现实博弈化为实际政策后，通常受多方利益牵制趋于缓和。因此，中美能源气候合作可能受到影响，如是否仍是双边合作重点、影响的范围和程度如何，均有待进一步观察，但完全陷于停滞甚至走向合作反面的可能性不大。

（三）跟踪研判大选进展，做好政策预案工作

中美关系正经历重大复杂变化，中美合作已经成为全球气候合作的基石，美国大选对包括中美关系在内的多、双边合作影响极为关键。应当密切关注和跟踪两候选人相关竞选言论，认真研究分析其政策主张中的对华有利和不利因素。对于不利主张，要未雨绸缪，早做准备，制定有效的应对方案，及时引导和化解风险；对于有利于我的主张，要积极主动地加以推动，加深双方合作，扩大国际影响。此外，为增强对美下届政府能源气候政策的影响，应及时关注两候选人主要政策智囊，开展交流合作，加强沟通理解，为继续推动中美能源气候合作早做准备。

（陈立宏）

IMF 评估 2016 年美国宏观经济*

近日，国际货币基金组织（IMF）发布 2016 年度美国第四条款磋商成果报告指出，美国经济总体运行良好，表现在：失业率下降至 4.7%，创“大萧条”以来最低；通缩得到控制，面对金融市场波动、美元走强及全球需求疲软，美国经济展示出韧性。报告同时指出，美国经济依然面临显著的长期挑战。为此，IMF 提出了美国解决长期供给侧问题的政策建议，主要包括：增加基础设施投资，改革移民制度和税制，升级无业贫困人口的社会保障计划，完善家庭友好型社会福利，批准跨太平洋经济伙伴关系协定（TPP）等。报告主要内容如下，供参考。

一、美国经济现状

（一）宏观经济现状

过去几个季度，受能源部门投资持续收缩、非能源与非住宅投资减少及净出口持续下滑影响，美国经济出现短暂下挫，消费者需求增速也放缓。然而，美国经济已连续 7 年保持增长。失业率降至 4.7%，家庭净资产已接近危机前峰值，通胀水平持续受到遏制。家庭实际可支配收入增速达到 3%，住房市场较为稳定，家庭和企业资产负债表总体情况较好。权衡这些影响因素，IMF 预计，美国 2016 年经济增速为 2.2%，2017 年为 2.5%。产出缺口预计将在 2017 年年底收窄，个人消费支出物价指数将缓慢增长并逼近 2% 水平。以当前实际有效汇率计算，到 2020 年，美国经常账户赤字预计将超过 GDP 的 4%，表明美元被高估了 10%—20%。

（二）经济增长风险

美元可从正反两方面影响美国经济增长。一方面，石油对消费产生的滞后效

---

* 本文写于 2016 年 8 月 3 日。

应（考虑到储蓄率上升）以及对石油相关投资的拖累减少构成上行风险。另一方面，非石油企业投资放缓或影响未来几个季度美国经济前景。

全球经济增长面临的下行风险仍将是个不利因素。还有一个难以判断的风险，即如果近期较弱的经济活动确实反映出潜在增长率及产出缺口较原先估计的更低，意味着美国经济在产能限制情况下可能会骤然提速。同时，这也意味着，随着经济抑制因素减少，短期内美国通胀压力将增大，即使在经济增长疲软的情况下，也需提高政策利率。如果风险成为现实，美国经济或因增速放缓及利率提高对全球经济产生负面溢出效应。

二、挑战及政策建议

尽管经济不断扩张，但受多方力量影响，美国持续增长的前景承压。美国劳动力中即将退休的人口比例不断上升，基础设施老化严重，生产率提高缓慢，而劳动力市场和企业并不善于重新配置人力及物质资本。收入变化的长期趋势也不尽如人意：与 15 年前相比，劳动收入占比减少了约 5%；中产阶级数量跌至近 30 年最低；收入和财富分配两极分化越来越严重，贫困率上升。

上述因素相互影响，相互促进。如任其发展，将继续影响美国经济潜在和实际增速，降低生活水平的改善程度，加剧贫困。为此，IMF 提出以下建议：

（一）减少贫困

美国当前迫切需解决贫困问题。最数据显示，7 个人中就有 1 个，5 个儿童中就有 1 个，3 个以女性为主要经济来源的家庭中就有 1 个，生活在贫困之中。美国需加大收入税收抵免力度，提高联邦最低工资标准，以减少贫困。美国还应升级社会援助项目，向无业贫困人口提供帮助。努力改善中小学教育，投资儿童早期教育，向低收入家庭提供育儿补贴，以及扩大高等教育和职业教育支持，减少代际间持久性贫穷。

（二）逆转劳动参与率下降趋势

劳动参与率下降是老龄化社会的必然结果，但其影响可以缓解。收入税收抵免制度将起到鼓励工作的作用。同时，美国还应实施以下政策措施，包括：（1）推进家庭友好型福利，尤其是作为政策杠杆来减缓女性劳动参与率下滑；（2）修订残疾保险方案，鼓励受益人从事兼职工作；（3）改革移民制度，吸引高技术人才，以改变人口趋势，降低抚养比，并提高劳动力人力资本的平均水平。

（三）提高全要素生产率

提高生产率至关重要。自20世纪90年代末以来，美国全要素生产率增长显著放缓。为此，美国应运用公共政策工具，促进创新和技术进步，支持私人活动提高效率，具体包括：

1. 扩大基础设施投资。美国公共资本存量老化，且占GDP的比重不断下降。迫切需要投入新资金来改善基础设施的质量和可靠性，鼓励公共项目升级基础设施技术，同时推动美国基础设施融资。据估计，未来10年这些投资支出将达到美国GDP的5%—8%。

2. 加强中小学教育和职业教育。美国有必要增加教育支出，提高教育产出。包括优先支持儿童早期教育融资，支持科技、工程和数学项目。强化地区培训，扩大行业及高等教育机构间合作，为学徒教育和职业培训提供便利，减小技能缺口。

3. 促进贸易一体化。商品和服务自由贸易一直是美国经济成功的标志之一。新的贸易协定，如跨太平洋经济伙伴关系协定（TPP）是高规格的全面协议，或将引领国际经济合作的新标准和新途径。TPP有助于强化美国在可贸易服务领域的优势，抵制各种形式的保护主义。TPP或对就业和收入造成影响，美国应采取政策措施，通过培训、临时性收入支持和求职援助等减轻负面影响。

由于许多政策都会影响联邦及州预算，其支出应符合美国中期公共债务持续下降的要求。

（四）解决联邦政府债务问题

美国近期的财政和货币政策调整符合当前经济环境，但人口趋势和利率上升会导致中期财政失衡进一步加剧。联邦债务预计将从2019年开始上升，到2022年将超过GDP的80%。美国目前仍然缺乏详细的中期财政整顿计划，以防止公共债务再次增长。整顿计划的目标应为联邦政府实现约占GDP1%的中期财政基本盈余。为实现这一目标，并为供给侧改革创造空间，美国需采取多方面行动，具体包括：

1. 税制改革。美国应全面改革税收制度，简化税收体系，重新平衡直接税与间接税的比重，降低个人和企业所得税的法定税率。

2. 养老金改革。美国社保信托基金不可持续，亟须全面改革养老体系，包括提高社会保障缴款收入上限，延长退休年龄，提高福利结构累进幅度。

3. 控制医疗保健成本。通过提高受益者成本分担比例、技术创新等降低未来医疗成本。

4. 避免财政政策分化。美国两党在预算授权和债务上限谈判中不断出现紧张情势。“2015 年预算法案”、“保护美国人免受增税法案” 及“修复美国地面交通法案” 的通过一定程度上消除了短期不确定性。然而，美国需更持久的制度安排。一种可能性是以两党共同制定的清晰、简单的中期财政目标来代替债务上限。或可引入立法程序，自动调整债务上限。美国还可以考虑延长预算周期，利用两年时间确定年度支出。

（五）货币政策

在当前周期节点下，美国联邦基金利率进入逐步上升通道，在全球通缩的态势下工资和价格通胀仍保持稳定上升势头。但通货膨胀面临严重下行风险，通胀预期呈下降趋势。美联储面临保障最大就业和物价稳定的双重任务。鉴于此，美国的政策利率可暂时稍高于美联储的通胀目标，中期内再降至 2% 的目标。这将有效应对通缩、政策逆转、联邦基金零利率等风险。美联储应与外界充分沟通其政策意图，强调其中期通胀目标。如果工资或物价通胀增长速度高于预期，应提前提高利率。

（六）金融监管

随着监管改革的推进和风险管理的升级，银行的业务水平不断提高，银行体系抗风险能力不断强化。然而，少数主要投资于能源和采矿等疲软行业的非系统性小银行很可能出现贷款损失增加。此外，汽车和商品房贷款信用质量潜在恶化会导致供给需求增长。但这些问题仅是金融系统存在的漏洞，不太可能构成系统性风险。

金融中介活动进一步从银行转移到非银行机构，并有可能随着政策利率的增长而继续。随着住房金融行业结构不断发展，美国应注意防范相关风险，尤其在以下两个领域：一是资产管理公司。美国应加速建成一个更为完整和透明的资产管理行业数据全景图，以分析风险的演变及积聚。二是人寿保险行业。美国应建立统一的监管标准和压力测试方法，监管权限应交由独立机构承担，该机构应具有业务独立性以及适当的权力和责任性。对于指定机构，应立即执行更高的审慎标准。

美国应保留改善金融监管的措施，包括提高资本和流动性要求，提高住房部门承销标准，提高透明度，限制自营交易等。多德—弗兰克法案加强了监管力度，更加强调银行的资本规划、压力测试和公司治理。美联储的“综合资本分析” 和审查程序也被证明是有价值的。然而，金融危机爆发 8 年后，金融体系改革背后的政治支持已明显消退，已取得的进展存在停止甚至倒退的危险。当然，由于行动的变化，应重新审视监管体制。然而，美国不应大规模否定多德—弗兰克法案的相关规定。

美国各银行解除与一些国家银行间的代理关系，给一些国家造成了潜在的溢出效应风险，对于那些无法及时找到替代金融联系的国家尤是如此。造成这一现象的原因很多，包括受援国在反洗钱反恐融资（AML/CFT）方面存在缺陷、更高的监管审查、不断变化的全球经济环境、对盈利能力的担忧等等。美国应继续努力，帮助受援国增强相应能力，并与其他司法管辖区合作，促进全球及双边解决方案的制定，消除数据隐私障碍。美国金融中介机构可以通过集中资源和利用规模经济减轻合规性和风险管理的固定成本。美国银行还可以扩大对应服务的风险定价范畴，以便将合规成本纳入其费用结构中，使风险回报均衡性更加有效。

（陈茜　董杨　燕晓春　尹晓君）

特朗普经济政策初现端倪*

8 月 8 日，美共和党总统候选人唐纳德·特朗普在底特律发表演讲，正式宣布其经济政策竞选主张。特朗普明确提出了“美国优先”（American First）的经济理念，着重强调创造就业和重振经济的重要性，详细阐述了其税制改革、监管改革、贸易体制改革、能源改革等领域的基本立场，结合之前公布的医疗改革措施，特朗普经济政策竞选主张已初现雏形。

一、税改：现重大调整

1. 简化税制。将个人所得税从目前的 7 级税率简化为 3 级，分别为 12%、25% 和 33%，同时大大简化纳税流程。大部分美国劳工阶层在新分级纳税体系下将无须纳税。

2. 全面降低个人所得税。特别是为中产阶级和低收入家庭减税。对年收入低于 2.5 万美元的个人或年收入低于 5 万美元的家庭（夫妻），免征个人所得税。同时，消除税收漏洞和一些有利于富裕阶级的抵扣条款。

3. 将企业所得税控制在 15% 以下。低税率将有效遏制税收倒置，并吸引更多海外投资。

4. 对跨国公司留存海外的利润按 10% 的税率一次性征税，税款将用于扩大对密歇根等经济困难州的联邦投资。

5. 取消遗产税。

二、医改：废弃奥巴马医改法案

一是彻底废除奥巴马医改法案；

---

* 本文写于 2016 年 8 月 12 日。

二是修改禁止跨州购买医疗保险的法律，以促进市场竞争，降低保费并改善服务质量；

三是允许个人在应纳税所得额中完全扣除医疗保费支出；

四是个人和家庭可以更灵活地使用健康储蓄账户（HSAs）；

五是提高医疗服务价格透明度，使消费者能够获得最优价格；

六是向州政府拨款用于医疗救助计划（Medicaid），弱化联邦政府对 Medicaid 的控制，提高效率，减少浪费；

七是允许消费者使用进口药品，以促进制药行业竞争。

三、贸易：退出 TPP

一是重新进行自贸谈判，包括北美自贸区、韩美自贸协定等，争取更大的贸易利益；

二是退出跨太平洋伙伴关系协定（TPP），减少贸易逆差，保护国内就业；

三是打击汇率操纵和产品倾销；

四是摒弃孤立主义。争取美国利益最大化的贸易安排；

五是加大对华贸易执法力度。中国需对美国接近一半的贸易逆差负责，督促中国停止出口补贴、操纵汇率和侵犯知识产权的行为。

四、监管：放松管制

1980 年以来，美国各类规章制度的数量剧增，每年因过度监管造成的损失高达 2 万亿美元。特朗普计划通过监管改革，将就业岗位和财富留在美国。具体措施包括：停止发布新的行政规章制度；要求联邦机构逐步废除不能维护公共安全、不能促进就业的规章制度；取缔所有非法行政指令。

五、能源：取消能源资源限制

特朗普指责奥巴马的能源政策减少了大量的就业岗位，同时提高了家庭和商业用电的价格；指责希拉里预计将延续并加强对传统能源的限制，包括限制能为美国工人提供 1000 万个就业岗位的石油和天然气生产部门。特朗普表示，如果取消所有对美国能源资源的限制，每年将增加超过 1000 亿美元的 GDP 和超过 50 万个就业岗位。

六、几点看法

（一）创造就业和提振增长是特朗普经济领域竞选主张的核心

无论是国内税制改革与医疗改革，还是退出 TPP，其本质都是在“美国优先”的理念下，希望重振美国经济增长，创造更多就业岗位。这既是美国经济现状的客观要求，也是争取选民特别是中产阶级选民的利器。特朗普此次选择在底特律发表经济竞选主张演讲，既考虑了密歇根州是两党重点争夺的摇摆州，更重要的原因是底特律作为工业重镇，从盛极一时到陷入破产、工厂倒闭、失业率高企的困境，最能反映美国经济近年来领先优势缩水，传统制造业相对衰落的现实，更有利于特朗普借此宣传自己提振增长、扩大就业、重塑经济力的竞选主张。

（二）本次演讲或标志着特朗普竞选风格转向务实

与党内初选阶段的高调和激进相比，在进入两党对决阶段，特朗普的风格明显开始趋向务实，政策主张也出现了一定妥协。例如，特朗普在初选阶段的经济政策主张中提出了个人所得税采取 0%—25% 四档税率，目前已修改为 12%、25% 和 33% 三档，这既是特朗普在共和党内部协调立场的结果，也在一定程度上回应了外界对其不顾财政可持续性大规模减税的批评。而针对外界担忧的孤立主义，特朗普也明确表示孤立主义不会成为政策选项，其根本目标是希望通过强硬的立场，为美国在自贸谈判中争取更多权益。类似迹象表明，在正式获得总统候选人提名后，特朗普或将逐步改变前期激进的立场和言辞，在争取选民的同时更多地照顾各方利益，从“剑走偏锋”逐步回到“政客常态”。

（三）部分经济主张仍缺具体措施，普通民众并不买账

无论是之前特朗普竞选官网发布的政策主张，还是此次底特律竞选演讲，特朗普除了鲜明的表达立场以外，并没有充分介绍具体的政策措施，美国各界对特朗普经济政策主张的评价也大多是“空喊口号，缺少细节”。特别是在监管改革和能源改革方面，特朗普花大篇幅抨击奥巴马和希拉里的政策主张，却没有阐明自身改革监管体系、推进能源改革的具体想法。大多数中立选民对特朗普缺少具体细节的政策主张并不买账，甚至共和党内部也有声音批评特朗普“口无遮拦且不切实际”。最近的民调也显示，特朗普全美支持率仍明显落后于希拉里。考虑到奥巴马执政时期特别是第二任期以来美国经济的稳定表现，想要在经济议程上压倒民主党候选人希拉里，共和党和特朗普仍有很多工作要做。

（四）两党候选人攻击力度明显升级，选战已趋白热化

从获得两党候选人提名开始，两位候选人和两党之间互相抨击明显升级，选战进入白热化阶段。在本次演讲中，特朗普借底特律的兴衰变化批评奥巴马政府经济议程的失败，并指责希拉里只会成为奥巴马的延续，并为美国带来更多税收、更多管制、更多官僚、更多对美国能源的限制。而希拉里则抨击特朗普的经济政策主张本质上是为富人和大企业减税，为华尔街放松监管，而不是其所宣称的令大部分美国人受益。在特朗普选择底特律宣布其经济领域竞选主张后，希拉里也将在密歇根州公布其经济议程。在同一地区背靠背公布竞选纲领，标志着两党候选人面对面的竞争就此展开，美国大选正式进入冲刺阶段。

（王虎 王子鸣）

美国煤炭业发展问题及相关政策简评*

近年来，煤炭在美能源体系中地位下滑，行业整体不景气，就业岗位大量流失。美联邦及地方政府采取政策措施，力图缓解其经济社会影响，引导行业平稳运行，推动煤企和产煤区重振活力。美国相关做法对我煤炭行业及改革有借鉴意义。有关情况如下，供参考。

一、美国煤炭行业发展停滞

美国煤炭储量和生产量都在全球占据重要地位。煤炭蕴藏量约 2373 亿吨，约占全球总量的 27%；煤炭产量 2015 年为 8.73 亿短吨[①]，占全球总量的 10%。近年来，全球能源在总需求增长的同时，逐渐向低碳结构转型。由于热能低、污染重、电力需求放缓、天然气价格走低、清洁能源政策等因素，美国煤炭行业市场需求下降，生产规模缩减，开始淡出美主要能源角色。

美国一次能源占比 1990 年为石油 40%、煤炭 23%、天然气 23%、可再生能源 7%、核能 7%，2013 年为石油 36%、天然气 27%、煤炭 18%、可再生能源 8%、核能 8%、生物质能 1%。在美国，煤炭主要用于发电，即便不考虑清洁电力法案（CPP）等政策影响，预计煤电占比也将从 2015 年的 33% 下降到 2040 年的 26%[②]。相应地，煤炭产量也持续下滑，2008 年为历史最高值 11.72 亿短吨，2015 年为 8.73 亿短吨，较 2008 年下降 26%。预计 2025 年、2035 年、2040 年产量将分别为 7.66 亿、6.61 亿和 6.43 亿短吨。近一年来，产煤量下降尤其明显，2016 年 4 月周同比下降 39%，阿巴拉契亚地区下降幅度则高达 43%。

由于行业发展放缓，甚至趋于停滞，美国煤炭企业频现破产，就业岗位大量流失，机械化、技术变革、监管压力、市场压力等因素加剧就业规模萎缩，从业

---

* 本文写于 2016 年 11 月 10 日。

① 短吨：英美单位制中的重量单位，1 短吨 =0.907 吨。

② 美国能源信息署。

人员退休福利也难以保障。1987 年，美国煤炭业人员约 15.1 万人，2004 年减少到 7.1 万人，2015 年仅为 6.8 万人。近年来，怀俄明、伊利诺依、西弗吉尼亚、俄亥俄和肯塔基等州相继爆发裁员潮，铁路运输等关联行业就业也相应减少。2016 年 2 月，西弗吉尼亚州 19 个县、肯塔基州 27 个县的失业率超过 10%，其中马戈芬县失业率高达 21.6%。2016 年 6 月，最大私企 Murray Energy 裁员，人数约 4400 人，占员工总数 80%，影响波及俄亥俄、西弗吉尼亚、伊利诺依、肯塔基、犹他和宾夕法尼亚等六个州。

二、美国煤炭行业与产煤区面临问题与挑战

美国煤炭行业发展停滞，工作岗位减少，带来高昂的社会成本。产煤区经济遭到打击，和煤炭生产、工人收入、物业价值及辅助经营相关的经济活动、税收收入都受到影响，原本企业承担的清理废弃矿山等义务，也成为政府和纳税人的负担。

（一）煤炭行业萧条对相关行业和地方经济的影响

煤炭行业不景气，对地方经济社会都有广泛影响。以怀俄明州为例，煤炭相关行业涉及就业量是煤炭行业的三倍，涉及收入是煤炭行业的两倍。煤炭行业收入较高，一旦就业萎缩，当地零售、服务行业和公立学校等机构都受到冲击[①]。此外，煤炭被其他能源替代，就业岗位流失，但其他能源部门就业未必有相应增长，如《清洁电力法案》（CCP）使煤炭行业损失的就业，并未被天然气生产增长带动的就业抵消，煤炭业萎缩负面影响比天然气增加就业的积极影响大两到四倍。因此，促进除能源部门之外经济多元化，才能有效创造就业，应对煤炭行业萧条形势。

（二）煤炭从业人员的再就业和转岗问题

在美国，矿工失业后，很难再找到同水平薪资的工作。煤炭工人只有不到 3% 有学士及以上学历，平均周薪 1492 美元，平均年龄 45 岁，而美国高中学历人员周薪通常为 678 美元。解决煤炭业失业问题，如果目标是工人再就业并保持原有收入水平，需要实施一揽子救助措施，包括提供为期两年的全日制培训，培训内容视劳动力市场需求而定，期间提供必要的经济支持和医疗保障。对临近退休人员，政府则应侧重提供退休过渡方案，包括一定标准的生活费用，以及确保退休相关福利待遇。

---

① 见 2015 年怀俄明大学的报告《煤炭经济对怀俄明州的影响》。

（三）已退休从业人员福利问题

养老金可以缓解经济波动的影响，使产煤区人员更从容地选择是否离开，同时为迁居、再培训和留守人员提供必要的生活保障，确保当地社区的经济收入。退休人员的医保费用有助于当地保健体系维持运行。问题是，虽然企业在员工在职期间持续投入，但养老基金总是入不敷出，一方面因为近年来养老基金投资回报率偏低，另一方面也因为煤炭业雇佣人数减少，在职人员无法承受养老金缺口负担。对此，联邦政府有两个选择：一是由养老保险福利保障机构 PBGC① 接手支付养老金，但该机构无法覆盖全部现有福利，特别是残障矿工的养老金可能大幅削减；二是通过联邦矿业复垦类基金的资金再分配或是联邦拨款弥补资金缺口，两种方案都需要国会通过立法予以实施。

（四）地方政府财政收支问题

由于煤炭价格和产量下降，所在州和地方相关税费收入也在减少。如怀俄明州，煤炭行业相关税费有四项，分别是采掘税（severance tax）、矿产特许权使用费（royalty revenue）、评估价值税（assessed valuation tax）和煤矿租赁红利费（coal lease bonus payment），是州和地方的重要收入来源。一般来说，采掘税受影响最大，该税种是针对私有产权土地上采掘活动收取的州税，是州和地方主要收入与支出来源。西弗吉尼亚州政府将煤矿采掘税收入的 75% 下拨产煤县，剩余部分按人口比例在州内其他县市进行分配，这项收入下降可能引发地方政府潜在的财政危机。此外，采掘行业支付的薪资也带来地方销售税增长，产生收入外溢效应，煤炭行业不景气会直接或间接影响到地方政府的财税状况。

（五）采矿区生态环境问题

美国《露天矿区土地管理及复垦条例》（SMCRA②）规定，采矿方应当将采矿活动影响到的联邦或私人所有地块的生态环境恢复到开采前状况，并对废弃矿山复垦也做了相应要求。通常，复垦方案和行动会提供就业岗位，同时为当地吸引其他产业创造条件。但如果采矿企业本身已经艰难运营，就很难为履行上述职责提供足够资金，并使州政府面临两难选择，如果强行要求企业承担责任，会引发企业偿付问题；如果不做要求，政府往往会成为复垦的实际责任人。

---

① PBGC：Pension Benefit Guaranty Corporation，美国联邦养老金保险公司。

② 《露天矿区土地管理及复垦条例》（The Surface Mining Control and Reclamation Control Act，（SMCRA）），1977 年由美国国会通过并颁布，之后多次修订与完善。SMCRA 建立了以废弃矿土地复垦基金、土地复垦计划、土地复垦执行保证金、土地复垦环境保护标准为主要内容的完整的土地复垦制度。

三、美联邦及地方政府应对煤炭业问题有关政策

鉴于煤炭业相关政策力度不够，且缺乏系统性，2015 年美政府推出了“机会、就业与经济振兴伙伴 +”计划（Partnerships for Opportunity and Workforce and Economic Revitalization + Plan，“POWER + 计划”），其他相关政策措施也在制订审议之中。

（一）“POWER + 计划”

2015 年 2 月，奥巴马政府宣布于 2016 财年开始实施“POWER + 计划”，旨在为处于困境中的煤炭行业、产煤地区和从业人员提供政策支持，帮助适应新的能源转换形势。该计划包括三个部分：一是“POWER 倡议”（POWER Initiative），针对煤炭业失业问题，通过提供新增专项资金，开展职业培训，为采煤和煤电企业受影响职工和社区提供再就业服务，促进经济多元化，创造新的就业岗位；二是针对矿工及其家庭提供更多医疗健康和退休保障投入，加快废弃矿区的清理工作，解决采煤业矿区和工人遗留成本问题；三是通过税收措施鼓励煤炭业技术进步和碳捕捉、利用及封存技术的开发与应用。其中，“POWER 倡议”部分正在实施，后两部分正在经过立法和行政审批程序。

（二）“POWER 倡议”

作为“POWER + 计划”的基础，2015 年启动了“POWER 倡议”。倡议由美商务部经济发展署和阿巴拉契亚区域委员会（ARC）① 共同牵头，多个联邦机构参与实施，旨在更有效地运用特定资金和项目资源，统筹安排、有效带动和精准作用，发展经济，提升就业，帮助地方应对煤炭业与煤电行业困境。该倡议 2016 财年预算 5500 万美元，同时利用 2015 财年预算资金约 2800 万—3800 万美元启动相关活动，资金渠道包括商务部（1500 万美元）、劳工部（1000 万—2000 万美元）、小企业管理局（300 万美元）及阿巴拉契亚委员会（50 万美元）等。2017 财年，政府拟就 POWER 倡议活动继续安排预算 7500 万美元，支持相关经济多样化和创造就业项目。

---

① 阿巴拉契亚区域委员会（Appalachian Regional Commission，ARC），阿巴拉契亚地区涵盖亚拉巴马州、肯塔基州等 13 州共 400 余个县，总面积 22 万平方公里，人口约 2000 万，历史上以煤炭丰富著称，第二次世界大战后却以极度贫困闻名全美。1965 年，美国会通过“阿巴拉契亚地区开发法”，为该地区开发提供法律依据，并依法设立开发领导机构“阿巴拉契亚区域委员会（ARC）”，主要职能为提供平等发展机会、完善基础设施、提高就业能力、扩大对外交流等，促进该地区的经济增长和竞争力。

（三）启动“POWER + 计划”相关立法和行政草案

针对煤炭行业相关就业、发展和转型问题，目前还有立法及政策草案等待通过审议批准，主要包括：

1. 支持煤矿工人联合会（UMWA）有关法案及预算草案。《2015 年煤矿工人保护法案》（Miners Protection Act of 2015，MPA）草案正在参议院进行审议。MPA 法案是对 1977 年《露天矿区土地管理及复垦条例》（SMCRA）和《1974 年煤矿工人养老金计划》（1974 United Mine Workers of America Pension Plan，UMWAPP）的补充，主要增加美国煤矿工人联合会（UMWA）有关医疗养老资金投入，确保 UMWA 成员养老金的持续性，提升退休职工医疗养老福利，提供更好的生活和健康保障，防止 UMWAPP 运营失败以及 PBGC 被迫承担该计划有关责任。矿工更容易罹患心肺疾病、骨骼肌肉损伤及尘肺病等职业病，但 UMWA 退休成员每月除基本的联邦退休金之外，只有平均 530 美元的养老金收入，对医保体系非常依赖。UMWAPP 计划是美国煤炭行业规模最大的养老金计划之一，随着煤炭行业形势和人员结构的变化，涉及的煤炭行业劳动人口与退休人员的比例高达 0.09，特别是 2012 年和 2015 年大量煤企破产后，相关企业员工的养老医保福利出现难以为继的局面，计划已经处于破产边缘。联邦政府也已提出相关预算草案，增加对 UMWA 医疗养老资金投入，确保退休矿工的医疗和养老福利，防范相关医疗养老基金破产风险。

2. 2016 年《复垦法案》（RECLAIM ACT）及相关政策措施。该法案正在国会审议，拟通过加快利用“废弃矿区改造基金”（Abandoned Mine Reclamation Fund）中的闲置资金，实施土地复垦活动，改造矿区土地、水资源等生态环境，消除煤炭产量下降影响，创造更多就业机会，重振社区经济活力。具体来说，将在 5 年内向相关州和原住民部落拨付 10 亿美元资金，2017—2021 财年每年分别拨款 2 亿美元，用于实施土地复垦项目，相关州、区、县和原住民部落都可以申请项目，非政府组织可以通过分包等形式实施项目活动。相关资金的拨付将以各州煤炭行业发展历史和客观情况为依据，并对未在时限内充分利用的经费进行再分配。

3. 税收优惠支持碳捕捉与储存技术应用。相关税收优惠政策草案正在广泛讨论和酝酿之中，主要针对碳捕捉、利用与封存（CCUS）活动提供税收优惠措施，有助于煤炭开采使用不受碳排放限额的影响。目前，CCUS 和煤电减排相比成本偏高，针对性政策措施包括提高 CCS - EOR（碳捕捉—驱油封存）项目的优惠税率，允许实施 CCUS 的电力项目通过征收电费进行成本回收，以及对 CCUS 项目产品提供长期承购合同等，以提高 CCUS 项目的实用性和财务确定性。

（四）其他拟议中的法案与政策建议

其他一些还处于拟议中的法案和建议为数不少，主要包括：麦金利和韦尔士法案，旨在对煤炭行业失业工人给予帮助；预防员工流失法案，主要为煤炭业员工提供再教育及求职帮助；以及希拉里提出的“煤炭社区复兴计划”（Plan for Revitalizing Coal Communities）保障计划。该计划总额300亿美元，旨在为煤炭工人及其家庭提供保障，主要内容包括：保障工人退休津贴，提升矿工健康医疗福利，进行矽肺津贴改革，增加教育保障基金，加强煤区基础设施建设，开发煤区新经济用途（如建立谷歌数据中心），加大煤区清洁能源投资，为吸引煤区私人投资减免税收等等。

（五）应对煤炭业问题所需资金及来源

1. 资金需求与可用资源。美应对煤炭行业及社区转型与发展所需资金规模和可用资金规模严重脱节。粗略估算，保护退休煤炭从业人员利益需要至少23亿美元，回收再利用破产企业资源需要30亿美元，提供就业培训、基础设施建设及为煤矿社区提供支持及再开发十年内支出也将数以十亿美元计，远远超过“POWER+计划”或是RECLAIM法案可以提供的资金规模，联邦政府必须加大财政支持力度，才能有效应对煤炭行业及社区面临的问题，实现各个方面的平衡过渡乃至成功转型。

2. 开拓潜在资金来源。鉴于煤炭行业改革需要大量资金支持，联邦政府和国会需要积极开拓资金来源。前俄亥俄州州长斯特里克兰等人提出两个思路：一是提高联邦土地上采矿企业的开采特许权使用费率，但只适用于新获许可的企业；二是基于煤炭最终销售端价格对采矿企业征收使用权费，可以更加贴近煤炭市场价格征收相关费用。两种方式均能提升市场竞争活力，但在实践中面临同样的挑战：一是奥巴马政府已经停止对企业租让煤矿资源，二是两种方式都需要经过立法程序才能加以执行。

3. 碳税立法的辅助规定。碳税对煤炭行业的影响众所周知，碳定价法案可以为救助煤炭行业工人储备所需资金。如国会议员约翰·德莱尼提出的碳税提案能使税收收入十年内增长2%，可用于帮助煤炭工人；参议员怀特豪斯和夏兹提出的碳费法案，可以每年为各州筹集高达200亿美元的资金，部分可用来保障化石燃料行业企业员工利益；参议员沙兹和包克斯提出的碳费提案，每年筹集10亿美元，用于向从化石能源行业过渡到清洁能源行业的从业人员提供就业培训、教育等相关支持。

四、借鉴与启示

中国煤炭行业面临艰巨挑战，未来 3—5 年，将退出和重组产能 10 亿吨，涉及山西、内蒙古等 15 个省区，受影响人员高达 100 万人，超过美国所有从业人员十多倍。美国政府相关政策措施，对于我们更好地完成煤炭行业调结构、去产能任务具有一定借鉴意义。

（一）顶层设计与项目实施相结合推动政策落实

对于产煤区来说，煤炭业具有广泛深远的社会经济影响。应对煤炭业萎缩，需要各方的共同努力。美政府为应对煤炭业问题，制订了“POWER + 计划”，从就业与经济多样化、从业人员福利保障、碳捕捉与储存应用等方面形成一揽子方案，通过“POWER 倡议”以项目实施的方式落实计划内容。资金来源既有新增预算投入，也充分利用现有闲置资源，在联邦和地方政府行动的同时，积极吸引非政府机构参加，形成多方参与共同努力的全社会行动网络，值得我们在实践中借鉴。

（二）去产能对产煤地区挑战与机遇并存

产煤区经济往往深度依赖煤炭行业。煤炭业在经济中占比高且影响广，如山西省“黄金十年”煤炭业增加值占工业增加值比重超过 60%，美怀俄明州与煤炭行业关联的行业就业量是煤炭业的三倍，涉及收入是其两倍。因此，对去产能的长期性与艰巨性应当有清醒认识，妥善应对员工安置、资产处置、债权债务和经济萎缩带来的复杂挑战。与此同时，“去产能”也是地方经济转型的重要机遇。一方面，通过化解过剩产能，有助于优化产能结构，加快行业升级改造，推动清洁能源和绿色经济发展；另一方面，进行产业结构调整，培育新的经济增长点，将在全社会促进要素和资源的优化配置，在短期内完成去产能任务的同时，为经济中长期平稳转型和健康发展打下更坚实的基础。

（三）大力推动矿区复垦和绿色发展

美在 1977 年联邦政府出台《露天矿区土地管理与复垦条例》后，形成了完整的土地复垦制度，正在审议的《2016 年复垦法案》如实施，将有助于产煤区复垦和生态保护不受煤炭行业低迷影响。目前，我国许多地方在实施塌陷地治理、村庄搬迁、工矿废弃地再开发等“去产能”活动中，面临任务繁重、经费不足和规划约束等重重困难。如开展塌陷地治理，资金来源主要有地方投入、煤企出资及部、省两级国土部门复垦和土地整治投入。在煤炭业形势好时，地方投入较大；

经济下行时投入减少，有关企业不愿也无力继续出资。我应进一步加强对矿区复垦和环境修复问题的研究和投入，在“去产能”的同时确保矿区复垦和环境修复有序进行。

（陈立宏）

奥巴马经济政绩及经济政策评述*

2017 年 1 月 20 日，美国总统奥巴马即将结束其 8 年总统任期。8 年前，黑人血统、平民起家，年轻而富有雄心的奥巴马临危受命；8 年后，美国经济走出危机，年均增速超过 2%，失业率降至危机前水平，对全球经济增长贡献接近 1/4，宏观政策影响力甚至强于危机之前。尽管特朗普即将上任，美国经济政策面临较大调整，但奥巴马任内推出的主要措施和实际效果仍然值得肯定与借鉴。

一、奥巴马主要经济政绩

奥巴马上任伊始，正值全球金融危机不断发酵并向全球蔓延，美国经济陷入全面衰退。据白宫经济顾问委员会统计，2008 年全球金融危机对实际 GDP、就业率、贸易额和家庭净资产的影响不亚于 1929 年大萧条时期，特别是对家庭净资产和贸易总额的影响，几乎是大萧条时期的两倍。

在奥巴马政府的努力下，美国经济在 2009 年年中触底后，出现明显复苏态势。特别是奥巴马第二任期内，美国经济增长提速，明显高于欧元区、日本、英国等主要发达经济体，一跃成为拉动全球经济增长的一个主要引擎；2009 年以来，超千万失业人口重获就业岗位，失业率从最高点 10.2% 一路直降至 4.6%，已低于危机前 5.2% 的平均值，基本达到充分就业水平；近三年，美国实际工资年均增速达 1.4%，是 1987—2007 年年均增速的 20 倍，低收入家庭的收入水平明显增长，教育和医疗成本得到控制；房地产市场基本摆脱次贷风险，继续稳步复苏；三大股指连创新高，吸引大量热钱回流美国；得益于经济稳固复苏和就业市场改善，联邦财政赤字得以大幅缩减，2015 年赤字规模比 2009 年降低了约 70%。

* 本文写于 2016 年 12 月 23 日。

二、奥巴马主要经济政策

（一）积极应对危机

在奥巴马第一任期内，为应对危机而先后出台了规模超8000亿美元的《经济复苏与再投资法案》、规模近2000亿美元的《税收减免、失业保险重新授权和就业机会创造法案》和规模1250亿美元的《中产阶级税收减免和就业创造法案》，还出台了“旧车换现金”、《临时工资免税延长法案》等中小规模刺激措施。上述措施使联邦财政支出占GDP的比重从2009财年的3.9%跃升至2010年财年的5.5%，为美国经济企稳回升提供了有力的财政支持。

（二）降低财政赤字

扩大财政支出的直接影响之一就是赤字规模上升，美国财政赤字在2009财年达到创纪录的1.4万亿美元（占当年GDP的比重超过10%），2010财年为1.3万亿美元，共和党甚至一度抨击奥巴马政府令美国财政支出“失控”。但在奥巴马政府拓宽财源、削减开支等措施的努力下，财政赤字得以逐年降低。而美国经济稳固复苏也在客观上为政府收入增长和赤字规模缩小奠定了基础。2015财年，美国财政赤字已降至4390亿美元，占GDP比重降至2.5%。

（三）实现全民医保

2010年，奥巴马推动国会通过了《平价医疗法案》，美国历史上第一次基本实现了医保全覆盖，结束了美国作为唯一没有全民医疗保障的发达经济体的尴尬境地。法案生效以来，已有2000万未覆盖人群特别是低收入群体获得了医疗保障，医疗保险未覆盖率从生效前的15%降至2016年的8%。奥巴马医改本质上是在医疗保险领域通过联邦收支的形式，用富裕阶层的钱为更多低收入阶层纳入医保体系买单，在不同阶层之间进行了一次促进社会公平的财富再分配。也正是由于触及了医保领域的既得利益，《平价医疗法案》在出台伊始就受到了方方面面的质疑和挑战，在特朗普正式就任美国总统后，或将遭到废除。

（四）推动收入公平

奥巴马秉持“中产阶级经济学”理念，从旨在应对经济危机的《经济复苏与再投资法案》、《税收减免、失业保险重新授权和就业机会创造法案》和《中产阶级税收减免和就业创造法案》开始，一直致力于提高中产阶级和低收入阶层的收入水平。2009年以来，全美最低收入阶层收入增幅达到17%，而高收入阶层收入水平则下降了近10%。2014年，奥巴马还签署行政命令，将联邦最低工资标准从7.25美元/小时提高至10.1美元/小时，上涨近40%。任内，奥巴马多次提议向富裕阶层增税或取消针对富裕阶层的税收优惠。世行数据显示，2009年，美国基尼系数开始下降，已扭转了2000年以来的上升趋势。

（五）加大教育投入

奥巴马政府高度重视教育事业发展。2009年出台的《经济复苏与再投资法案》就包括在教育领域投入1000亿美元，一部分用于维护和扩充教职工岗位，一部分通过各类学校的楼堂馆所建设，带动经济增长。奥巴马任内还多次提出加大联邦投入、发展职业教育、抑制高等教育费用上涨、提高基础教育质量的提案，先后推出了助学金改革、州际教育质量竞赛、降低助学贷款利率、发展社区学院等措施。在奥巴马任内，美国基础教育质量提升，高中毕业率创历史新高，大学毕业生还贷压力明显减轻。

（六）巩固创新优势

奥巴马上任以来，积极通过完善法律法规、保护知识产权、加大财政支持、提供税收优惠等方式鼓励企业开展技术创新，构建以企业为主体的国家创新体系。2009年以来，奥巴马政府先后发布了《美国创新战略：促进可持续增长和提供优良工作机会》、《美国创新新战略：保护我们的经济增长和繁荣》等多个纲领性文件，联邦研发支出也在削减赤字和支出缩减的大背景下始终保持在1300亿美元以上，大数据、页岩油、生物技术等领域先后取得重大技术突破。此外，奥巴马任内还通过出台小企业创新研究计划、小企业技术转让计划、建立制造业创新中心、小企业发展中心等方式有效推动了高新技术的发展和中小企业创新能力的提高。

（七）加强金融监管

2010年，在奥巴马政府的积极推动下，美国金融监管领域的里程碑——《多德—弗兰克法案》正式获得通过。该法案有针对性地修补了美国金融监管体系中的漏洞，改变了金融危机前被动监管的理念，对于防范大规模金融危机、降低危机对金融体系和宏观经济的冲击有积极作用，被誉为自20世纪30年代经济大萧条之后美国最大的金融改革法案。但该法案从提出阶段，就遭到了共和党和其他利益相关方的强烈反对，并指责法案未能有效监管对冲交易和其他的现代金融风险。特朗普已表态，可能废除《多德—弗兰克法案》。

（八）推动能源改革

奥巴马推动了页岩油气革命，使美国基本摆脱了对中东石油的依赖，也使全球石油供应格局发生了巨大变化，石油价格明显下降。奥巴马任内还大力发展清洁能源，以风能、太阳能、生物质能为代表的非化石能源在美国能源结构中的比重大大提高，不仅收获了节能减排的经济和社会效应，也为美国在全球气候变化领域发挥领导力奠定了基础。2015 年 12 月，奥巴马政府结束了存在了 40 年之久的美国原油出口禁令，目前美国原油出口规模已达每月近 70 万桶。

（九）推进自贸谈判

奥巴马上任以来，美国对外贸易呈稳步增长态势，进出口总额由 2009 年的 2. 6 万亿美元上升至 2015 年的 3. 8 万亿美元，年均增速 2. 34%。贸易逆差由 2009 年的 5493 亿美元扩大至 2015 年的 8032 亿美元，创历史新高。为了争取贸易优势，巩固国际贸易主导权，奥巴马于 2010 年和 2013 年先后启动了 TPP 和 TTIP 谈判，还出台了“选择美国”“出口倍增”“再工业化”等举措来改善贸易与投资，提高“美国制造”的竞争力。但从结果来看，TPP 艰难完成了谈判，TTIP 仍陷僵局。

三、中美经贸关系得到长足发展

奥巴马任内对华经济政策总体较为积极，较重视对华经贸合作和宏观领域的对话与协调。在双方的共同努力下，中美经贸关系得到了稳定健康发展，很好地诠释了互相尊重、互利共赢的中美新型大国关系内涵。

（一）“压舱石”和“推进器”效果显著

经贸合作是中美关系的“压舱石”和“推进器”。奥巴马任期内，中美经贸合作快速发展，2015 年，中美双边贸易额已从 2008 年的 3000 亿美元增长近 5600 亿美元，年均增速超过 7%，中国已发展成为美国第一大贸易伙伴、第三大出口市场和第一大进口来源地，美国则是中国第二大贸易伙伴、第一大出口市场和第四大进口来源地。中美双向投资存量快速增至逾 1600 亿美元，中国企业赴美投资创造了 8 万多个直接就业机会，每年 260 万人次赴美旅游，在美消费超过 200 亿美元。尽管双方也存在一定分歧和竞争，如美国国内指责中国操纵汇率、补贴出口的声音时有出现，但并不影响双边经贸合作总体上的积极态势。

（二）双边对话机制上升到新高度

2009 年，在两国共同推动下，中美战略经济对话（SED）升级为中美战略与经济对话（S&ED），级别和规模都有所提升。奥巴马任内，中美共进行了 8 轮战略与经济对话，仅经济轨就达成了 529 项具体成果，内容涉及金融、贸易、投资、能源、环保、知识产权等多层面。中美双边投资协定（BIT）谈判自 2008 年正式启动以来已举行了 31 轮，目前已几近达成。此外、中美商贸联委会、中美经济事务定期通话、中美省州长论坛、中美友城大会等机制也在为推动双边交流与合作发挥作用。

（三）多边平台下的协调与合作明显加强

多边层面，中美两国在奥巴马任内共同应对国际金融危机、欧债危机等全球系统性风险，作为最大的发达经济体和最大的发展中国家，合力带领全球经济走出危机泥潭。在全球经济治理方面，中美合作推动并落实了 2010 年世行、IMF 份额和投票权改革，推动巴黎气变大会取得重要成果并率先宣布批准《巴黎协定》。中美两国还在 APEC、G20 等平台下作出大量关键且具有建设性意义的协调与合作。今年中国担任 G20 轮值主席国，成功举办杭州峰会并取得多项积极成果，也离不开中美之间密切的政策交流与合作，中美在全球层面的宏观经济协调达到了一个新的高度。

四、几点看法

（一）经济成绩值得高度肯定

奥巴马上任伊始，为应对危机，提振增长，对内推出了大规模经济刺激计划，管控金融风险；对外积极推动全球宏观政策协调，利用 G7、G20 等平台协同主要经济体形成合力，应对危机。2009 年美国经济探底后迅速进入全面复苏，不仅自身摆脱了危机泥沼，还成为除中国外又一个引领全球经济复苏的动力源，形成了发达经济体和新兴经济体共同引领全球增长的“双引擎”局面。纵观奥巴马 8 年任期，成功应对危机、实现稳定增长无疑是其最亮眼的经济成绩。此外，推出“奥巴马医改”结束美国无全民医保覆盖的历史、出台《多德—弗兰克法案》防止危机重演、提高中产阶级和低收入群体生活水平、大力发展清洁能源、大幅降低财政赤字等也是奥巴马值得肯定的经济成绩。虽然一度民意支持率偏低，甚至被称为美国历史上“最糟糕的总统”，但其在经济领域的表现可圈可点，值得肯定。

（二）受困分裂的国内政治难以大有作为

奥巴马在两次竞选过程中，都提出了雄心勃勃的改革计划，涉及经济增长、财政税收、教育医疗、科技创新等多个领域，“变革”的主题贯穿始终。其能当选总统并连任，也反映了当时美国社会渴望变革的政治诉求。但上任以来，奥巴马面对的是严重分裂的国内政治局面，能施展身手的空间几乎没有。在奥巴马第一任期内，共和党采取了“不合作”政策，第二任期内，国会被共和党主导，奥巴马早早陷入“跛脚鸭”状态，还出现了预算案无法通过导致政府关门的尴尬。后期奥巴马不得不谋求绕过国会，频繁使用行政命令来推动各项措施。

在奥巴马任内，美国政治制度的缺陷明显暴露，两党相争下，三权分立的政体走向两极化，权力制衡演变为蓄意对立和恶意打压。凡是奥巴马和民主党着力推动的，共和党及其控制的国会都极力反对，最终只有一小部分能取得进展，其他大都无疾而终。随着特朗普当选新一任总统，包括《平价医疗法案》和《多德—弗兰克法案》等仅有的成果都可能遭到废除，TPP 和 TTIP 也很有可能双双夭折。

（三）多边主义取得一定进展

奥巴马在对外经济政策上一改小布什任内的“单边主义”倾向，主张加强国际合作，广泛参与多边事务，巩固美国的经济影响力和在国际经济治理体系中的话语权。奥巴马政府在多边层面积极推动 G20 等平台采取协同措施应对危机，推动落实世行、IMF 投票权改革，在联合国框架下推动实现了具有里程碑意义的《巴黎气候协定》；双边层面加强与主要盟国和中国、印度等新兴经济体的经贸合作，大力推动 TPP 和 TTIP 等区域自贸安排。总的来看，奥巴马奉行的“多边主义”为美国经济带来了实实在在的好处，也强化了美国在区域和全球经济体系中的主导地位。但在亚投行问题上，奥巴马拒绝加入并阻挠主要盟国加入的消极态度广受诟病，其背后还是担忧中国崛起挑战美国国际秩序主导权的狭隘心态作祟。贸易自由化方面，奥巴马任内美国贸易保护倾向有所抬头，隐性投资壁垒增加，这也是近年来主要发达经济体的普遍趋势。

（四）“亚太再平衡”基本失败

2009 年，时任国务卿希拉里首次提出美国将“重返亚太”，2012 年，时任国防部长帕内塔明确提出“亚太再平衡”战略。尽管措辞稍有变化，但美国希望强化在亚太地区的影响力，应对甚至“遏制”中国崛起的意图不言自明。在经济领域，“亚太再平衡”以 TPP 为主要抓手。2009 年，美国携澳大利亚、日本等主要盟国加入 TPP 谈判并开始主导谈判议程，希望通过所谓的“高标准”自贸协定来掌握亚太区域经贸规则的制定权。但无论是澳大利亚、日本、韩国等传统盟国，还是泰国、印尼、马来西亚等新兴经济体，经济上与中国的联系都非常紧密，强行推动排除中国的、“高标准”的 TPP，既没有照顾亚太区域发展实际，又不符合各方经济利益。目前，特朗普已明确表示将退出 TPP，这份历时 7 年，消耗了奥巴马政府大量资源才艰难达成的协定，非但没能给美国在亚太区域的经济影响力加分，反而可能损害美国的公信力和与盟国间的经贸关系，这也意味着“亚太再平衡”在经济领域基本宣告失败。

（王虎　杨雪朋）

美国外资国家安全审查机制的运行架构*（CFIUS 之三）

美国外国投资委员会（Committee on Foreign Investment in the United States，下简称“CFIUS”）是由美财政部主导的联邦政府跨部门外资审查机构，服务于总统，负责监管潜在威胁美国国家安全的海外投资，并审查可能导致美国商业被外国人控制的交易（“受管辖交易”），以确定这些交易对美国国家安全的影响。在相对稳定的组织架构下，CFIUS 运行架构涉及审查对象、审查范围和审查程序。从运行架构可以看出，CFIUS 对相关核心概念界定模糊，且“关键性基础设施”领域涵盖范围较广；同时，为保护本国利益，CFIUS 介入审查的时间点随意性和主观性强，对“关键技术”企业并购进行分部门管理和双重保护，并特别加强对国有企业和国有资本的审查。

一、组织架构

CFIUS 主席由美国财政部长担任，CFIUS 成员分为三类：一是常规成员，包括 9 个联邦政府部门主管；二是在适当情况下参与 CFIUS 活动的部门成员的负责人；三是当然成员①的负责人。其中，美国贸易代表、科学技术政策办公室负责人等 2 个常规成员，以及管理和预算办公室负责人等 4 个参与成员，均为 2008 年 CFIUS 改革的新增成员②（详见图 1）。

从行政架构看，CFIUS 的日常业务运行职能由美财政部负责，具体归属于国际

* 本文写于 2016 年 12 月 23 日。

① 当然成员（Ex Officio Members），指不必经过选举就是 CFIUS 成员的机构成员。

② 根据《第 11858 号行政命令》，CFIUS 进行了一次关键性内部改革，进一步优化组织结构，明确内部职责分工，提升运作效率和内控能力。

事务办公室下设的投资安全办公室①（详见图2）。除委员会主席外，CFIUS另设一名常务主席②，通常由主管投资安全的部长助理担任，目前为Aimen Mir③。

二、审查对象

CFIUS审查和调查的案件被称为"受管辖交易"，《外国投资与国家安全法》（2007）（下简称"FINSA"）对"受管辖交易"的定义为，能被外国人控制的任何美国州际交易中的兼并、收购或接管，且此笔交易在1988年8月23日后被提出或待定（pending）④。

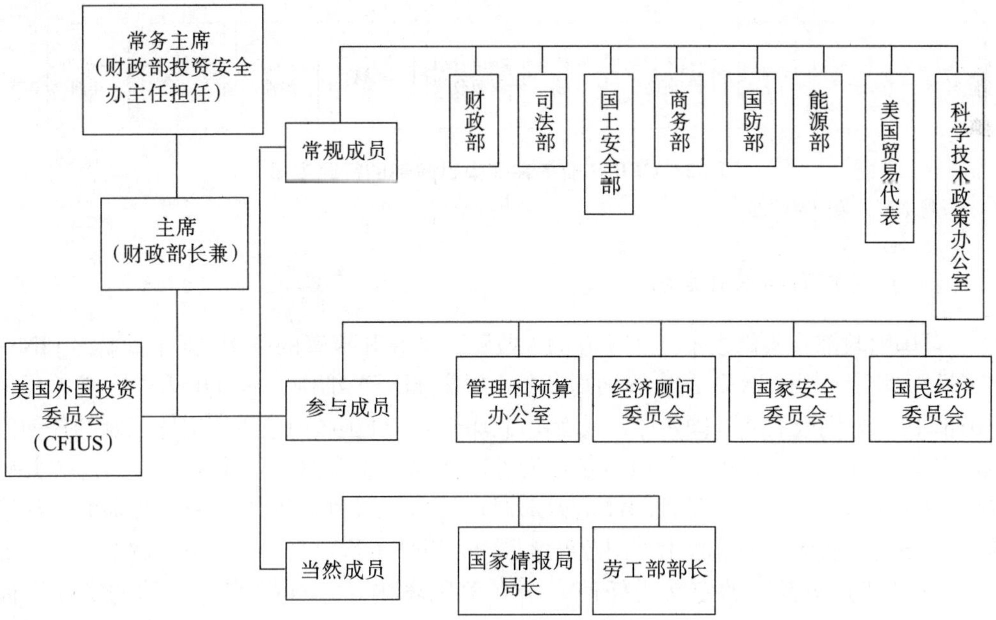

图1　美国外国投资委员会组织结构

---

① 投资安全办公室（Office of Investment Security），是隶属于美国财政部副部长（Under Secretary）领导下的国际事务办公室，主要职能是负责CFIUS的日常业务运行。

② Staff Chairperson.

③ Aimen Mir, Treasury Deputy Assistant Secretary for Investment Security. 相关链接：https://www.treasury.gov/press-center/press-releases/Pages/jl0401.aspx.

④ The term 'covered transaction' means any merger, acquisition, or takeover that is proposed or pending after August 23, 1988, by or with any foreign person which could result in foreign control of any person engaged in interstate commerce in the United States.

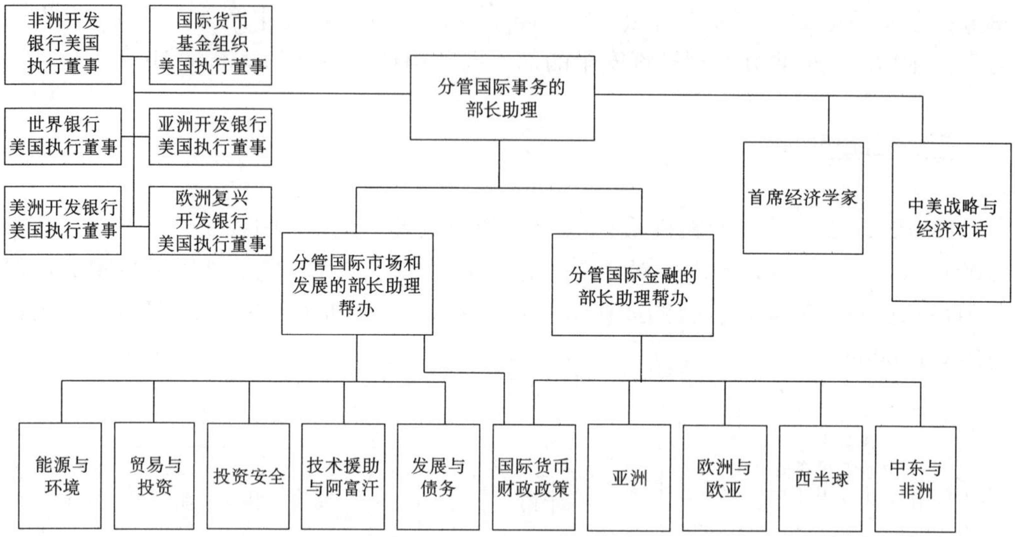

图 2　CFIUS 业务在美国财政部的行政安排

资料来源：美国财政部。

（一）并购者与被并购者

美国财政部牵头修改了《关于外国人收购、兼并和接管的条例》（下简称“FINSA 细则”），将其作为 FINSA 的实施细则发布。根据 FINSA 细则，对外国人的定义是任何外国国民、外国政府或外国实体；或者由外国国民、外国政府或外国实体控制的任何实体。因此，在确定“并购者”身份是否为外国人时，主要采用两个标准：一是“并购者”是否为外国国籍；二是控制权是否掌握在外国人或外国实体手中。特别值得注意的是，当交易实体的控制权由外国政府掌握时，FINSA 规定必须对其进行调查。

对“被并购者”的定义为任何一个在美国境内从事州际交易活动的实体，而不必考虑控制它的自然人或实体的国籍。这意味着，理论上 CFIUS 不监管外国企业收购美国企业在其他国家的资产。

（二）控制

FINSA 细则指出，“并购者”能对“重要事项①”作出决定则被认为具有控制

① 1. 销售、租赁、抵押或转移实体的主要资产（包括有形资产和无形资产），无论这个行为是否为运营中的正常行为。2. 重新组织、合并或解散实体。3. 关闭或重新配置实体，以及对实体的生产、运营、研发设备实施重大改变。4. 主要花费、投资、发行股票或债券、实体的红利发放，或者批准实体的运营预算。5. 选择实体将从事的新的生产线和经营项目。6. 实体签订或终止重要的合同。7. 处理实体非公开的技术性、金融性或其他相关信息机构的政策或步骤。8. 委任或解雇高级员工或资深经理人。9. 委任或解雇掌握敏感技术或美国政府机密的职员。10. 就上述 1—9 类事项修订实体的公司条例、构成协议或其他机构文件。

权。但 FINSA 细则中所涉及的重要事项范围过宽，且并未明确给出所有权临界值，即无论在何种情况下都应有判定存在“控制”的清晰界限，这种不清晰导致判定标准缺乏客观性。缺乏判断“控制”的量化标准在很大程度上加大了 CFIUS 判定的主观性，增加了“并购者”面临的不确定性。

（三）“受管辖交易”的类型

FINSA 细则第 301 条规定，“受管辖交易”包括但不限于：一是无论交易条款对公司的控制权如何描述，任何可能导致外国法人控制美国企业的交易均受管辖；二是某外国法人将其对一家美国公司的控制权转让给另一外国法人的交易；三是交易可能造成某外国法人控制构成美国企业的资产；四是合资企业中，投资一方以一个美国企业作为资产注资，而某外国法人通过这个合资企业控制该美国企业的情况。同时，FINSA 细则第 302 条和 303 条列举了“不受管辖”的交易类型，主要包括不构成控制权变化的证券交易、不构成美国企业的资产收购以及国家借贷交易等。

三、审查范围

为实现维护国家安全与吸引外资之间的平衡，CFIUS 对于外资的审查和监管是有选择的。首先，审查项目必须为并购项目，即涉及外国人对美国实体“兼并、收购或接管”的行为，且不论交易发生在美国境内或境外，不论交易的规模和金额大小，都属于审查范围。其次，CFIUS 的审查标准主要是考量该项交易是否对美国国家安全构成威胁，包括国防安全和经济安全两方面，即外资并购项目必须涉及“国家安全”问题，而不涉及其他类型的国家利益。CFIUS 重点关注三类潜在的国家安全威胁：第一类是有可能被外国控制的供应商设置障碍且对美国经济十分关键的商品或服务；第二类是技术或专业技能被泄漏给外国控制的机构；第三类是海外并购被利用为渗透、监控和蓄意破坏的渠道。在判断相关交易是否可能属于上述三类威胁时，CFIUS 也应用重要的经济效应指标辅助最终判断，如行业集中度、产业操控和垄断的可能性，以及相关国家在类似行业是否存在对等开放等。

然而，总体看，CFIUS 对“国家安全”的定义仍然过于宽泛。根据 CFIUS 列出的影响国家安全的 12 项因素[①]，美国安全审查的标准集中为四类考量指标：一是与政府和国籍、所有制有关的内容；二是涉及“关键技术”[②]（附录 1 列举了参与 2014 年年报第二部分《关键技术》研究的机构及部门）；三是直接与国防工业生产活动相关；四是与反恐、反导弹技术和生化武器扩散相关。不难看出，CFIUS 对“国家安全”进行宽泛解释，而不必局限于特定行业，这使得 CFIUS 的自由裁量权非常大。同时，在审查过程中，CFIUS 各成员可以按照符合各机构特定的法律职权方式来解读“国家安全”的概念。在判断交易是否构成国家安全风险时，还可考虑其他被认为适当的任何因素。

对中国企业赴美投资而言，较易引发美国国家安全顾虑并导致审查的原因主要有以下几方面：一是中国企业的国有性质；二是中国企业可能存在的军事背景；三是中国企业背后得到中国政府的支持；四是并购交易可能带来间谍活动的危险；五是中国企业的合规记录，包括在美国出口管制方面的合规记录；六是与中国企业开展经营活动的其他国家是否存在与美对抗关系。除上述普遍因素外，中国对美直接投资还可能涉及地缘政治问题、人权问题、台湾问题、“藏独”以及“疆独”等方面。

---

① 1. 交易对满足国防所需的国内生产构成潜在影响。2. 交易对满足国防需求所需的国内工业产能（包括人力资源、产品、技术以及其他供给和服务）构成潜在影响。3. 外国公民控制某项国内工商业活动对满足国防需求能力所带来的影响。4. 在国家安全方面，交易对美国科技的国际领先地位构成潜在影响。5. 交易对美国关键技术构成潜在国家安全影响。6. 交易对美国关键基础设施（包括主要能源资产）构成潜在国家安全影响。7. 并购对美国在能源、其他重要资源以及原材料供给的长期影响。8. 是否为国有企业进行并购，该国有企业所属国在防止核扩散、反恐、技术转移方面是否有不良记录。9. 交易之中是否存在外国政府控制的交易。10. 交易导致军用物资、设备或技术出售给那些可能与恐怖主义、导弹扩散、生化或核武扩散有关的国家，以及对地区安全造成军事威胁的国家构成潜在影响。11. 交易可能导致军事用途技术的转运或转移，包括有关国家的出口管制。12. CFIUS 在判断交易是否构成国家安全风险时，还可考虑任何其他认为适当的因素。

② 关于“关键技术”的定义，CFIUS 2013 年年报作出如下界定和解释：《关于外国人兼并、收购及接管条例》载于 2008 年 11 月 21 日的《联邦纪事》和《美国联邦法规汇编》第 31 卷，第 800 部分。该法规在参考了《美国出口管制条例》的基础上对“关键技术”作了最可靠和准确的界定。

根据《关于外国人兼并、收购及接管条例》§800.209 的规定，关键技术是指：

（a）《国际武器贸易条例》（ITAR）中的《美国军火清单》（USML）（《美国法规汇编》第 22 卷，第 120—130 部分）所列的国防装备和国防服务；

（b）《出口管制条例》（EAR）（《美国联邦法规汇编》第 15 卷，第 730—774 部分）的附录 1 至该条例第 774 部分的《商业控制清单》中所列的受控于多边机制（为国家安全、防生化武器、核扩散或导弹技术等原因而建立）的物品，以及为区域安全或防窃听所列的物品；

（c）《外国原子能活动协助条例》（《美国联邦法规汇编》第 10 卷，第 810 部分）中所列的特别设计和准备的核装备、零部件、核材料、软件和技术，以及《核装备和核材料进出口条例》（《美国联邦法规汇编》第 10 卷，第 110 部分）中所列的核设施、核装备和核材料；

（d）《受管制生化品条例》（《美国联邦法规汇编》第 7 卷，第 331 部分，第 9 卷，第 121 部分和第 42 卷，第 73 部分）中所列的受管制生化品。

四、审查程序

CFIUS 对外资安全审查程序可分为非正式阶段和正式阶段两个部分。一是非正式审查阶段。企业相关交易方可在交易前向 CFIUS 进行充分咨询，确定是否自愿进行申报，申报时点由企业自行掌握，如确定自愿申报则进入正式审查阶段。但如果企业不自愿申报而没有进行非正式审查，CFIUS 可在交易的任何时间点介入，并进入正式审查阶段。二是正式审查阶段。一般分为三个程序，第一个程序是为期 30 天的核查（Review），即根据企业自愿申报、总统或 CFIUS 成员单边发起审查要求，依据 FINSA 列出的 12 项因素判断交易是否威胁美国国家安全。如审查结束时，CFIUS 认为该交易威胁国家安全，特别是交易处于“外国政府控制”之下，且 CFIUS 要求企业采取一般修正措施仍无法解决问题时，则进行进一步调查。第二个程序是为期 45 天的调查（Investigation），将在更大范围内进行更深入调查，包括对相关企业高管和政府官员进行访谈、要求相关企业提供大量文件、举行相关企业高管公开听证会等。CFIUS 于调查结束时向企业发出修正令，或与企业达成相关修正协议，绝大多数情况下，安全审查至此即结束。然而，极特殊情况下，如 CFIUS 认为以自身力量无法消除相关国家安全威胁或与企业无法达成协议，且有确凿证据表明该交易威胁美国国家安全，则可向总统报告。第三个程序是为期 15 天的“总统命令（Action of President）”，即由总统裁定并签发暂缓或终止的命令。

五、审查特征

（一）“国家安全”概念界定宽泛，自由裁量权和主观性大

CFIUS 的审查标准主要是考量该项交易是否对美国国家安全构成威胁，包括国防安全和经济安全两方面。主要特点如下：一是“国家安全”定义过于宽泛。2007 年，FINSA 列出了影响国家安全的 11 项因素，CFIUS 在其 2012 年年报中增加至 12 项。这使得 CFIUS 可以对“国家安全”进行宽泛解释，而不必局限于特定行业。二是 CFIUS 的自由裁量权非常大。在审查过程中，CFIUS 各成员可以按照符合各机构特定的法律职权方式来解读“国家安全”的概念。三是运作和审查过程缺乏透明度。因与国家安全紧密相关，其保密特性使得 CFIUS 相关信息公开程度非常有限。

（二）“关键性基础设施”领域涵盖范围较广

CFIUS 所谓的“关键性基础设施”几乎涵盖了美国绝大多数行业，但 CFIUS 并不关注相关行业的所有交易，只考虑“特定”交易。此外，CFIUS 要求凡是属于“对美国国防工业基础设施影响较大的产品或核心技术”的相关交易，企业要主动通知 CFIUS。但并未明确给出如何衡量与“美国国防工业”的相关程度，这使得 CFIUS 判定可能存在较大主观性。同时，一笔交易被界定为“关键性基础设施”后将在多大程度上影响 CFIUS 的裁定也存在不确定性。

（三）对“关键技术”企业并购进行分部门管理和双重保护

根据 FINSA 规定，“关键技术”是指与国防密切相关的技术、关键元件和关键技术项目。被并购企业是否属于“关键技术企业”将由不同政府部门判定。CFIUS 审查与其他相关国家政策（如出口限制政策）共同对“关键技术”形成了“双重保护”：即某项交易通过了 CFIUS 安全审查，其他政府部门也可能不允许其相关技术出口；反之，某些企业的“关键技术”经相关政府部门获准出口，CFIUS 也可能加以阻止。

（四）特别加强对国有企业和国有资本的审查

CFIUS 一直强调对外国主权财富基金、国有企业和国有资本的审查，FINSA 细则则更加明确了此项规定：一是给出涉及外国国有企业收购的具体因素，包括该国政府与美国的外交一致性、在多边反恐和防止核扩散以及出口限制方面的一致性等。这实际上是以国家作为划分国家安全风险的依据；二是要求计划并购美国敏感资产的外国投资者必须提交个人在本国军队及政府部门服务的历史信息；三是一旦外资并购交易被 CFIUS 认定为危及美国国家安全，相关外国企业将面临高额罚款，并将由此交易失败而遭受巨大经济损失。

附录：参与 2014 年年报第二部分《关键技术》研究的机构及部门[①]

- 商务部（Department of Commerce）
  - 工业与安全局（Bureau of Industry and Security）
  - 国际贸易局（International Trade Administration）

① 数据来源：The CFIUS Annual Report to Congress（2014）（《美国外国投资委员会（CFIUS）报国会年度报告》（2014 年）。相关链接：美国财政部官网，http：//www. treasury. gov/resource – center/international/Pages/Committee – on – Foreign – Investment – in – US. aspx。

○ 国家电信与信息管理局（National Telecommunications and Information Administration）

• 国防部国防科技安全管理局（Department of Defense – Defense Technology Security Administration）

• 司法部（Department of Justice）

• 国务院（Department of State）

○ 经济暨商业局（Bureau of Economic and Business Affairs）

○ 政治军事事务局（Bureau of Political – Military Affairs）

○ 国际安全与防扩散局（Bureau of International Security and Nonproliferation）

• 财政部（Department of the Treasury）

• 情报界成员（共16个）（Intelligence Community Elements）

○ 国家情报总监办公室，国家情报委员会（Office of the Director of National Intelligence, National Intelligence Council）

○ 空军特别调查办公室（Air Force Office of Special Investigations）

○ 陆军反间谍中心（Army Counterintelligence Center）

○ 中央情报局（Central Intelligence Agency）

○ 国防情报局（Defense Intelligence Agency）

○ 联邦调查局，国家安全处（Federal Bureau of Investigation, National Security Branch）

○ 能源部，情报与反间谍办公室（Department of Energy, Office of Intelligence and Counterintelligence）

○ 国土安全部，情报与分析局（Department of Homeland Security, Office of Intelligence and Analysis）

○ 国务院情报与研究局（Department of State, Bureau of Intelligence and Research）

○ 财政部情报与分析办公室（Department of the Treasury, Office of Intelligence and Analysis）

○ 海军陆战队情报行动处（Marine Corps Intelligence Activity）

○ 美国国家反间谍执行局共同体并购风险部（Office of the National Counterintelligence Executive, Community Acquisition Risk Section）

○ 国家反恐中心（National Counterterrorism Center）

○ 国家地理空间情报局（National Geospatial – Intelligence Agency）

○ 国家安全局（National Security Agency）

○ 海军情报局（海军情报办公室及海军罪案调查处）（Naval Intelligence）（Office of Naval Intelligence and Naval Criminal Investigative Service）

- 总统行政办公室（Executive Office of the President）
  - 经济顾问委员会（Council of Economic Advisors）
  - 国家安全委员会（National Security Council）
  - 科学及技术政策办公室（Office of Science and Technology Policy）

（于晓　胡振虎　贾英姿）

美国外资国家安全审查机制发展历史*（CFIUS 之四）

20 世纪 70 年代，美国国会对石油输出国（OPEC）持有大量美国债权资产组合十分担忧，认为这种投资行为的驱动因素可能是政治而非经济方面考量。为安抚国会，福特总统于 1975 年签发《第 11858 号行政命令》，创立 CFIUS。之后 30 年间，CFIUS 的法制基础、职责定位、监督报告等方面不断完善，在防范外资威胁美国国家经济安全方面发挥了关键作用。以该机构为依托，美国逐步构建了一个较为完善的国家外资安全审查体系。

一、机构初创：1975—1987 年

（一）职责定位宽泛，以信息收集和分析为主

CFIUS 成立时的定位和主要职能主要依据《1950 年国防生产法》（The Defense Production Act of 1950）第 721 节，具体职责依据 CFIUS 成立时福特总统签发的 12661 号行政令。根据该令，财政部被指定为 CFIUS 的“代表”①，授权 CFIUS“在执行机构中承担主要且持续的职责，并负责协调美国相关投资政策的执行”。根据财政部一份相关备忘录记载，CFIUS 成立之初的职责定位并不清晰，主要是“收集外国政府或个人直接所有或控制的投资，向国会、执行机构和公众提供相关信息分析”，具体包括：一是报告准备工作，主要为美国海外投资关键的发展情况与趋势分析相关文件准备进行安排；二是投资前咨询指导，主要面向对美投资的外国政府；三是审查美国的外国投资；四是必要时提案建议制订新的外国投资相

* 本文写于 2016 年 12 月 23 日。

① “代表”一词源自行政令 12661 号（1988 年 12 月 27 日），54FR780。

关法律法规[①]。此外，CFIUS审查中涉及的信息披露和使用也受到严格限制，根据行政令，所有提交给CFIUS的信息应得到严格保密且不向公众披露，信息只能用于执行行政令职责的相关工作。

（二）业务能力较弱，审查重点偏向政治风险

1980年，一些国会议员质疑CFIUS未能充分有效履职，1975—1980年，CFIUS委员会仅碰面会商10次，且在判断外国投资到底是对美国经济还是政治的影响方面缺乏决策能力[②]。在1979年的一次听证会上，有议员认为CFIUS已沦为一个仅能对外资产生政治影响的审查机构，而在议员最希望了解的外资对美经济的影响方面贡献甚微[③]。例如，1980—1987年，CFIUS调查了一些外资项目，但绝大多数是应美国防部要求，比如，1983年日本企业并购美国一家军用飞机钢材生产企业、1985年日本企业并购一家美国军用滚珠轴承企业、1987年法国企业并购一家美国跨国公司的计算机业务线。

二、转型探索：1988—2006年

（一）《埃克森—佛罗里奥条款》获批并授予总统干预审查的权力

继20世纪70年代石油输出国外资潮之后，20世纪80年代大量日本外资并购美国企业再次引起美国国会对外资安全的高度关注，“仙童公司并购案”[④]一度影响美日贸易关系。美国国会认为，对外资并购不加限制的政策削弱了美国作为全球大国且为经济大国的力量。由此，美国国会通过议案[⑤]，通过《埃克森—佛罗里奥条款》（The “Exon - Florio” Provision，下简称“EF条款”）授予总统权力，可

---

① 行政令11858（b），1975年5月7日，40 F. R. 20163；以及P. L. 94 - 472，Oct 11，1976，22，USC Section 3101（b）。

② U. S. Congress. House. Committee on Government Operations. The Adequacy of the Federal Response to Foreign Investment in the United States. Report by the Committee on Government Operations. H. Rept. 96 - 1216，96th Cong.，2nd sess.，Washington：GPO，1980. 166 - 184.

③ The Operations of Federal Agencies，part 3，p. 5.

④ 1987年，日本富士通公司（Fujitsu）和法国斯伦贝谢技术有限公司（Schlumberger Ltd.）竞购美国仙童半导体公司（Fairchild Semiconductor Co.），美国防部反对并购，原因是日本将控制军用计算机芯片的主要供应商，使美国军工产业对外国供应商高科技产品依赖度增大。美国防部长和商务部长同时向里根总统提出阻止该项并购交易的议案，一时较大程度影响美日两国贸易，之后日本方面撤销了并购，美国仙童公司最终被美国国家半导体公司折价并购。

⑤ P. L. 100 - 418，Title V，Section 5021，August 23，1988：50 USC Appendix sect. 2170. 该条款的议案，原为参议院商务委员会和众议院能源与商务委员会共同发起的一项议案，但之后被作为一项司法责任的争端移交参议院银行委员会处理。

以阻止、暂停任何可能威胁美国国家安全的外资或外国人并购美国企业的交易。同时，美国国会还指出，该条款要求美总统必须在有"可信证据"的前提下才能干预交易。这一要求一直延续，并保留写入《2007 年外国投资与国家安全法》(简称"FINSA") 内容。1990 年，布什总统据此行使权力，阻止了中国航空技术进出口公司（CATIC）收购美国西雅图飞机零部件制造商 MAMCO 公司①。

(二)"伯德修正案"获批并新增 CFIUS 审查判定标准

1992 年，美国国会根据 1993 财年《国防授权法案》第 837（a）条对"EF 条款"进行修订。此次修订因其提案人名而被命名为"伯德修正案"②，为 CFIUS 增加两条关键的审查判定标准，即符合这两个条件的并购案必须接受审查：(1) 收购方由外国政府控制或代表外国政府行事；且 (2) 收购可能导致在美国从事州际贸易的个人受到外国政府控制，并因此威胁到美国国家安全。此外，"EF 条款"前后，还有一些陆续出台的法案均有条款涉及国家经济安全，如《1976 年国际投资调查法》③、《1977 年国际紧急经济权力法》、《2001 年爱国者法案》④ 等。

(三)"9·11"事件后的迪拜港口并购案引发 CFIUS 审查程序行政改革

2001 年"9·11"事件后，美国政府对来自中东地区的投资高度敏感。2006 年，《伯德修正案》之后的"EF 条款"因迪拜港口世界并购案⑤再次受到关注。

---

① 1989 年 11 月 6 日，MAMCO 公司向 CFIUS 申报中航技对 MAMCO 公司的收购。11 月 30 日，中航技完成收购交易。12 月 4 日，CFIUS 通知中航技决定依据 Exon - Florio Provision 对该收购交易提起调查。1990 年 1 月 19 日，CFIUS 的 8 个成员向布什总统建议对此次已完成的收购进行强制性资产剥离售让，基于 3 条理由：(1) MAMCO 公司没有产品出口证。(2) 中航技和 MAMCO 公司在 CFIUS 完成初期审查前（30 日内）即完成了收购交易，违反了《埃克森—佛罗里奥法案》。(3) 中航技与中国军工业的联系过于紧密，有威胁美国国家安全的可能。1990 年 2 月 1 日，美国总统布什根据《埃克森—佛罗里奥法案》发布行政命令，主要内容包括：禁止中航技收购 MAMCO，并以"威胁国家安全"为由命令中航技在当年 5 月 1 日前售让其在收购中所得的全部 MAMCO 的投资利益。最终中航技同意将 MAMCO 出售给另一家美国公司 De Crane Aircraft Holding。

② 1992 年，参议员 Harry F. Byrd 提出新的法案（Byrd Amendment），要求 CFIUS 对代表外国政府在美国进行的兼并、收购和接管交易进行国家安全审查。

③ 《1976 年国际投资调查法》（The International Investment Survey Act of 1976），CFIUS 成立后第一个涉及外资调查的法案，授权美国总统可以收集外国直接投资和间接投资相关资料，并向国会、执行机构和公众提供分析报告。

④ "9·11"事件后美国大幅提升国家安全警戒级别，扩大 CFIUS 对外资审查范围并严格审查标准。《2001 年爱国者法案》将"国家安全"的含义延伸到"本国重要基础设施"，包括"对国家具有重要意义的物理或虚拟系统及资产的综合，其瘫痪或被摧毁将对国家国防、经济、卫生和安全领域产生破坏性影响"。

⑤ 2006 年 2 月，阿联酋"迪拜港口世界"公司（Dubai Ports World, also DP World）以 68 亿美元价格并购了英国半岛—东方航运公司，取得了后者旗下的美国纽约、新泽西、巴尔的摩、新奥尔良、迈阿密和费城等六大港口运营业务。该交易获得了 CFIUS 的 30 天核查（Review）批准。然而，此项交易公开后，美国一些议员以"损害美国国家安全"为由，强烈反对阿联酋公司控制美国港口业务，并威胁要在国会提出反对议案，由此引发激烈争论。

CFIUS 与国会之间发生了激烈争论并引发公众热议。问题焦点在于是否应在该项交易已通过 30 天核查（Review）基础上再对其进行为期 45 天的调查（Investigation）。美国国会认为，该案符合“外国政府控制”的条件，应启动 45 天调查。然而，CFIUS 不同意继续调查，认为 45 天调查并非必须和强制程序，况且该项交易仅符合第一条关于外国政府控制的条件，但未满足第二个关于威胁美国国家安全的条件。最终，布什政府 2001 年启动了对 CFIUS 审查程序的一项行政改革，要求并购方必须签署《特别安全安排》（The Special Security Arrangement，SSA）后，才能最终获得 CFIUS 核查程序审批通过。

三、改革发展：2007 年至今

2007 年 10 月 24 日 FINSA 正式实施，为 CFIUS 奠定了坚实的法律基础。2008 年，《第 13456 行政命令》和 FINSA 实施细则发布，相关司法要求被固化、落实在各项行政改革中。由此，2007—2008 年，CFIUS 启动了一轮重大改革，相关主要举措包括①：

（一）保留并强化审查范围及各阶段时限要求

专注于审查真正危及美国国家安全并可能引致美国公司被外国控制的兼并、收购、接管交易，不考虑广泛意义的政策利益；审查过程须严格按照要求进行，即常规情况下 30 天核查，必要时进行 45 天调查，极少特殊情况进行 15 天总统命令（Action of President）审查。

（二）扩展 CFIUS 成员范围

新增能源部部长，并授予总统增加成员的权力；确定“当然成员”范围，包括两名成员，为提供独立情报分析的国家情报局局长，以及根据《美国雇佣法》提供缓解整合咨询支持的劳工部部长。

（三）增强高层对 CFIUS 的责任

一是牵头机构方面，财政部作为主席成员必须为所审查的交易指定适当的牵头机构；二是调查方面，如某项交易经核查、调查两个阶段均被界定为潜在损害美国家安全，那么在交易方按照 CFIUS 要求完成相关缓解消除措施后，须经由财

① CFIUS Reform：The Foreign Investment & National Security Act of 2007（FINSA），Nov. 14，2008，美国财政部，相关链接：http：//www. treasury. gov/resource - center/international/Pages/Committee - on - Foreign - Investment - in - US. aspx。

政部和牵头机构至少副部长及以上负责人同时批准同意，调查阶段才告结束；三是批准（Clearance）方面，财政部与相关牵头机构，须有不低于副部长级别的负责人同时向国会证明，CFIUS 审查的交易中不存在任何未解决的国家安全隐患；四是国会方面，CFIUS 必须按照国会要求提供保密信息的概要及详细的年度报告，与国会的沟通须限制在 721 节所授权的范围之内。

（四）增加 CFIUS 和总统关切的“国家安全”因素说明列表

根据 FINSA，出于国家安全的需要，总统或总统指定的人可考虑的因素包括 11 项。2008 年后，CFIUS 根据历年审查情况不断总结完善其法制基础，并基于 FINSA 列出的 11 项考虑因素，于 2012 年年报中提出了完善后的 12 项“国家安全”考虑因素（详见表 1）。

（五）其他改革之处

包括缓解协议和条件必须建立在基于风险的分析之上，要求 CFIUS 必须实时监测交易方，观察其缓解和消除国家安全所采取的行动措施以及落实保密要求所作出的努力等等。

上述改革措施之后，CFIUS 进入相对平稳发展的阶段，截至目前尚无重大改革措施出台。

表 1　CFIUS“国家安全”考虑因素

序号	FINSA（2008）	CFIUS 年报（2012）
（1）	预期的国防要求所需要的国内生产	为美国政府、州或肩负国家安全职责的地方机构提供产品/服务的企业
（2）	国内产业满足国防需求的能力，包括人力资源、产品、技术、材料以及其他供应和服务的提供	美国企业提供的产品/服务可能造成国家安全隐患，包括潜在网络安全隐患，容易遭受破坏活动或间谍活动的隐患，包括受管辖交易是否增加了如下风险：利用了特定美国企业在供应链中的位置
（3）	外国公民对国内产业和商业活动的控制，及其对美国满足国家安全需求能力形成的影响	美国企业的业务，及生产/提供的产品/服务的安全性可能对美国国家安全有影响，例如从事基础设施（可能构成关键性基础设施）的企业；与能源生产相关的企业，包括能源的采掘、生产、运输、分配等方面；影响国家运输体系的企业；能显著并直接影响美国金融体系的企业

续表

序号	FINSA（2008）	CFIUS 年报（2012）
（4）	并购交易对支持恐怖主义或扩散导弹技术或生化武器的国家出售军事物质、设备、技术的潜在影响	可以接触到机密信息或敏感政府合同信息（包括对雇员信息）的美国企业
（5）	并购交易潜在地对美国国家安全领域里的技术领先地位的影响	为国防、安全、国家安全相关法律执行部门的企业
（6）	并购交易对包括主要能源资产在内的美国关键基础设施有关国家安全的潜在影响	从事与武器、军用品生产、航空、卫星、雷达系统相关活动的企业
（7）	并购交易对美国关键技术有关国家安全的潜在影响	生产某种类型的先进技术，此技术有利于保护或有可能被用来损害美国国家安全，企业类型可能包括：设计与生产半导体企业，其他可用以商业和军事用途的设备或部件的生产企业，设计、生产和提供与网络和数据安全相关产品服务的企业
（8）	并购交易是否为外国政府所控制	受到美国出口管制的技术、物品、软件、服务的研发、生产或销售企业
（9）	酌情对一些方面加以审查（特别对外国政府控制的并购交易）： A. 交易方政府对防止扩散控制制度（包括条约及多边供应准则）的遵守情况。 B. 交易方政府与美国政府的关系，特别是双方在反恐方面的合作记录。 C. 有关军事技术转移的潜在可能，包括对其国家出口管制法律及规则的分析	接近某种类型的美国政府设施的企业
（10）	对美国所需能源资源及其他国际性资源和原材料的长期预测	以下类型外国人获得控制权： 受外国政府控制者
（11）	总统或者 CFIUS 认为合适的其他因素	来自在防止核武器扩散和其他国家安全相关等事项方面有记录国家者
（12）		以往有记录或有意向损害美国国家安全者

资料来源：根据中国社科院报告整理。潘圆圆，唐健．美国外国投资委员会国家安全审查的特点与最新趋势［R］．中国社会科学院世界经济与政治研究所 2013 年第二季度中国对外投资报告之专题报告，2013（3）。

（胡振虎　于晓　贯英姿）

美国外资国家安全审查机制的法制基础*（CFIUS 之五）

经过近百年发展，美国外资国家安全审查机制已奠定十分坚实的法制基础。从分散立法到专门立法，从法案、行政命令、实施细则到业务指南，美国外资国家安全审查机制已形成逻辑严密、覆盖全面、组织有效的外资安全审查法制体系。从历史演变过程看，美国外资国家安全审查机制的法制基础以 1975 年 CFIUS 成立年为分界线，而 CFIUS 成立后的 40 年间也发生了多次重大变革。究其背后原因，每次重大变革都与外资流入美国的重大事件高度相关，其中，20 世纪 70 年代中东投资、80 年代日本投资及“9·11”事件后的迪拜港口投资案均引发了当时美国政府内部广泛而激烈的讨论，对美国外资国家安全审查机制的法制基础形成了深刻而深远的影响。

一、CFIUS 成立之前：相关立法奠定基础

在 1975 年 CFIUS 成立之前，美国早已存在与国家外资安全审查相关的立法基础。最早可以追溯到 1917 年的《与敌贸易法案》（Trading with the Enemy Act of 1917），授权总统在涉及敌对国家贸易时，可以对任何资产的有关交易进行调查、处理或实施特权。该法案颁布后，美国冻结了德国企业在美的大多数资产。20 世纪 20—40 年代，美国国会密集通过多部专门法案，均涉及禁止或限制外商对美特定行业的投资，主要包括：（1）1927 年，针对广播和电信业的《无线电法案》（The Radio Act of 1927）；（2）1933 年，针对紧急时期黄金贸易的《紧急银行救济法案》（The Emergency Banking Relief Act of 1933）；（3）1934 年，针对电信行业的《电信法》；（4）1935 年，针对电力行业的《联邦电力法》（The Federal Power Act of 1935），或限制外商投资运营或维护公共发电和输电设施；（5）1936 年，针对沿

* 本文写于 2016 年 12 月 23 日。

海和内河航运业的《琼斯法案》（Jones Act，也称 Merchant Marine Act）。同时，以反垄断为由，这一时期美国在反托拉斯相关立法修订过程中，也通过加强相关条款，增加了大型跨国对美并购交易的难度。

1950 年，美国国会通过《国防生产法》（The Defense Production Act of 1950），以动员和加强国防生产能力。该法刚出台时，并未专门针对外资安全审查。直到 1988 年，该法第 721 节被援引并依据《埃克森—佛罗里奥条款》修订为美国外资审查的一项基础法案。

20 世纪 70 年代大量来自中东的投资，催生了 1974 年《外国投资研究法》（Foreign Investment Study Act of 1974），该法授权美商务部、财政部等部门对大量流入美国市场的外国直接投资进行调查。

二、CFIUS 成立及之后：专门立法形成严密体系

1975 年，CFIUS 依据福特总统《第 11858 号行政命令》成立，自此美国产生了专门的外资国家安全审查机构，相应地开启了外资安全审查的专门立法，经过逐步完善并形成多层次的法律法规体系（详见图 1）。其中，与 CFIUS 直接相关的法律法规包括：

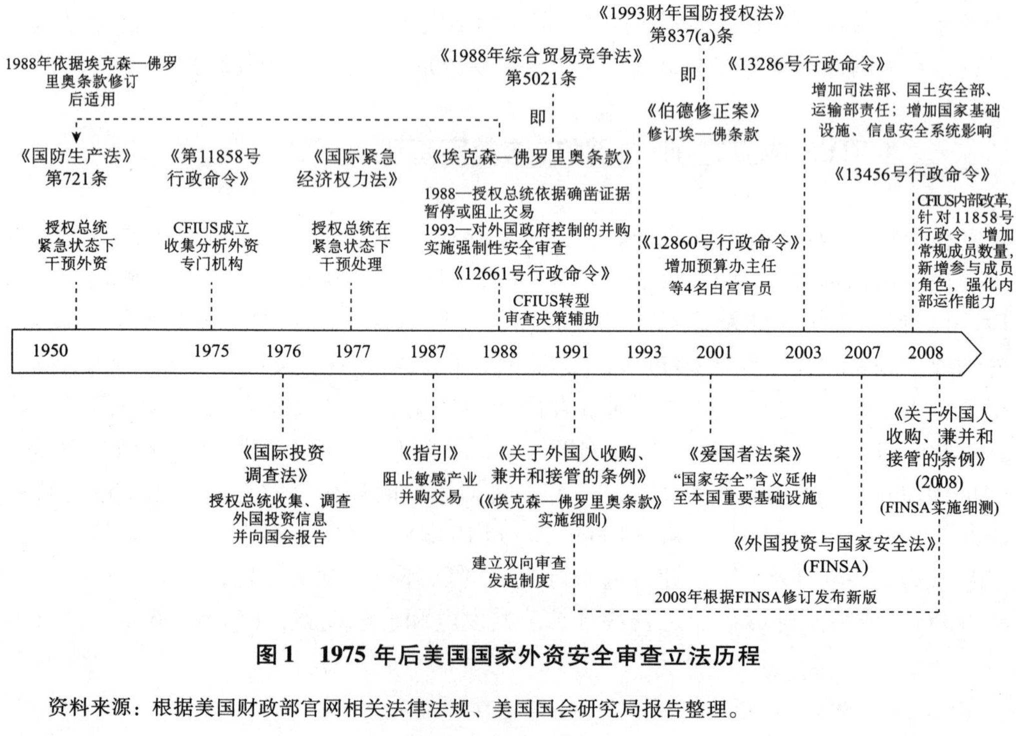

图 1　1975 年后美国国家外资安全审查立法历程

资料来源：根据美国财政部官网相关法律法规、美国国会研究局报告整理。

（一）法案（Law & Act）

法案是美国国家安全审查机制形成的基础，也是 CFIUS 成立后各项工作的法律依据。

1. 1988 年修订后的《1950 年国防生产法》第 721 节

1988 年，《1950 年国防生产法》第 721 节（下简称“第 721 节”）根据《埃克森—佛罗里奥条款》进行修订，成为美国外资国家安全审查的基础法案之一。

2. 《埃克森—佛罗里奥条款》

《埃克森—佛罗里奥条款》（The “Exon – Florio” Provision，下简称“EF 条款”），为《1988 年综合贸易竞争法》（The Omnibus Trade and Competitiveness Act of 1988）的第 5021 条，是使 CFIUS 发生根本性变革的一条法案，发布后于 1993 年、2001 年历经 2 次修订，对 CFIUS 运行机制影响深远，促进形成了 CFIUS 的基本业务框架和组织架构。1988 年，“EF 条款”授予总统可以阻止、暂停任何可能威胁美国国家安全的外资或外国人并购美国企业的权力；1992 年，为 CFIUS 新增两条关键的审查判定标准；2001 年，CFIUS 审查程序进行行政改革，要求并购方必须签署《特别安全安排》后，才能最终获得 CFIUS 核查程序审批通过。

3. 《2007 年外国投资与国家安全法》（FINSA）

在 FINSA 颁布之前，多年以来 CFIUS 执行第 721 节的法定职责只能依据《第 11858 号行政命令》，缺乏专门的立法支持。2007 年 10 月 4 日，FINSA（即公共法 110 – 49）正式生效，成为 CFIUS 权力职责的核心法律基础，第 721 节也根据 FINSA 作了修订。

FINSA 的主要内容包括：（1）关键定义：委员会、控制、涵盖交易、外国政府控制的交易、国家安全、关键基础设施、关键技术、牵头机构等；（2）国家安全审查：不同阶段的主要职责、时间要求、例外情况、提交国会的认证文件、国家情报总监分析报告、附加信息提交、审查结果、实施条例等；（3）信息保密规定；（4）对其他法律影响；（5）CFIUS 的设立、成员、组织、牵头机构等；（6）缓解措施、跟踪、监督及强制执行规定；（7）提交国会的年度报告；（8）研究和报告、监察长的调查；（9）通知的认证和保证等。

（二）行政命令（Executive Orders）

CFIUS 的成立、职责定位、组织结构、内部分工等具体执行要求，在总统签发的行政命令中发布。

历任总统签发的行政命令有五个：1975 年 5 月 7 日，福特总统签发的《第 11858 号行政命令》；1988 年 12 月 27 日，里根总统签发的《第 12661 号行政命令》；1993 年 9 月 3 日，克林顿总统签发的《第 12860 号行政命令》；2003 年 2 月

28 日，布什总统签发的《第 13286 号行政命令》；2008 年 1 月 23 日，布什总统签发的《第 13456 号行政命令》（修订《第 11858 号行政命令》）。

（三）实施细则（Regulations）

美国财政部牵头修改了《关于外国人收购、兼并和接管的条例》（1991），将该条例作为 FINSA 的实施细则发布。在作为 FINSA 实施细则之前，该条例的前身于 1991 年 11 月根据“EF 条款”制订发布，2008 年 11 月根据 FINSA 修订发布并沿用至今。实施细则对并购交易方主动申报起到了明显的敦促作用。尽管法规明确了以自愿申报方式为主，但多数企业都严格遵照法规要求进行了申报。

（四）业务指南（Guidance）

根据第 721 节（b）（2）（E）的要求，美国财政部作为 CFIUS 的主导单位，须就 CFIUS 审查过的和触发国家安全考虑的交易类型颁布《美国外国投资委员会国家安全审查指南》[①]。该指南对 CFIUS 关于外资审查程序的目的和性质作出规定[②]，主要内容包括：（1）指南立法要求；（2）CFIUS 审查程序的目的和性质；（3）国家安全考虑：风险分析、法定国家安全因素等；（4）CFIUS 审查过的和触发国家安全考虑的交易类型：外国人取得控制权的美国企业的性质触发国家安全考虑的交易、取得美国企业控制权的外国人身份触发国家安全考虑的交易等；（5）可能触发国家安全考虑的交易信息等。

（胡振虎　于晓　贾英姿）

① Guidance Concerning the National Security Review Conducted by the Committee on Foreign Investment in the United States。美国财政部于 2008 年 12 月 8 日颁布，联邦纪事第 73 卷，第 236 号（Federal Register/Vol. 73, No. 236/Monday, December 8, 2008/Notices）。

② 根据发布说明，该指南不应为任何人设立或赋予任何权利，也应不对美国政府构成约束。

第五部分

全球经济治理

不涵盖中国的 TPP 或带来政治风险*

近日，美国总统贸易政策与谈判顾问委员会委员伯格斯腾（Fred Bergsten）①撰文指出，跨太平洋伙伴关系协定（TPP）在经济和地缘政治方面都具有十分重要的意义。然而，如果 TPP 最终不涵盖中国，且中国主导的其他区域协定，如区域全面经济伙伴关系（RCEP）能达成，亚太区域将出现两个“经济阵营”分化的局面，将存在重大政治风险。日本双跨 TPP 和 RCEP，应发挥其影响力，与各方一道推进亚太区域合作，力争达成一个包含中美两国的亚太自贸协定。文章主要内容如下，供参考。

一、TPP 在经济和地缘政治方面都具有十分重要的意义

无论是从经济还是地缘政治方面来看，TPP 都是世界历史上最重要的贸易协定。从经济上看，其成员国占全球经济的40%，包括了世界第一和第三大经济体，协定的生效将为这些国家带来近3000亿美元的额外收益（按2007年的美元价值计算），为可能包括中国与印度的亚太自贸区（FTAAP）的最终达成奠定了一定基础。可以说，TPP 的谈判效率和经济影响力都十分突出。相比之下，欧盟经历了50年才发展成为目前这个重要的区域组织，最初欧洲共同市场的六个发起国比 TPP 发起国的规模小得多；关贸总协定（GATT）经过数轮多边贸易谈判也仅仅降低了富裕国家的关税水平，没能做到消除所有成员国的贸易壁垒。

TPP 的经济影响力不仅在于成员国总体的经济规模，更在于其间接地使美国和日本这两个全球第一和第三大经济体建立了自由贸易关系。美国和日本与 TPP 的多数其他成员国都已签订了自贸协定（FTA），但这两个国家之间却并没有签订。鉴于两国的国内政治问题，美国和日本不太可能达成双边自贸协定，但 TPP 却从

---

* 本文写于2016年1月7日。

① 伯格斯腾现任美国总统贸易政策与谈判顾问委员会委员，为彼得森国际经济研究所（PIIE）创始人兼荣誉所长，1977—1981年曾任美国助理财政部长，主管国际事务。

侧面使之成为可能。协定为这两个国家带来的利益将占其能够产生的经济总收益的 60% 左右。

在地缘政治方面，TPP 的影响更为重要，它将建立起美国与东亚之间第一个具有约束力的机制性联系。TPP 是奥巴马总统 2009 年提出的美国“重返亚洲”战略的重要基石，能帮助美国提高在该地区的经济参与度，大大强化美国和日本间的同盟关系。随着亚洲其他国家（希望包括中国）在第二阶段加入 TPP，这些地缘政治联系将更为重要。

二、日本是 TPP 的最大受益国

无论从经济还是地缘政治方面来看，日本都是 TPP 的最大受益国。从经济方面看，研究表明，随着日本加入 TPP，到 2025 年，日本的出口及进口年增长量将超过 1400 亿美元，国民收入增长将超过 1000 亿美元。从绝对量来看，日本的收益要高于任何其他成员国。若按百分比计算，日本的收益为美国的 2.5—5 倍，仅低于越南和马来西亚。随着第二阶段其他若干国家（包括印尼、韩国）加入 TPP，TPP 给日本带来的利益还将显著增长。

实际上，上述研究因无法反映日本在加入 TPP 后投资和经济结构所发生的改变，低估了 TPP 带给日本的潜在收益。在 20 世纪 80 年代和 90 年代，日本基本上无视美国和其他国家提出的继续实行改革开放以维持经济增长的建言。结果，日本遭受了 20 多年的增长疲软期，到目前为止仍未找到可行的经济增长模式。现在，安倍首相将 TPP 视为促进改革的催化剂，把握住了这一机遇。而 TPP 确实也将为日本提供重要机遇，日本的投资环境将显著改善，其参与全球供应链的能力也将显著提高。

此外，日本还将受益于 TPP 成员国货币当局就宏观经济和汇率问题达成的附加协议。该协议的主要目标是为了避免合作伙伴国将来操纵货币，从而破坏贸易自由化，导致贸易失衡。日本就受到了这方面的困扰，而 TPP 可以帮助阻止甚至反击这种货币操纵行为。日本也将同美国一起，进一步强化共识，即包括量化宽松政策在内的本国货币政策不应被视为汇率操纵，直至这一观点被国际社会完全接受。

从地缘政治方面看，TPP 能够提高美国在亚洲事务的参与度，强化美日同盟关系，这对日本而言相当重要。TPP 还将给中国和其他没有加入协定的亚洲国家带来挑战。仅中国每年就将蒙受约 350 亿美元的贸易额流失；如果亚太经济合作组织（APEC）其他成员也加入 TPP，而中国没有加入，中国蒙受的贸易损失将超过 1000 亿美元。经济自由化所展现出来的竞争力将为中国带来压力，促使中国的贸易及相关内部政策升级，从而使中国能够在未来参与到全面、有意义的区域性协定中。

三、应积极推动整个亚太区域自贸协定的达成

如果中国不加入 TPP，亚太地区或将分化为两大“经济阵营”，这将存在重大地缘政治风险。一面是涵盖美国却没有涵盖中国的 TPP，一面是涵盖中国却没有涵盖美国的另一区域协定，例如 RCEP。鉴于两大“经济阵营”的模式大不相同，两者间的关系很容易变得紧张，安全风险上升。

因此，该地区的所有国家，应努力推动两大“经济阵营”的最终融合。只有完全融合的亚太地区才能实现 20 多年前 APEC 制定的茂物目标，即为区域安全及经济发展，实现“自由和开放的贸易与投资”。TPP 能够实现茂物目标的一半，但要实现另一半目标则需要 TPP 扩容，将 APEC 其他成员国涵盖其中，或是建立新的亚太自贸区，但同样也需要包括所有成员国。

日本因有巨大的政治和经济利益激励，应努力推动这一目标的实现。“双轨亚太”意味着日本将同美国（通过 TPP）达成一项自贸协定，又同中国（通过 RCEP 或者中日韩三国自贸协定）达成一项完全不同的自贸协定，两项协定差别较大，将给企业带来困惑，甚至是政治上的分裂。最重要的是，涵盖中美两国的全面区域协定将有助于消除两国间的严重不信任，建立新的合作关系，这种不信任是日本以及整个亚太地区安全面临的最大潜在威胁。

作为目前除美国和中国以外最大的经济体，日本具有重要影响力。现在美国国内存在严重分歧，一部分人希望将中国纳入亚太贸易和投资合作框架中，促进该地区的和平与繁荣；而另一部分人则将中国看作是不可避免的敌人，认为应将中国排除在这一协定之外。在这个问题上，日本可以对美国产生重大影响。在中美两国之间做选择显然不符合日本的利益，因此，日本应在未来几年中致力于推动包含中美两国的亚太区域自贸协定的达成。

（尹晓君　燕晓春）

TTIP 第十二轮谈判简析*

2016 年 2 月 22 日至 26 日，美欧《跨大西洋贸易与投资伙伴关系协议》（下简称“TTIP”）第十二轮谈判在布鲁塞尔举行。谈判双方就监管合作、贸易规则和市场准入三大议题进行了讨论，在一些关键领域取得积极进展，但仍未形成实质性成果。现对 TTIP 第十二轮谈判主要内容、进展及分歧做简要分析，供参考。

一、谈判内容与进展

（一）监管合作

监管合作议题是本轮谈判的重点，涉及横向合作和九个具体行业的纵向合作。横向合作具体包括行业监管兼容性、技术壁垒以及卫生与动植物检疫合作；九个具体行业是指汽车、制药、医疗设备、化妆品、工程、纺织品、化学品、农药、信息与通信技术（ICT）。为更好地实现监管合作，谈判双方交换了关于监管合作的最新谈判文本，并阐明了合作的基本原则：一是双方合作必须建立在消费者保护水平保持不变或有所提高的基础上。二是确保双方在监管合作方面存在利益共同点，这也是有效实现合作的关键因素。三是增加监管合作的透明度，且保证任何形式的监管合作都不会改变各自内部公共监管政策，如对食品安全或环境保护的监管，也不会影响各自国内立法程序或监管机构的独立性。其中，关于卫生与动植物检疫问题，欧盟明确表示不会因寻求协议的达成而降低进口食品的标准，而是希望美方进一步强化自身在动植物检疫方面的标准，同时为进口欧盟食品提供及时有效的许可程序。此外，双方就如何在汽车、制药、纺织等领域制定共同标准进行了讨论。以汽车行业为例，双方将力争统一不同的监管条例以及不同的安全标准。

* 本文写于 2016 年 3 月 2 日。

（二）贸易规则

本轮谈判的一大亮点是，美欧重启了有关投资保护和争端解决的谈判。由于此前的争端解决机制——“投资者—国家争端解决机制（ISDS）”遭到欧盟民众的强烈抵制，该领域的谈判自2014年3月份以来一直被搁置。迫于内部压力，欧盟于2015年9月份提出了“投资法庭系统”（Investment Court System）以取代ISDS，并在11月13日正式向美国提交了新的投资保护及设立新的争端解决机制——“投资法庭系统”的最终建议文本。本轮谈判双方首次就欧盟提出的新建议文本进行讨论，主要包含以下内容：保护监管权力、明确界定投资保护规则、提高争端解决程序的透明度以及设立“投资法庭系统”，包括由符合资质要求的法官组成一审法庭以及上诉机制。此外，增加了中小企业参与新机制的规定。在贸易与可持续发展议题方面，双方于谈判启动前交换了谈判建议文本，并首次开始尝试合并谈判文本，其中主要涉及环境保护和劳工权益维护问题。

（三）市场准入

本轮谈判双方就政府采购的相关议题进行磋商，并宣布将在谈判结束后一周内首次交换政府采购市场准入出价。

二、谈判双方主要分歧

（一）“投资法庭系统”

尽管欧方对“投资法庭系统”期许甚高，但美方本轮谈判并未对该项提议表现出足够兴趣。美国TTIP谈判代表穆雷恩（Dan Mullaney）仅以接到该提议的时间过短为由拒绝对这一体系作出具体评价。该体系与美国主导的ISDS存在较大差异，如在“任命高资历法官出庭审判”方面，该体系建议设立永久性法庭，并由美国、欧盟和第三国来共同任命15名独立法官与6名上诉法官。与ISDS条款不同，该条款将为解决争端所产生的特设争议法庭变成了常设国际法庭。这种变化对于美方来说可能是难以接受的，美国商会TTIP任务团队主席伯格窝瓦（Hendrik Bourgeois）表示，美国国会不会轻易同意这种谈判结果，而TTIP谈判文本最终需美国国会投票方能生效。因此，双方将在此问题上继续展开激烈博弈。

（二）监管合作

欧方明确表示，TTIP将不会降低欧盟在消费者保护、食品和环境方面的标准，且任何需要相关法律法规作出改变的贸易协定只有在使法律更加有效的情况下才会对其进行修订。这在一定程度上增加了双方的谈判难度，因为美国的监管治理条例要大大少于欧盟。例如，欧盟立法要求，生产商在生产产品之前，须申报其所有生产原理的安全报告。然而美国并不设有这样的立法，美国的监管机构除非确实检查出产品的生产原理存在问题，否则将假设生产商的产品都是安全的。因此，欧盟谈判团队希望美方能够接受欧方提出的“提前预警”监管方式，以更加有效地监测杀虫剂、激素等潜在有害物质的风险。然而，美方对于要接受更多监管条例的条款并不认可。

三、几点看法

（一）美欧双方力求在奥巴马任期内达成 TTIP 谈判

目前，TTIP 谈判整体进程已明显落后于原定时间表。而美方希望在奥巴马任期结束前完成 TTIP 谈判，以求留下其继 TPP 后“重塑全球贸易体系”的另一遗产。同样，为避免增加 TTIP 谈判的政治不确定性，欧方也不希望谈判被拖入 2017 大选之年。因此，美欧双方在本轮谈判中明确表示，将加快谈判进程，力争在 2016 年底前完成 TTIP 谈判。为此，美欧双方将在 2 月、4 月和 7 月密集地举行 3 轮谈判。欧盟贸易委员马尔姆斯特伦（Cecilia Malmstroem）表示，美欧双方必须在 2016 年结束这场拉锯战。欧盟各国正着手举行多轮会谈，计划就所有议题形成一份合并文本，并暂时搁置农业配额等敏感议题。

（二）TTIP 谈判将进入攻坚阶段

此前进行的 11 轮谈判中，美欧已就大部分领域开展讨论，交换了第二次关税减让出价，覆盖 97% 的关税税目，并就服务、投资和政府采购等领域的出价交换安排达成共识。但在货物贸易、服务贸易、投资和监管一致性等不少领域仍存在较大分歧。如在政府采购方面，美国联邦政府与州政府一直未能就开放州一级公共采购市场达成一致，欧方对美方内部磋商进程缓慢表示担忧。在金融业监管合作方面，欧方一直积极推动建立金融监管合作框架，而美方一直拒绝讨论该议题，认为这不属于贸易范畴，不应在 TTIP 范畴下讨论。因此，在接下来的几轮谈判中，美欧双方将面对一些更加敏感、分歧更大的谈判议题，双方谈判将进入攻坚阶段，如何弥补分歧，尽快取得实质性进展将是双方需要共同面对的难题。

（于晓）

G20 结构性改革高级别研讨会情况简报*

2016 年 2 月 26 日，“G20 结构性改革高级别研讨会”在上海举行。此次研讨会由中国财政部与 IMF、OECD 联合主办，财政部亚太中心承办。财政部部长楼继伟、IMF 总裁拉加德、OECD 秘书长古里亚、德国财政部部长朔伊布勒、西班牙财长戴金多斯、上海市市长杨雄等国内外 300 余名嘉宾出席了会议，就结构性改革的必要性、面临的挑战、结构性改革方向等问题进行了讨论。与会各方一致认为，结构性改革是实现强劲可持续平衡增长的根本解决之道，G20 各国应加快实施结构性改革，形成改革和发展合力。现将主要观点摘要如下，供参考。

一、关于结构性改革必要性

IMF 总裁拉加德表示，当前中国需进行一系列结构性改革，包括调整市场结构、深化国企改革、进行社保改革等。但需要改革的绝不仅是中国，在全球增长持续放缓、市场信心和消费者情绪不稳定的背景下，所有 G20 成员国都应实施不同程度的结构性改革。

OECD 秘书长古里亚指出，从 2011 年起各国改革进程已明显放缓。面对全球经济严峻形势，为推动包容性增长，G20 成员国必须通力合作，协调政策方案，采取切实行动，从改善各国政策、监管、市场环境等着手，加快结构性改革步伐。

布鲁盖尔研究所所长沃尔夫表示，当前全球经济增长疲弱，生产效率低下，劳动收入占国民收入比重下降，亟须调整增长模式，进行结构性改革。应当对金融系统改革给予更多关注，促进金融体系多样化，确保金融体系稳健性。G20 成员国应继续加强宏观政策协调，采取联合行动，更好地推进结构性改革。

* 本文写于 2016 年 3 月 15 日。

二、结构性改革面临的挑战

世行常务副行长英卓华表示，各国实施结构性改革面临诸多挑战：一是时间周期错配，改革可能短期内带来成本，收益却要长期才能显现，导致一些国家放弃或放缓改革步伐；二是改革需要不断进行调整，不会一步到位，可能对各国投资带来不利影响；三是改革可能带来消极的社会影响，对改革进程形成压力；四是一些国家面临较大政治阻力，缺少推行结构性改革的勇气和行动。

三、影响结构性改革的因素

拉加德强调，结构性改革并不意味着一步到位和重新设定所有政策，而是通过逐步调整政策、逐步落实改革的行动计划，最终实现既定目标。一国的收入水平、在其所处经济周期持有的立场、改革空间等三个因素对结构性改革能否成功至关重要。

德国财长朔伊布勒指出，进一步完善 G20 成员国的制度建设和机制框架，对于鼓励创新、保护知识产权、增加新企业数量、重拾市场信心将发挥重要作用，对结构性改革的成败也至关重要。

IMF 第一副总裁利普顿表示，结构性改革或许不能立即解决一些短期挑战，反而会带来成本，但从长远来看，带来的收益将远远超过成本。为更好地实施结构性改革，需要明确改革优先事项，哪些改革是为应对短期挑战，哪些是为解决中长期问题，并设计相应的配套措施实施改革。

四、结构性改革的国别经验

西班牙财政部部长戴金多斯表示，该国经济调整成效显著，动力主要来自出口和投资，相关政策包括：重视透明度建设，推动银行业重组；改善财政状况，减少财政赤字；强化清算流程，改善资源分配，减少审批程序，鼓励市场发展；政府政治意愿坚定，就面临的困难和风险与公众进行充分沟通。

墨西哥财政部副部长阿波特拉指出，改革的政治意愿和机遇很重要。由于成功争取到左右翼支持力量，统筹推动政策协调，墨政府在 26 个月实施了 13 项改革。针对改革的不确定性，政府与私营部门充分沟通，通过签署协议等方式争取其支持，降低了改革的短期成本。改革已取得部分成效，如有效降低了财政收入对石油行业的依赖程度。

印度财政部部长助理沙玛介绍了印度改革政策：一是采取“行动”，制定破产、债务偿还等法规；二是利用人口结构和数量优势，推动外需驱动转向内需驱动，建设“制造业大国”；三是建设更加“清洁、廉洁、城市化”的印度；四是“数字化印度”，利用IT产业优势，推广数字化进程，提升银行、网络、移动通讯等信息和金融服务。

刘世锦提出供给侧改革应关注四个方面：一是体制对经济转型的重要性，如国有企业“去产能”涉及人员、债务、资产重组等问题；二是需求刺激型货币和财政政策作用有限，中国通缩有其特殊性，重化、钢铁、建材等行业“去产能”进度缓慢，只能通过供给侧改革推动；三是供给侧改革有助于释放潜在需求，需对小微企业和石油、电讯等行政垄断行业放松管制；四是加快城市带和城市圈建设，放松土地和人员流动等方面限制，以释放增长潜力。

OECD首席经济学家曼恩指出，目前全球经济低迷，结构性改革停滞，各方应加快改革步伐。改革应注意政策连贯性，加强统筹协调，发挥政策的互补效应。各国政策起点不同，措施清单各异，应选择适合自身的方案。经济低迷加大了改革难度，建议从快速收益的政策领域入手，以缓解政治压力，便于改革者继续执政并改革。

五、结构性改革方向

拉加德表示，为更快推进结构性改革，要确定一些改革的优先领域及相应的指导原则，同时强调改革重在行动，应从供给侧和需求侧同时推动相关改革。

古里亚表示，加快结构性改革应从以下五方面进行。第一，进一步提高生产率，特别应鼓励领先企业通过创新提升生产率；第二，促进知识经济的发展，扩大对技术研发、数字经济等领域的投资；第三，营造良好竞争环境，避免贸易保护主义重新抬头；第四，重视服务业发展；第五，注重分配的平等性和经济增长的包容性。

楼继伟部长表示，为更好进行结构性改革，首先要加强改革行动的顶层设计。在考虑各国国情和发展阶段差异的基础上，就一些最基本的改革领域和原则寻找“最大公约数”，制定结构性改革的优先领域和一般原则，最大限度发挥改革的正面溢出效应。此外，可考虑设计一套衡量结构性改革进展的指标体系，对改革进展与成效进行监测分析。他还指出，推进结构性改革可以从以下四个方面着手：一是促进贸易和投资。减少市场准入障碍，消除跨境贸易和投资的税收壁垒，提高私人部门投资意愿。二是推动劳动力市场改革。打破劳动力市场分割，降低就业壁垒，鼓励劳动力流动性，加大教育投入，提高教育质量以及教育与劳动力市场需求的匹配程度等。三是鼓励创新。继续加大对技术进步的支持，同时进行必要的制度性创新。四是提高财政可持续性。逐步恢复财政政策空间，为经济持续增长奠定基础。

总体来说，此次研讨会取得了圆满成功。各方高度评价中国作为 G20 主席国将结构性改革作为 2016 年 G20 优先议题，认为推进结构性改革将对世界经济应对短期风险和中长期挑战产生深远影响。各方认为，楼部长讲话为 G20 进一步推动结构性改革提供了指导，为 G20 后续讨论打下坚实基础。

（陈立宏　陈霞）

伯格斯滕谈 TPP 与汇率*

近日，美国总统贸易政策与谈判顾问委员会委员、彼得森国际经济研究所（PIIE）创始人兼荣誉所长伯格斯滕（Fred Bergsten）就跨太平洋伙伴关系协定（TPP）涉及汇率相关问题撰文指出，在 TPP 谈判过程中，美国力促各成员国达成了《TPP 成员国宏观经济政策当局联合声明》（Joint Declaration of the Macroeconomic Policy Authorities of Trans – Pacific Partnership Countries，下简称"《联合声明》"），旨在防控汇率操纵，对维护美国利益具有重要意义。文章主要内容如下，供参考。

一、基本情况

TPP 是美国历史上第一个将宏观政策和汇率问题与贸易挂钩的贸易协定。《联合声明》的条款将有力加强美国财政部阻止贸易伙伴（包括未来加入 TPP 的成员国）操纵汇率的能力。虽然《联合声明》不具有法律效力，但体现了各成员国的意愿和决心，对于通过制定规则消除货币竞争性贬值和汇率失调具有深远影响。此外，《联合声明》要求增加汇率政策（包括汇率干预）方面的信息披露，提高政策透明度，以加强对汇率操纵国的约束。

汇率操纵指一些国家人为压低本国币值，从而增加出口、减少进口。由于其能够削弱贸易协定的效果，长期以来都被世界贸易规则所禁止。但具体执行取决于国际货币基金组织（IMF）对一国汇率政策是否违反 IMF 条款并扭曲贸易流动的评估和判定。事实上，第二次世界大战后 70 多年的经济体系中，IMF 都不曾对汇率操纵采取过多边执法行动。

* 本文写于 2016 年 3 月 23 日。

二、目标及内容

鉴于中国和其他贸易伙伴国在过去十年中采取的汇率政策，美国国会在去年夏季颁布贸易促进权（TPA）授权奥巴马总统进行 TPP 谈判时，提出了 TPP 在汇率谈判中要实现的两个主要目标。首先，TPA 宣布 TPP 关于汇率政策的主要目标应为“禁止与美国签定贸易协定的国家为阻止有效的国际收支调整或获得不公平的竞争优势而操纵汇率”。其次，TPA 的主要目标是“通过强制性规则、透明度约束、信息报告、状况监测、合作机制及其他手段解决汇率操纵，包括通过长期、大规模定向干预外汇市场或保持较低汇率来获得不公平的贸易竞争优势，并建立问责机制”。这些目标的实现应符合 IMF 和世界贸易组织（WTO）相关条款。

从内容表述看，《联合声明》体现了美国在阻止汇率操纵方面的新动议，具体为所有 TPP 成员国都承诺“建立一个反映经济基本面的汇率制度”“避免持续的汇率失调”和“避免竞争性贬值”。为帮助宏观经济当局实现这些目标，《联合声明》要求每个成员国定期对外汇储备、即期和远期外汇市场干预、投资组合资本流动及其他操作等信息公开披露。

三、协调机制

《联合声明》建立了一个监测 TPP 国家汇率和宏观经济政策的新协调机制。成员国每年至少举行一次会晤，并发布关于《联合声明》执行情况的相关报告。随着数据的逐渐增加，这些报告会及时、有效地阻止汇率操纵。

而宏观经济政策协调无疑会包括货币政策，如美国和日本实施的量化宽松（QE）政策。一些美国官员和国会议员担心其他国家因量化宽松政策可能导致货币贬值而将其定性为货币操纵。当然不乏这种可能，但是，国际上普遍认为量化宽松政策和汇率操纵之间存在本质区别：首先，量化宽松是通过使用国内政策工具追求国内经济目标，而汇率操纵是直接干预外汇市场。其次，量化宽松会促进政策实施国的经济增长，从而增加国内以及全球需求，而汇率操纵仅仅是需求从一个国家到另一个国家的转移，甚至会扭曲贸易流动。最后，量化宽松能够促进贸易伙伴国的经济增长，而汇率操纵则相反。因此，对于《联合声明》及其协调工作组可能扰乱美国或其他任何 TPP 成员国使用合法政策工具的担心毫无根据。

四、生效及争端解决

《联合声明》将随 TPP 一同生效，如果美国国会 2016 年通过 TPP，《联合声明》则可能在 2017 年生效。届时，加入 TPP 的新成员也必须遵守该声明。

TPP 的争端解决机制并不适用于《联合声明》。谈判国只能通过提高信息报告要求、增加状况监测和协商频率来建立早期预警系统，以阻止未来的汇率操纵，而不能对汇率操纵国家实施贸易制裁等“硬威慑”，以免破坏整个 TPP 谈判进程。

五、国内影响因素

此外，《联合声明》还应结合待国会审议的《关税与执行法案》（Customs and Enforcement Bill）中增加的汇率条款来进行分析。该法案已在参众两院通过数个版本，最终内容还有待于各方妥协达成一致。法案涉及汇率方面有关条款有两项：一项是纽约参议员 Charles Schumer 提出的对汇率操纵国家征收反倾销税，由于其可能违反 WTO 规定，预计不会获得通过；另一项是由参议员 Michael Bennet、Orrin Hatch 和 Tom Carper 提出的扩大国会对财政部在应对汇率操纵方面的授权，财政部应加强与某些违反客观标准国家的“接触”，并对违规操作而一年内没有采取补救措施的国家采取一系列措施，其中包括未来在签订贸易协定时，总统必须将该国的汇率政策作为是否与该国签订贸易协定的决定性因素。

总体而言，《联合声明》基本实现了 TPA 设定的谈判目标。若 Michael Bennet、Orrin Hatch 和 Tom Carper 提出的《关税与执行法案》修正案获得通过，财政部将能更有效地阻止 TPP 国家进行汇率操纵。鉴于上述特点，TPP 有利于提升美国的利益，维护世界经济的稳定。

（李梦云　燕晓春）

TTIP 第十四轮谈判简析*

2016 年 7 月 11—15 日，美欧第 14 轮 TTIP 谈判在布鲁塞尔举行。本轮谈判内容聚焦市场准入、监管协作和贸易规则三大板块，在服务业准入、监管合作等领域取得了较大进展，在农产品准入和能源贸易方面仍存较大分歧。相关情况及我们的简析如下，供参考。

一、取得的进展

（一）市场准入

市场准入部分包含关税、服务业和政府采购三个章节。其中，关税谈判已进入最后阶段，内容覆盖全部关税税目的 97%，双方仍在努力缩减一些产品关税减免过渡期。服务业市场准入将远超现有水平，双方已交换两次文本提案，并在金融服务章节的义务、规则、免责条款与定义，以及跨境服务贸易与投资的文本整合上取得进展。此外，在服务业市场准入章节下，双方探讨了美国就专业服务相互认可协议提出的总体框架文本草案，以及投资自由化、国内规制、专业资格的互认、电信、电子商务等多方面问题。政府采购重点围绕透明度、非歧视性、环境保护、人权以及电子采购鼓励条款展开讨论。

（二）监管

讨论内容共涉及监管一致性、贸易技术壁垒、卫生与动植物检疫以及行业监管合作三个部分。美欧双方均希望在不忽略任何关切（比如产品质量、环境保护）前提下通过监管合作简化商品认证和销售技术规则。双方均表示 TTIP 不会降低对公民权益的保护水平，美欧监管合作将提升公民权益保护水平或维持当前水平。

* 本文写于 2016 年 7 月 24 日。

TTIP将尊重监管机构的独立性和各自监管程序，不会改变公共政策的监管方式，比如食品安全、环境保护，也不会降低政府的监管自主权。

本轮已就监管一致性章节下的“监管合作”和“良好监管实践”两部分的文本整合取得有效进展，已向七个工业部门提交了监管合作提案，包括化学品、化妆品、工程、医疗设备、药品、纺织品和汽车，并已开始就“卫生与动植物检疫”文本进行整合。在贸易技术壁垒章节下，双方探讨了技术合作、贸易技术壁垒委员会（TBT）的角色与作用、合格评定以及标准制定等问题。

（三）贸易规则

贸易规则谈判涵盖中小企业、贸易与可持续发展、能源与原材料三个章节，均已取得进展。其中，中小企业章节为首次在欧盟贸易协议中出现，将通过简化现有规则和减免过高收费来实现中小企业出口便利化。贸易和可持续发展章节包括劳动力、环境以及其他跨领域问题，双方已在劳动力保护、渔业保护与可持续管理、野生动植物保护与可持续管理的规则趋同上达成诸多共识，但在欧方关注的“化学品与废物管理”问题上未取得进展。此外，本轮谈判还涉及“企业社会责任”、“负责任价值链”等问题。

二、主要分歧

截至目前，尽管美欧双方已就97%的关税项目交换两次文本提案，但仍未就剩下的最敏感的3%关税项目开启讨论。双方在农产品市场准入和地理标识等农业议题上僵持不下，未取得实质性进展。美国坚持未达到欧盟农产品标准的美国产品可以在欧盟市场售卖，欧盟则坚持在欧盟境内受保护的农产品在美国市场同样应得到保护。谈判涉及上千种食品和酒类地理标识，双方距离达成一致相去甚远。同时，双方在政府采购方面上存在较大分歧。美国只希望在原有基础上极其有限地提高政府采购市场准入，但欧盟希望持续提高各级政府采购市场准入，以使更多欧盟企业参与美国政府采购竞标。

在上轮谈判中，欧盟提交了“能源与原材料”文本提案，希望将促进竞争的能源市场准入条款以及推动可持续发展和绿色政策的条款纳入该部分协议中，并希望取消美国天然气出口的许可证，以增加能源多样性和加强欧盟能源安全。但是，美国在此轮谈判中并未就是否将“能源与原材料贸易”纳入TTIP协议中明确表态。

此外，欧方始终坚持动物福利法规以及相关问题的重要性，但双方在监管方式上存在明显区别。

三、几点分析

（一）本轮 TTIP 谈判未在关键领域取得实质性进展

本轮谈判虽然有所收获，在一些领域取得较大进展，但整体而言，特别是在关键领域并未取得实质性进展。美欧双方或坚持各自观点，或选择避而不谈，致使 TTIP 谈判受阻。市场准入方面，双方决定继续就已交换文本提案中 97% 的关税项目开展讨论，而剩下的最敏感的 3%，双方选择搁置不谈。关于农产品和酒类的地理标识问题以及政府采购，双方仍坚持各自观点，没取得任何大的进展。无疑，虽然美欧在市场准入方面已取得较大进展，但剩下部分是难啃的“硬骨头”，推进难度大。贸易规则方面，欧盟希望取消美国天然气出口许可，以增强欧盟能源多样性和能源安全。但美国并未就此作出任何表态，使相关谈判无法取得实质性进展。

（二）TTIP 谈判或难以在年底前完成

尽管美欧双方都力求 2016 年底前完成 TTIP 谈判，以避免欧盟 2017 年大选年的政治不确定性，并在奥巴马任期结束前为其政治生涯添上重要一笔。但从此轮谈判进展、双方内在推动力及当前复杂多变的外部环境看，2016 年底前完成谈判或难以实现。主要有以下几点原因：一是谈判进度缓慢。2016 年美欧共进行三轮 TTIP 谈判，如此高密度谈判并未取得如第 11 轮谈判所取得的实质性进展，在农产品准入、政府采购方面仍未取得共识。二是英国“脱欧公投”为谈判增添了新的不确定性。英国是美国在欧盟最大贸易合作伙伴，同时也是积极推动 TTIP 谈判主要国家之一。英国“脱欧”后，美欧双方如何处理已谈好的协议文本及如何开展未来谈判值得观察。作为欧盟一体化进程的火车头，德法对 TTIP 谈判表现出积极意愿，却对年底前完成谈判并不乐观，其中法国明确表示 2016 年年底前难以完成谈判。因此，失去了英国的强力支持，TTIP 谈判将更为复杂。三是欧盟“大选之年”即将来临。2017 年德、法都将迎来大选，民意调查显示，德法两国大量民众对 TTIP 持怀疑甚至反对态度。因此，默克尔和奥朗德需谨慎考虑 TTIP 谈判对其连任参选带来的负面影响。

（宋馨　郭昊）

欧洲建议印度应支持并推进 RCEP*

近日，欧洲知名智库布鲁盖尔研究所（Bruegel）发布研究报告指出，若区域全面经济伙伴关系协定（RCEP）谈判取得成功，将成为世界上体量最大的贸易协定，与跨太平洋伙伴关系协定（TPP）抗衡，但当前 RCEP 推进缓慢，政治困难重重。印度是 RCEP 的受益国，在谈判过程中却阻碍了谈判进程。综合考虑经济和战略利益，印度应积极推进 RCEP。报告主要内容如下，供参考。

RCEP 由东盟十国发起，并邀请澳大利亚、中国、印度、日本、韩国和新西兰六个自贸协定伙伴国共同参与，旨在建立 16 国统一市场。RCEP 覆盖人口 30 亿人，国内生产总值（GDP）总和达 17 万亿美元，占世界贸易的 40%，如果谈判成功，将是亚洲最大的自贸协定，会对亚洲各国和世界经济产生重大影响。RCEP 谈判始于 2013 年初，计划于 2016 年底结束。

RCEP 还有望抗衡以美国为首的 TPP。文莱、新加坡、越南和马来西亚四个东盟成员国同时参与了 TPP 和 RCEP。东盟将从上述两项贸易协定中受益，但相较于 RCEP，东盟成员国对标准更高的 TPP 的适应力存在差异。

RCEP 寻求在成员国间达成一项现代、全面的贸易协定。谈判议程的核心涵盖商品和服务贸易、投资、经济技术合作及争端解决。这种伙伴关系有利于全球生产网络的扩展，并缓解当前亚洲多个贸易协定交织存在的低效率问题。

RCEP 是印度参与过的最大的自贸区谈判，同时印度是 RCEP 谈判的主要参与国。印度面临大幅降低关税的压力，印国内各行业领导者将大幅降低关税后的“中国制造”商品视为最大威胁，担心大量廉价商品涌入印度。此外，新加坡大部分商品已实行零关税，马来西亚贸易中 90% 的关税都非常低，这两个国家都在向印度施压，要求其降低贸易门槛。印度商务部估计，16 国 RCEP 的签署将导致印度收入损失高达 GDP 的 1.6%，这迫使印度谈判者谨慎行事。

同所有自贸协定一样，RCEP 的目标之一是取消近 95% 的关税。这对于大多数

* 本文写于 2016 年 10 月 25 日。

东盟成员国来说或很简单，因为其关税已低于 5%，但对于印度这个平均关税在 15% 的国家而言，大幅削减关税至 0% 或 2%—3% 比较困难。这也将意味着其放弃的市场准入比收益大。

然而，鉴于 RCEP 的重要性，印度作出了一定程度的让步，尤其是在 TPP 签署后有可能影响印度出口的情况下。例如，对于东盟等与印度已签署自贸协定的国家，印度提出要取消 80% 项目的关税。同样，印度已表示愿向日本和韩国开放 65% 的产品市场。对于澳大利亚、新西兰和中国，由于印度没有与这三个国家签订自贸协定，因此只提出取消 42.5% 的产品的关税。但其他成员国的要求远高于印度作出的让步。这意味着，印度推进 RCEP 和其他自贸协定在政治上前景堪忧。

印度一直在努力谈判，推进服务协议专业人才方面的自由流动，以抵消商品自由化带来的收入损失。印度认为其最大优势在于出口服务，借此输送专业技术人员到其他国家，从而部分满足劳动力市场就业需求。但同时，这也存在严重的局限性。许多人抱怨称，印度与东盟的服务贸易微不足道，并且在服务业贸易上，印度还面临着菲律宾等国家的激烈竞争。

印度应尽早作出选择，决定是否继续推进并缔结 RCEP。拖延对其并不利。就自贸协定而言，印度需要有一个明确的目标和策略，并迅速向前推进，这将有利于印度的对外部门，而印度出口下降已持续一年有余。政府态度需要更加强硬，但同时认识到作为一个主要贸易协定，RCEP 未来仍充满不确定性，必须要有足够的政治意愿支撑艰苦的谈判，推动其迅速完成。最重要的是，印度谈判者需持更温和、灵活的态度，以扭转其阻碍谈判进程的印象。

TPP 和 RCEP 的部分成员国相同，因此 RCEP 也将为印度和东盟其他成员国加入 TPP 奠定基础。既然印度已决定加入，就应综合考虑经济和战略利益，并准备引领“印度洋—太平洋世纪”。

（尹晓君　燕晓春）

“深化亚洲财经合作，促进区域融合发展”国际研讨会观点综述*

财政部国际财经中心于10月21日在北京举办了主题为“深化亚洲财经合作，促进区域融合发展”的国际研讨会。史耀斌副部长出席开幕式并致辞，亚洲基础设施投资银行副行长吴洛基、外交部亚洲司副司长黄溪连分别做主旨发言。来自世行、IMF、亚投行、“10+3”宏观经济研究办公室（AMRO）等国际机构的代表，外交部、财政部、国家发改委、商务部、社科院、国务院发展研究中心、国家开发银行、上海国际问题研究院、中国金融四十人论坛、人民大学重阳金融研究院等政府部门，以及澳大利亚、日本、韩国等国的专家学者出席了此次研讨会。现将与会代表主要观点综述如下，供参考。

一、亚洲财经合作的现状与挑战

亚洲是全球经济的增长高地和活力之源，经过20多年的发展，基本实现了各次区域全面覆盖、各机制相互补充借鉴。特别是东亚区域合作，已初步形成以东盟为核心、以“10+3”合作为主渠道的全方位、多层次、立体化格局。

同时，亚洲区域面临的困难和挑战同样不容忽视。从内部因素看，亚洲区域不平衡性突出，部分国家经济结构相似，不少国家对外部市场高度依赖，域内市场开发不够。从外部因素看，世界经济复苏疲弱，金融市场和大宗商品价格波动较大，部分国家出现逆全球化、反一体化的动向。从机制建设看，各类合作机制内部协调有待加强，一些地区热点问题久拖不决，部分国家历史恩结未解，政治互信缺失，阻碍了区域一体化进程。

* 本文写于2016年11月4日。

（一）构建区域金融安全网面临诸多挑战

当前的全球金融风险与2008年全球金融危机前相比有所上升，一部分金融风险从偿付风险转变成流动性风险。金融与实体经济的背离程度也进一步扩大。在主要经济体政策分化的背景下，国际金融风险进入释放期或暴露期。一些微小的扰动就可能引发跨境资本的剧烈流动。全球金融安全网包括外汇储备、双边货币互换、区域金融安全网和IMF等四个层次。各方需对亚洲金融安全网的有效性进行评估：一旦出现流动性冲击，以清迈倡议多边化（CMIM）、双边货币互换为主的区域金融安全网能否迅速启动审慎贷款机制安排。

CMIM和AMRO的发展存在六大挑战：一是AMRO作为CMIM的秘书处，机构能力不足；二是AMRO机构的发展进程须更加清晰；三是CMIM资源的充足性；四是须与IMF就联合融资、应急演练等加强协调；五是如何提高AMRO的监测能力；六是更好地进行CMIM的定期审议工作。

（二）多边开发银行构建基础设施互联互通融资机制方面发挥了重要作用

经验表明，扩大基础设施投资可以产生广泛的经济社会效益，促进减贫和经济发展。但亚洲基础设施建设面临巨大资金缺口，经济增长受到基础设施薄弱的极大制约。尽管并不缺少资金，但亚洲非常缺乏动员资金的能力。世行、亚行、欧投行等全球和区域多边开发银行在基础设施融资方面发挥了重要作用。在这一背景下，亚投行也应运而生。亚投行坚持国际化和高标准，不断提高机构治理能力和管理水平。在投入运营的9个月以来，共批准6个项目贷款，共计8.29亿美元。

（三）亚太地区各种自贸安排未能有效整合

亚太地区面临自由贸易秩序尚未形成、多重区域性的自贸安排未能有效整合、自贸区格局碎片化等挑战。目前，亚太地区基本形成以RCEP、TPP和FTAAP为代表的三种自贸区模式。其中，RCEP采取的贸易标准相对较低，采用灵活调整和整合的方式推进区域一体化，更加符合现阶段亚太地区差异性较大的状况；TPP则是采取高标准、更加注重的贸易规则的制定和引领；FTAAP建立在APEC贸易自由化基础之上，强调通过协商来推进谈判，兼顾各方利益诉求，是三种模式中参与国家最多、包容性更强、构建之路亦更加漫长的一种模式。

中国目前达成的、正在进行的多双边自贸谈判很多，众多的贸易谈判消耗了大量的人力资源，而且也不利于这些贸易协定的整合。不同的自贸协定有不同的优惠安排，这对各成员国的企业而言是一大挑战。

二、对策建议

进一步推进亚洲财经合作应登高望远，不断完善区域财经合作的广度和深度。建议统筹协调各区域合作机制的关系，确保各机制形成合力，协调发展。作为世界第二大经济体，中国应为亚洲一体化建设发挥更大引领作用。

（一）推进区域财金合作，构建金融安全网

构建金融安全网应突出危机防范而不是如何应对危机。预防危机的发生才是最好、最有效的金融安全网。至于 CMIM 的规模，2400 亿美元是否最合适不是关键，关键是规模既要有利于增强信心，又要注意防范道德风险。

建议构建亚洲的“三驾马车”（IMF、CMIM/AMRO、ADB/AIIB）机制，为应对亚洲金融危机奠定机制基础，推动人民币双边互换转型为危机管理的工具，同时注重发挥多边开发机构在应对危机方面发挥的作用。特别是，作为区域金融安全网，CMIM 从未真正使用过，这引发了对其有效性的质疑。须进一步做实 CMIM、AMRO 和亚洲债券市场等“三大支柱”：一是不断提高 AMRO 的机构能力和监测能力。二是与有关各方保持密切沟通，提高 CMIM 的实用性和有效性。三是继续改进监管框架，完善亚洲债券市场基础设施建设。

（二）构建多元融资体系，促进区域互联互通

基础设施互联互通项目具有资金需求大、外部性强、参与方多等特点，因此融资和建立统一的标准格外重要。在吸引社会资本方面，通过社会和经济评估和担保机制能够降低项目风险，提高项目对于私人部门的吸引力，提升投资者信心。

建议：一是多边开发机构继续扩大贷款能力，支持发展中国家的基础设施建设。二是创新合作模式。新老多边开发机构可开展联合融资和平行融资，更多筹集私人部门资金，新老多边开发机构应加强合作，形成合力，全面落实 G20 杭州峰会取得的相关共识。三是加强对发展中国家能力建设的支持力度。四是发挥机构能力优势，帮助发展中国家加强基础设施发展、区域互联互通方面规划。五是应促进各国推行 PPP 模式以及 PPP 合同的标准化。六是建设跨境信用信息共享机制。七是设计适当的激励措施吸引社会资本参与。

（三）加快自贸谈判进程，推进亚洲经贸一体化

应从以下方面推进亚洲经贸一体化建设：一是扎实推进 RCEP 谈判，各方应深化政治互信，加快谈判进程。同时 RCEP 谈判也要与时俱进，提高标准，适应全球区域一体化中的新的贸易形势和新的投资方式。此外，要进一步加强 RCEP 与中日

韩自贸区及现有双边和多边自贸区的对接，发挥各自的优势，兼顾各国的利益关系，以推动亚洲地区自由贸易进程。二是妥善处理好与 TPP 的关系，着力提升自由贸易的包容性和开放性，加强 TPP 成员国和非成员国之间的战略磋商，增进战略共识，避免区域经济的分化，不断完善 TPP 谈判模式，克服其排他性、封闭性等不利因素。三是探索推动 RCEP 与 TPP 的有效对接和融合，在 RCEP 和 TPP 基础上找到构建 FTAAP 的可行性和模式。四是推进中美 BIT 谈判。中国应在行政层面就技术性问题进行更多的磋商，这将为应对 BIT 的一系列更为复杂的谈判问题奠定基础。五是谈判策略方面，须集中谈判资源，率先从一些新领域或成本最小的领域实现突破。无论是中美 BIT 谈判，还是 RCEP 谈判，中国应集中谈判资源，搁置争端，从一些分歧较小或不敏感的领域入手，进而推动复杂、敏感领域的谈判。六是不断完善国内市场的相关政策和制度。中国在参与 FTA 建设、扩大出口的同时，应考虑如何有序地开放中国的进口市场，充分发挥中国区域经济自动稳定器的作用。

（外联处）

“10 +3”财金合作面临的挑战及政策建议*

近年来，“10 +3”财金合作机制在诸多领域取得积极进展，各成员体携手合作，积极应对国际金融危机，努力使经济保持较快增长，已成为确保区域金融稳定、加强宏观政策协调的主要平台。但是，随着时间的推移和区域内外不确定性的加深，“10 +3”财金合作的一些机制性问题也逐渐显露，现有的合作架构难以有效应对区域挑战。现将“10 +3”财金合作的现状、面临的问题及相关政策建议分析如下，供参考。

一、“10 +3”财金合作现状

（一）财金合作领域取得积极进展

近年来，“10 +3”财金合作领域取得积极进展，主要包括以下几方面：一是达成《清迈倡议多边化协议》（CMIM），将清迈倡议下较为松散的双边货币互换机制整合为多边资金救助机制、建立2400亿美元的区域外汇储备库、将CMIM与IMF贷款规划脱钩比例提高至30%，并创设预防性贷款机制（CMIM－PL），以应对因外部冲击而发生的短期国际收支或流动性需求。二是强化“10 +3”宏观经济研究办公室（AMRO）机构建设并推动其升级为国际组织，区域经济监测能力不断提升，积极服务于区域金融安全网建设。三是深化亚洲债券市场发展。通过实施亚洲债券市场发展倡议（ABMI），推进区域本币债券市场发展，积极动员本地区储蓄投资于本地区，降低对美元等外币依赖，并于2016年5月份召开的第19届“10 +3”财长和央行行长会议上通过了ABMI未来三年的中期发展路线图。

* 本文写于2016年12月28日。

（二）“10+3”区域经济一体化程度不断提高，各经济体贸易合作不断深化

相对于低迷的全球经济，东亚地区一直保持着较快增长，2016 年 GDP 增速有望达到 5.8%。这既得益于东亚经济体良好的经济基本面，也得益于长期以来各国积极参与并推动全球化和区域经济一体化的努力。RCEP 谈判有序推进，若干个“10+1”经贸机制安排不断完善。以中国和东盟为例，借中国东盟自贸区升级版的签署，双边贸易额预计将从 1991 年的 80 亿美元增长到 2016 年的 4000 多亿美元，年均增长 18.5%。双方相互投资快速均衡发展，累计双向投资超过 1600 亿美元。目前，“10+3”域内贸易占本地区对外贸易总额的 15%，仍有很大潜力可挖。

（三）“10+3”各国对美国市场和美元的依赖性较高

20 世纪 90 年代以来，随着中国与东盟各国对美国市场依赖不断增加，域内各国纷纷把本国货币盯住美元，将本币与美元汇率维持在固定水平，并积累大量美元外汇储备，进而成为“美元体制”的重要依赖者和支撑者。截至 2016 年 5 月份，中国、新加坡、泰国、菲律宾和马来西亚等五国购买美国国债占美国国债总额比达 29.03%。此外，亚洲域内各国的贸易结算货币、银行间外汇市场的交易货币也均以美元为主。同时，“10+3”区域内贸易产品大多是伴随着区域内生产过程分散化而产生的中间品、零部件和资本货物，而其最终产品市场则依赖美国等发达国家。美国一直是该区内最大的最终产品市场提供者（详见图 1），这也决定了在今后相当长时期内，“10+3”各国仍难以摆脱对“美元体制”的依赖。

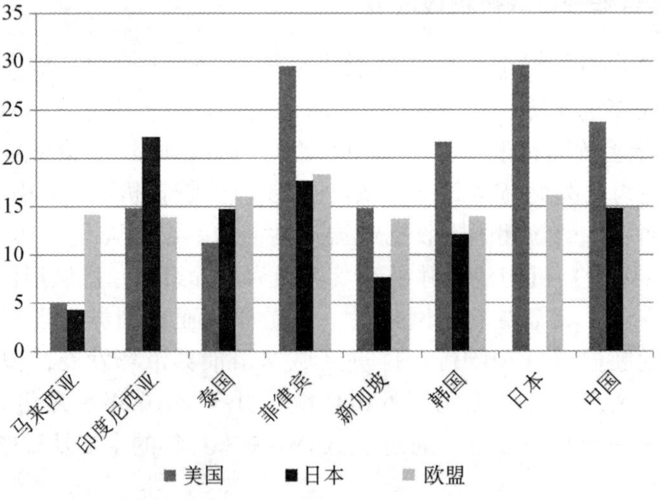

图 1　2015 年“10+3”各国对美日欧出口比重

（四）区域金融一体化发展目前仍无“牵头方”

区域性金融和货币安排需要本区域内存在政治和经济上占支配地位的国家，从而在本地区金融合作中起到协调各方利益、主导整个金融合作进程的作用。以欧元区为例，德国和法国凭借其强大的政治和经济实力，主导并成功推动了欧洲货币一体化进程。而从“10＋3”区域情况看，十年前由日本主导区域财金合作，目前由中、日共同主导，而东盟一直在名义上拥有主导权，但由于其经济实力差距，难以担当区域金融合作核心国的重任。随着东盟经济整体实力的提高，域内各方力量博弈将进一步加剧，目前区域财金合作仍无真正“牵头方”。当然，论经济权重，中国是“10＋3”当仁不让的核心力量。未来，中日仍应权衡得失，发挥与自身实力相匹配的影响力。

二、“10＋3”财金合作存在的机制性问题

尽管“10＋3”财金合作领域已取得较快发展，但仍存在诸多阻碍区域经济一体化发展的机制性问题，主要表现在以下方面：

（一）区域金融安全网的有效性和实用性依然有待提高

一是CMIM金融风险救助机制难以脱离IMF而独立发挥作用。当前，各国贷款额度30%以内的部分可直接由成员国投票决定是否发放及确定发放条件。若某成员国贷款申请超过30%的贷款额度，就必须要同时获得IMF贷款才能动用超出部分。虽然与IMF贷款脱钩的贷款比例2014年提高到了30%，但仍在一定程度上限制了CMIM金融风险救助能力。如印尼在遭遇危机冲击时，本可以在CMIM框架下通过与各国的货币互换筹集到援助资金，但由于IMF援助框架限制，印尼转而通过与美国签署300亿美元的货币互换协议以缓解危机造成的流动性短缺。

二是CMIM机制的有效性和实用性有待检验。CMIM目前还尚未启动过，其使用机制是否顺畅、能否达到预期效果仍有待检验。很多CMIM运作细节还未确定，只存在原则上的规定。虽然危机防范功能已在2012年正式加入CMIM机制，但进展速度十分缓慢。

三是AMRO能力建设有待加强。2016年升级为国际机构的“10＋3”宏观经济研究办公室（AMRO）作为唯一独立的监督机构，无论是资源、经验还是技术能力方面都还处于初期发展阶段，尚不能独立承担CMIM要求的经济风险评估和贷款管理功能。第一，AMRO缺乏高素质人才，其经济监测报告和研究工作的深度有待提高。在危机管理方面，目前还没有全面展开危机救助贷款项目的开发和研究工作。第二，短期内AMRO很难有效地摆脱各成员国政府对其监督，无法完全发

挥独立性。

（二）区域税收协调与合作程度低

目前，“10 +3”区域税收协调主要体现在关税协调和一些税收协定上，但税收协调程度不深，非关税措施方面尚没有具体安排，对增值税等主要税种的协调几乎没有涉及，所采取的形式也主要以双边税收协定为主。总体看，主要存在以下问题：一是税制差异较大。税制差异大是阻碍生产要素跨境流动的重要原因，而“10 +3”各国在关税、增值税、所得税等方面的制度差异较大。二是缺乏有效法律约束。“10 +3”合作模式虽然已经提出建立“东亚共同体”的目标，但缺乏像欧盟《罗马条约》、《马斯特里赫特条约》一样有权威性的条约来规范各国行动，税收协调缺乏共同遵守的法律基础。三是缺乏税收合作平台。就税收领域而言，目前在亚洲有影响的税务部门直接参与的交流平台要数“亚洲税收管理与研究组织”。但由于是非正式机构，其影响力和持续力受到很大制约，很大程度上停留在税收征管经验交流和问题探讨层面。

（三）汇率协调机制尚未取得实质性进展

由于“10 +3”汇率协调合作机制尚未取得实质性进展，自 2009 年以来“10 +3”汇率变动的联动性大幅降低，其离散程度甚至高于 1997 年东亚金融危机之前的程度。当前东亚货币合作中的主要障碍在于实体经济冲击的非对称性阻碍了货币合作向深层次推进。虽然东亚各经济体，尤其是中、日、韩三国在货币冲击方面的对称性较高，但是各国的经济条件差异较大，而且实体经济在受到冲击后表现出非对称性，因此在面对经济冲击时往往各自为政，更多从维护自身经济利益出发。目前东亚各国只是将货币合作作为应对金融危机的临时性救助手段，缺少向前推进的动力，更无法就区域货币合作的发展方向及长远目标达成共识。

（四）区域债券市场一体化仍存在诸多障碍

首先，信用评级、交易清算、税收等技术性问题阻碍了亚洲债券市场的一体化发展。在信用评级方面，亚洲还缺乏统一的信用评级标准，许多依附于各自政府的信用评级机构，其独立性被普遍质疑；此外，亚洲各经济体对跨境债券的税收、交易清算等安排也不一致。其次，亚洲债券以政府债券为主，整体流动性较差。亚洲债券市场的品种单一，以政府债券为主，企业债券占比非常低，私营部门参与程度不高，不利于亚洲债券市场化建设。同时，多数经济体的债券市场成交量仍然非常低，市场流动性明显不足。

三、未来推进“10+3”财金合作的几点建议

2017年是亚洲金融危机20周年，为推动“10+3”财金合作取得更积极的进展，各方应积极谋划“10+3”财金合作中长期发展方向，明确未来5-10年的发展目标，探讨深化“10+3”财金合作的路径，进一步加强区域经济一体化建设。

（一）夯实区域金融安全网建设

1. 强化CMIM有效性和实用性

第一，研究提高与IMF脱钩比例的可行性。目前30%的比例在很大程度上限制了CMIM作为独立机制可以提供的救助规模，适当提高这一脱钩比例可以增加成员国使用CMIM机制的动力，从而使其更好地融入以IMF为中心的全球金融安全网。第二，探讨改变储备库现有管理方式。由分散管理储备库模式转为集中管理，这样不仅能保障危机应对资金的规模，还可以借鉴欧洲稳定机制和IMF在必要时通过发行债券和向成员国借款的资金筹措方式，以增大危机时可以运用的资金。第三，通过多样化方式适度增加现有储备库规模。如增加每个成员出资额，或将某些双边协议纳入CMIM的多边协议等。

实施以上三点难度极大，各方特别是中日韩三方需进一步凝聚共识。我政府部门之间也需加强沟通和协调，需从加强东亚合作的战略高度看待这些问题。

2. 将AMRO打造成“亚洲版货币基金组织”

第一，完善ARMO功能，进一步加强和扩大技术援助活动支持，提高AMRO对各成员国的经济监测能力，积极建立与双边及国际组织的合作关系，提高ARMO作为地区性货币金融合作与监督机制的地位和信誉。第二，进一步加强与IMF的合作。当前，G20正在开展完善国际金融架构的讨论，应进一步加强以IMF为核心的全球金融安全网和区域金融安全网之间的合作。第三，保持AMRO的独立性，适度减少区域内各成员国对AMRO的过度干预。第四，积极探索构建亚洲货币单位的可能性和可行性。构建亚洲货币联盟、发行区域单一货币，是亚洲各国加强区域金融协调与合作的未来发展方向，东亚各国应对此作出政治决断，并能稳步推进。第五，打造由AMRO/CMIM、ADB/AIIB、IMF组成的亚洲“三驾马车”，以应对未来可能发生的金融危机。日本方面一直试图强化亚行在区域财金合作的介入力度，我应借力亚投行，平衡亚行的角色定位。

（二）促进区域税收协调与合作

1. “三位一体”同步进行关税协调

“三位一体”模式主要包括非关税壁垒、对外关税和关税税率的协调。要强化

对于区域非关税壁垒的管理和协调，将非关税壁垒置于关税协调的框架和范畴之中。在对外关税协调可以采取对成员国分层的方法，将关税水平接近的国家归为一层，首先对不同层次内部国家的对外关税进行协调，再对各层之间进行进一步协调。在关税税率方面，可以对新老成员国分别作出安排：我国与老东盟 6 国可以先于新东盟 4 国形成关税同盟，然后进行与日、韩的关税协调。欠发达地区，给予其一定过渡期。

2. 从征税范围和税率两方面进行增值税协调

首先，各成员国应实现增值税征税范围的趋同，且尽量做到税收优惠的趋同或一致。其次，增值税税率方面可以先协调增值税税率的合理范围，各国在该范围内自主规定增值税税率以适应本国经济情况。同时，对于部分国家，可以采取一些相应的过渡方案，逐步缩小增值税税率差异。最终实现将统一的消费地原则逐步转变为统一的生产地原则。

3. 统一公司所得税征税制度和标准，完善税收优惠政策

首先，各成员国应实行内外资企业统一的公司所得税制度，在本国完成税制统一。其次，各成员国应统一居民企业判定标准。最后，各成员国应对公司所得税的税收优惠加以规范和协调。

（三）加快亚洲债券市场制度建设，提高市场流动性

1. 加快亚洲债券市场的制度建设

第一，构建认证模式的亚洲区域性信用评级制度。鉴于亚洲区域缺乏权威的信用评级机构，在亚洲债券发展过程中，可先采取认证模式，即由 ABMI 下的 WG5“本地及区域性信用评级机构问题小组”作为认证部门，对有意从事区域内信用评级业务的评级机构进行资质认证。由资质认证部门和通过认证的评级机构共同构成亚洲区域信用评级体系。第二，构建多样化担保体系，如设立专门的担保基金，成员国之间建立区域性担保基金，商业性担保基金提供担保等。第三，要求各国消除现有的阻碍跨境债券融资的技术性障碍。税收、联合信用评级、跨境清算交割等都需要各国金融政策的配合，以降低跨境交易的门槛。

2. 提高债券市场流动性

第一，丰富交易品种。在亚洲债券市场上，存在大量期限、利率水平相近的中期债券，而短期和长期债券相对较少，各金融机构对现有债券的利率走势和收益率的预期非常接近，导致投资者缺乏交易动机。亚洲债券市场应积极发展固定利率债券、浮动利率债券以及债券衍生品，同时，增加企业债券品种。第二，降低交易成本。如新加坡对于其债券市场的发行者、投资者以及证券机构给予税收优惠，促使新加坡债券市场成为世界上最为高效的债券市场之一。第三，引入做市商制度。一般而言，做市商市场的流动性明显高于拍卖代理市场的流动性，在

亚洲债券市场，仅有少数几个国家赋予一级交易商参与政府债券定价的过程，使亚洲债券市场的做市商制度接近无效状态。第四，改善投资者结构。目前，亚洲地区近一半债券由银行持有，这一比例远远高于发达国家水平。各经济体应制定积极的支持性政策，提高共同基金、境外投资者以及私人投资者的参与程度。

（于晓　胡振虎）

G20：因危机而生*（G20 研究之一）

2016 年，中国成功举办 20 国集团（G20）领导人第十一次峰会。本次峰会达成了广泛共识，形成了一系列务实成果，展现出中国积极为全球经济治理作出贡献的决心和能力，将 G20 机制推向前所未有的高度。那么，G20 究竟是什么？因何而生？起何作用？为何升级？有何不足？厘清这些问题，对我们更好把握 G20，今后更全面参与 G20 有重要意义。

一、G20 的诞生

1997 年亚洲金融危机爆发后，以西方 7 国（G7）为代表的世界主要发达经济体意识到，随着全球经济一体化进程不断深入，各国经济相互联系和相互影响程度不断加深，需要一种新的国际协调机制来应对区域和全球经济危机。G7 认为，将中国和印度等新兴经济体纳入对话轨道，不仅有利于深化国际金融体系改革，更有利于在全球层面加强宏观经济政策协调，全面提升政策协调的有效性。1999 年 12 月，首次 G20 财长和央行行长会议（下简称 G20 财长会）在德国柏林举行，标志着 G20 机制的诞生。

二、G20 的基本情况

（一）主要参与者

G20 成员由 7 个发达经济体以及其他 12 个主要经济体以及欧盟等 20 方[①]组成，涵盖面广，代表性强，兼顾发达国家和发展中国家以及不同地域利益平衡是 G20

* 本文写于 2016 年 12 月 29 日。

① 包括阿根廷、澳大利亚、巴西、加拿大、中国、法国、德国、印度、印度尼西亚、意大利、日本、韩国、墨西哥、俄罗斯、沙特阿拉伯、南非、土耳其、英国、美国以及欧盟。

成员构成的主要特点，其总人口占全球的2/3，国土面积占全球的60%，GDP占全球的90%，贸易额占全球的80%。

此外，每年G20会议还邀请世行、IMF、联合国、WTO等主要国际机构作为参与者和决策落实方参与到各级别会议中。一方面，这些国际组织受G20委托，在各级别G20会议中就有关具体议题提供技术和智力支持，包括提供背景文件与工作建议等；另一方面，他们也是G20成果的重要执行者和监督者。此外，G20主席国还从2009年开始陆续邀请西班牙、东盟和非盟等作为嘉宾国①参与当年G20相关会议。

（二）工作机制

2008年G20财长会升格成峰会后，G20讨论的范围越发宽泛，其工作机制变得更加丰富。目前，G20已形成以领导人峰会为引领，协调人和财金渠道"双轨机制"为支撑，专业部长级会议、工作组和研究小组为辅助的工作架构。与正式国际组织相比，G20无常设秘书处、国际雇员和专门的办公地点，主席采取轮换制。在协商一致原则基础上，领导人峰会筹备工作由"三驾马车"（前任主席国、现任主席国和候任主席国）② 牵头、各成员共同参与。OECD、IMF及世行等国际机构担当主要秘书处角色，为G20提供研究、分析等技术支持服务。协调人由各成员国领导人任命，多由负责外交的高官担任。协调人每年召开3—6次会议，就峰会各项筹备工作进行讨论，并就协调人渠道下相关议题形成成果，提交峰会。财金渠道负责就经济金融问题进行磋商，提出建议，成果直接提交峰会。

目前，除财长会外，G20还有5个专业部长会议，分别是劳工和就业部长会议、贸易部长会议、农业部长会议、发展部长会议和旅游部长会议。其中，财长会为财金渠道下最高级别会议；其他为协调人渠道下会议，其会议成果提交协调人。目前，专家工作组有10个，分别是财金渠道下的"强劲、平衡和可持续增长"框架工作组、投资与基础设施建设工作组、国际金融架构工作组，以及协调人渠道下的就业工作组、发展工作组、能源可持续问题工作组、反腐败工作组、私营部门工作组、金融包容性及贸易工作组。各工作组由来自相关政府部门的官员组成，工作组会议成果提交相关部长级会议。此外，财金渠道还设有绿色金融和气候资金两个研究小组。

① 目前，G20嘉宾国包括西班牙（2011年开始成为永久嘉宾国）、东盟主席国、全球治理集团、两个非洲国家（非盟主席国和非洲发展新伙伴关系（NEPAD）代表国）以及若干个由主席国自行决定的经济体。

② "三驾马车"是对前任主席国、现任主席国和候任主席国之间紧密衔接的习惯叫法，于2010年首尔峰会上讨论、确认，在2011年戛纳峰会得以实施，并写入此次峰会公报中。

（三）相关配套活动

从外部体系来看，与 G20 相关的非官方论坛机制，即配套活动有 G20 商业峰会（B20）、G20 智库会议（T20）、G20 民间社会会议（C20）、G20 劳动会议（L20）、G20 青年会议（Y20）、G20 妇女会议（W20）等（详请见附表 1）。这些论坛日趋产生影响力，从各自领域对 G20 议程与成果作出有益补充。

三、G20 财长会聚焦的主要议题及成果

（一）1999—2007 年财长会议

1999—2007 年（未升格成峰会前），G20 每年举行一次财长会议，主要聚焦宏观经济及财政金融议题，如全球及区域经济形势、金融危机的防范和应对、打击恐怖主义融资、打击滥用国际金融体系等。中国是 G20 创始成员，长期以来一直积极参与 G20，并于 2005 年担任主席国，在北京主办了以“加强全球合作：实现世界经济平衡有序发展”为主题的第七次 G20 财长会（详请见附表 2）。

（二）2008 年后峰会机制下的财长会议

G20 升级为峰会机制后，G20 财长会仍然是 G20 的核心渠道，是财金渠道成果的决策者，是峰会特别是财金领域的生力军。G20 财长会每年召开 3—4 次会议，其中 2 次与世行/IMF 春会和秋会背靠背举行。

2008—2016 年，G20 财金渠道继续聚焦宏观经济以及财政金融议题，宏观经济政策协调职能得到强化，主要成果有：为全球金融危机和欧债危机动员资金、提出并推动世行和 IMF 治理改革的量化目标、建立“强劲、可持续、平衡”增长框架、应对税基侵蚀和利润转移（BEPS），加强结构性改革“顶层设计”等（详请见附表 3）。

四、G20 领导人峰会及主要成果

（一）G20 升级

2008 年，国际金融危机爆发，西方发达国家更加意识到，仅靠自身力量难以让世界经济走出泥潭，必须再次抱团取火，共同化解危机。为迅速、有力应对危机，亟须在最高级别建立宏观经济政策协调机制，以增强 G20 效率。基于此，时

任美国总统布什提议[①]，将G20升级为峰会机制，在中国的支持下，首次G20领导人峰会于2008年11月在华盛顿举行，时任国家主席胡锦涛率团与会。2009—2010年，G20每年举行两次峰会，主要探讨危机应对以及巩固金融市场。在华盛顿和此后的伦敦、匹兹堡峰会上，G20各方进行了密切的协调与合作，各成员纷纷推出大规模财政刺激计划，发挥协同效应刺激经济增长，防止危机蔓延。可以说，G20因区域危机而诞生，因全球危机而升级。G20峰会在提振增长、推动改革、加强监管等诸多领域不断取得进展。

2011年后，G20峰会改成年度论坛，每年由成员国轮值主持。自此，G20开始承担世界经济治理任务，在协调各国经济政策、合力应对金融危机等方面发挥实质作用。

（二）G20升级为峰会后的主要成果

2008年以来，G20已举行11次峰会，主要聚焦全球重大经济金融问题，探讨如何推动全球经济复苏和国际金融体系改革以及协调主要经济体宏观经济政策。G20峰会为维护全球经济稳定与增长，推动国际经济治理体系改革发挥了重要作用，形成了丰富的务实成果（详请见附表4）。

五、G20成果丰硕

作为“国际经济合作的主要论坛”[②]，G20在全球治理方面作出了巨大贡献，一方面积极协调发达经济体与新兴经济体的宏观政策，凝聚政治共识以解决重大的全球性挑战、促进增长、扩大贸易和投资，另一方面积极推动国际规则制定，不断完善全球治理。11次峰会普遍达成有力成果，并受到全球广泛关注。2016年中国接任G20主席国后，积极引导G20将关注的重点由短期危机应对转向促进结构性改革推动中长期经济增长，从中长期应对经济增长的结构性挑战，提高全球潜在产出水平。此外，杭州峰会第一次提出综合运用货币、财政、结构性改革政策促进全球经济增长，第一次把创新作为核心成果，第一次把发展议题置于全球宏观政策协调的突出位置，第一次形成全球多边投资规则框架，第一次发布气候变化问题主席声明，第一次把绿色金融列入G20议程，这些“第一次”不仅在G20历史上具有里程碑意义，也将引领全球经济增长和全球经济治理的新方向。

---

① 据布什后来所写回忆录《抉择时刻》透露，召开此次会议其实是他与时任法国总统萨科齐通电话时提议的，而萨科齐本来只是建议召开一次G7/G8领导人峰会。

② 《二十国集团匹兹堡峰会领导人声明》第19条指出“我们确认二十国集团作为国际经济合作的主要论坛”。

（一）有效应对全球性危机，维护全球经济稳定与增长

首先，G20 的危机应对作用及成效是不可否认的。2008 年国际金融危机爆发后，全球主要经济体和国际组织通过 G20 平台为恢复世界经济增长而共同努力，形成了有史以来规模最大、协调性最强的财政和货币刺激计划。此外，G20 推动金融稳定论坛（FSF）升级为金融稳定理事会（FSB），努力构建全球金融安全网，在中长期内推动建立更强有力、更具全球一致性的监管框架。在欧债危机、新兴市场资本波动和英国脱欧等突发事件中，G20 作为全球最主要经济体的集合也及时发声稳定了市场信心。

其次，G20 一直在为推动全球经济“强劲、平衡和可持续”增长而不懈努力。尽管各成员采取的具体措施有所不同，但华盛顿峰会至今，全球经济没有被危机击倒，没有再次发生全球性、系统性风险，表明 G20 机制在其中发挥了关键作用。目前，全球经济仍面临风险和不确定性，影响全球经济走势的潜在风险点仍频现，G20 通过峰会平台让主要经济体领导人进行深入交流，共商应对之策，这无疑对化解潜在风险、稳定宏观经济起到了重要作用。

（二）增强议题灵活性和全面性，弥补现有治理体系不足

G20 虽是协调全球经济事务的主要平台，但其议题涵盖领域不仅限于传统的经济领域，还包含促进就业、加强基础设施建设、反避税、反恐、反腐败、完善全球能源治理、加强粮食安全等议题。面对这些全球性问题，现有以全球多边金融机构为主体的全球治理体系不足以有效应对，G20 机制充分发挥自身灵活性、全面性等优势，通过提供政治动力、动员成员国采取行动、促进典型实践案例的产生和共享及推动全球规则的制定，取得了更多丰硕成果。

（三）不断提高代表性，反映国际经济现实和经济治理体系的深刻变化

在升级为峰会之前，G20 只是以非正式部长级会议的形式运行，主要以政策交流为主，实质性结果不多且缺少约束力，全球经济体系的主导权和核心议程的制定权仍然牢牢掌握在 G8 国家手中，新兴经济体的地位非常边缘，代表性和话语权明显不足。这与 2000 年以来新兴经济体快速发展，经济体量、国际影响和对全球增长贡献度明显提升的国际经济现实严重不符。通过 G20 峰会，主要新兴经济体实质性进入全球经济治理体系的比较核心位置，有机会深度参与全球经济议程和规则制定，并站在新兴经济体立场上发声。其中，匹兹堡峰会达成的 IMF、世行投票权改革，正是反映国际经济格局和治理体系变化的典型事件。

六、G20 仍任重而道远

在充分肯定 G20 在推动世界经济“强劲、可持续、平衡增长”以及完善全球经济治理方面担当的重要角色的同时，我们也应关注到 G20 机制存在的不足和面临的挑战。

第一，G20 目前仍属于国际经济论坛的性质，这使 G20 在推进各方达成共识方面具有更多的灵活性和可能性，有助于各方加强沟通协作，在不同国家不同利益诉求面前寻找“最大公约数”。但也造成 G20 共识无法律约束效力和问责机制，导致后续落实和执行力不足，容易沦为“清谈馆”。今后，应进一步探讨如何加强 G20 成果落实的法律约束力和有效性，强化成员对 G20 共识的落实和执行。

第二，在缺乏应对全球危机紧迫性的后危机时代，世界经济形势不同于危机时期，经济逐渐回归正轨的发达国家或将更加倚重 G7，G20 面临机制再度被弱化的可能。因此，应尽快推进 G20 由危机应对向长效治理的转型，更加关注全球层面的长期政策，将 G20 打造成为全球经济治理的最可靠、最重要平台。例如，进一步推动全球结构性改革，推动完善全球经济治理体系，特别是完善世行投票权改革和 IMF 份额改革。

第三，目前 G20 已发展成为高级别、多层级、多部门的协调机制，议题涵盖范围不断拓宽，会议架构越发庞杂，尽管这有助于从不同领域推动全球性问题的解决，但必将在一定程度上降低 G20 的效率和针对性，例如专业部长会议讨论内容有所交叉，一些工作组功能重叠。在成员国资源有限的情况下，应进一步明确 G20 机制的定位和职能，充分利用现有国际治理体系的资源，在全面性和效率之间找到平衡。

附表 1　G20 配套活动具体情况

附表 2　1999—2007 年 G20 财长会议主要议题和成果

附表 3　2009—2016 年 G20 财金渠道主要议题和成果

附表 4　历届 G20 峰会的主要成果

附表 1　　G20 配套活动具体情况

机制	成立时间	重要作用
B20	2014 年 11 月布里斯班峰会	B20 是国际工商界参与全球经济治理和国际经贸规则制定的重要平台，以举办议题工作组会议和峰会为主要内容开展年度工作，就全球经济增长的关键性问题深入探讨，形成并向 G20 峰会提交政策建议报告，为促进全球经济强劲、平衡、可持续增长建言献策。历年来，B20 讨论内容与 G20 峰会主题议题高度契合，涵盖金融体系改革、贸易、投资、能源、基础设施、就业、反腐败等全球经济发展热点问题。B20 通过议题工作组会议汇总工商界政策建议，提交给 G20 峰会，为 G20 领导人提供决策参考。多位 G20 领导人出席历届 B20 峰会，并就工商界政策建议与 B20 代表进行对话交流
T20	2012 年 6 月洛斯卡沃斯峰会	T20 是 G20 峰会重要配套会议之一，是全球智库代表为 G20 贡献智慧与思想、提供更多的战略选项和政策储备的重要平台，并以其对历年 G20 峰会政策决定和实施的重要影响力而备受瞩目
C20	2013 年 9 月圣彼得堡峰会	C20 是民间社会围绕 G20 峰会主题向各国政府及社会各界提出建议的平台。目的在于促进民间组织与 20 国政府首脑会议的议程和意见的交流，并讨论相关议题，旨在让民间组织能够在全球经济的讨论中拥有发言权，贡献政策建议，参与其中
L20	2008 年 11 月华盛顿峰会	二十国集团劳动会议为维护职工权益、促进经济社会发展、实现体面劳动和 2030 可持续发展议程发挥了积极作用，是二十国集团机制中重要的社会伙伴对话平台
Y20	2010 年多伦多峰会	Y20 是目前 G20 框架下唯一的青年交流活动，旨在为成员国青年代表提供一个研讨当前国际经济问题的平台，推动青年一代更好地参与 G20 等国际机制和全球经济治理
W20	2015 年 10 月安塔利亚峰会	W20 致力于推动性别包容的经济增长，推动 G20 各成员国履行承诺，加强妇女经济赋权。作为国际经济合作主要论坛，G20 肩负引领全球经济强劲、可持续、平衡增长的使命，性别包容和性别平等是实现这一目标必不可少的要素

附表 2　　1999—2007 年 G20 财长会议主要议题和成果

时间	国家	城市	成果
1999 年 12 月	德国	柏林	会议强调，G20 是布雷顿森林体系框架内非正式对话的一种新机制，旨在推动国际金融体制改革，为有关实质问题的讨论和协商奠定广泛基础，以寻求合作并促进世界经济的稳定和持续增长；G20 财长和央行行长们讨论了减少金融危机爆发的可能性
2000 年 10 月	加拿大	蒙特利尔	达成“蒙特利尔共识”：共同推动经济、贸易的全球化，使其成果延及发展中国家；改革国际货币基金组织等国际金融机构，增加这些机构的透明度；继续朝建立统一的国际金融标准和规则的方向努力，以增强联合抵抗金融危机的能力；对债务沉重的国家进行援助，并协助这些国家进入全球经济体系；在农业研究、环境保护和艾滋病等疾病的防治方面加强合作
2001 年 11 月	加拿大	渥太华	讨论“9・11”对全球经济和金融的影响；打击恐怖主义融资；缩小贫富差距等议题
2002 年 11 月	印度	新德里	发表《德里公报》，提出通过健全的宏观经济政策、有效的制度和良好的管理，实现各国经济可持续增长；各国必须增强预防金融危机的能力，并在金融危机发生时迅速作出在社会和经济方面切实有效的反应；面对去全球化，通过实施适当的国内政策和创造有利的外部环境，在减少风险的情况下获得最大收益；承诺将继续打击恐怖主义活动
2003 年 10 月	墨西哥	莫雷利亚	发表《莫雷利亚公报》。公报指出，应采取措施促进主要经济体的平衡增长；为促进世界经济增长、消除贫困、共享全球化收益，国际社会应进一步努力，尽快恢复 WTO 多哈回合谈判；金融自由化应以适当的时间和顺序进行，同时稳健的机构和发达的国内金融市场是使全球化收益最大化以及促进经济增长、减少金融危机的关键因素；为解决债务重组问题，G20 鼓励采纳主要国际标准的最佳做法，并促请发债人和市场参与者与 G20 成员在自愿基础上进一步讨论可行方案；应进一步探索以双边为基础的信息互换机制，防止滥用国际金融体系；在保护正规金融体系的同时，应加强对非正规金融机构的监管；为实现千年发展目标、增加发展援助基金，会议讨论了推动落实《蒙特雷共识》发展筹资大会承诺的框架；G20 应进一步侧重于研究和解决重大国际经济问题，促进南北合作
2004 年 11 月	德国	柏林	金融机构建设；打击滥用国际金融体系；老龄化的挑战与移民；主权债务重组；布雷顿森林机构 60 年回顾；在全球化背景下促进经济稳定与增长；区域一体化等
2005 年 10 月	中国	北京	审议并通过了《联合公报》和《G20 关于布雷顿森林机构改革的联合声明》、《G20 关于全球发展问题的联合声明》、《G202005 年改革议程》，向国际社会表明了与会各方决定促进全球经济平衡有序发展的共同愿望和政策主张，特别是为布雷顿森林机构改革和扩大发展融资提供了重要的政治推动力

续表

时间	国家	城市	成果
2006 年 11 月	澳大利亚	墨尔本	发表《联合公报》，敦促各国政府重新启动贸易谈判，并以增加投资的方式确保未来能源和矿产的安全供应
2007 年 11 月	南非	开普敦	发表《联合公报》，指出全球经济增长放缓的迹象已经十分明显，并讨论世界金融市场稳定、国际货币基金组织及世界银行改革、推动多哈回合谈判进程等问题

附表 3　　2009—2016 年 G20 财金渠道主要议题和成果

时间	主要议题和成果
2008 年 11 月	会议就金融危机产生的原因以及应对措施进行了深入探讨，认为只有采取全球性的措施，才能有效应对金融危机；有必要采取共同行动应对金融危机，强调需要对目前的国际金融体系进行改革；二十国集团是一个具有广泛代表性的机制，在保证全球金融和经济稳定方面具有重要作用，各成员今后将在这一领域进一步加强合作
2009 年 3 月	发表《联合公报》，确认了全球经济和金融市场现状正在改善的事实；各国仍需继续刺激经济，全球的经济刺激措施在效果上来说尚未完全显现，呼吁全球金融行业进行包括降低金融衍生品杠杆率在内的多项调整，同意建立一个更强大国际金融体系
2009 年 9 月	会议讨论了当前宏观经济形势、可持续和平衡增长框架、国际金融体系改革、国际金融机构作用和有效性以及气候变化融资等议题。决定启动新的框架计划，并制定相应的时间表，对各国政策是否能够实现共同制定的目标提供评估，有关的评估将由包括国际货币基金组织、世界银行等国际金融机构协助完成；发表《联合公报》，称各国将继续保持经济刺激措施，直到全球经济复苏得到确认；各国财长同意采取共同行动，制定金融业监管制度；还承诺采取行动以应对全球气候变化
2010 年 10 月	发表《联合公报》，强调发达经济体，包括国际储备货币发行经济体，应警惕国际汇率剧烈波动，应采取措施缓解“热钱”投机风险；建立以市场为导向的汇率体制，并强调汇率应反映经济基本面；加强 G20 成员“相互评议程序”，引入 IMF 进行评估；提高金融机构资本金充足率，加强对系统重要性金融机构的监管，解决“大到不能倒”的问题，加强对场外金融衍生品交易的监管，以及解决“热钱”投机；重申反对贸易保护主义、实现联合国千年发展目标和促进中小企业融资等共识
2011 年 2 月	主要围绕确立经济失衡指标、改革国际货币体系、抑制原材料价格过度波动、建立全球金融监管、帮助发展中国家建设基础设施和为防止气候变化提供创新基金这五大议题展开讨论。会议同意选取一揽子指标来衡量过度外部失衡，经过充分讨论，确定财政赤字和政府债务，私人储蓄率和私人债务，贸易账户和净投资收益与转移账户为衡量指标；同意共同推进国际货币体系改革，加强全球流动性管理，减少国际储备货币汇率的过度波动和资本无序流动，增强防范和应对金融冲击的能力；同意就抑制大宗商品价格过度波动问题加强协调，特别是增加对发展中国家的农业投资，切实保证粮食安全；承诺将在落实金融监管改革方案以及首尔发展共识等方面继续加强合作

续表

时间	主要议题和成果
2012 年 2 月	讨论了全球经济形势、强化国际金融框架等议题，发布《联合公报》，强调要认真落实戛纳行动计划，并将加强对各国在财政、金融、货币和汇率政策、结构改革、贸易和发展等方面政策承诺落实情况的监督；强调各方对本国政策措施进行更新的基础上研究制定洛斯卡沃斯行动计划；呼吁尽快落实 2010 年份额改革，以确保 IMF 具备充足的资源；欧元区则应加强防火墙建设，加快结构改革；强调继续推动金融部门改革，加强对改革承诺落实情况的监督，并促进普惠金融的发展
2013 年 2 月	讨论了当前全球经济形势、G20“强劲、可持续、平衡增长框架”、国际金融架构改革、金融部门改革以及长期投资融资等议题，为促进全球经济复苏，发达国家应加强财政整顿，确保中期财政可持续性，同时关注持续的宽松货币政策带来的负面效应；欧元区应进一步夯实经济和货币联盟的基础，包括尽快建立银行业联盟，减少金融分割，继续强化银行的资产负债表；各国都应加快推进结构改革，提振经济增长前景并创造就业机会。会议要求加快 IMF 份额和治理改革，确保在 2014 年 1 月前完成份额总检查；强调要加强公共债务管理；推动 IMF 与区域融资安排之间加强互补合作；开展促进长期投资融资相关研究；继续推动金融部门改革，以及促进普惠金融的发展
2014 年 9 月	讨论了当前全球经济形势、G20 全面增长战略、长期投资、金融监管改革以及国际税收合作等议题。发表公报，鼓励 G20 各国继续采取更多政策措施，以实现到 2018 年使 G20 整体 GDP 规模额外增长 2% 以上；强调基础设施投资对扩大需求和促进经济增长的重要性，并就全球基础设施倡议达成共识，同意在 11 月布里斯班峰会期间由领导人宣布该倡议的实施方案。会议承诺于 2015 年完成 G20/OECD 为期两年的应对税基侵蚀和利润转移行动计划，核准了基于互惠原则的税收情报自动交换全球标准，并明确将在 2017 年或 2018 年底前，根据本国立法程序完成情况，在 G20 成员间以及与其他国家之间启动实施税收情报自动交换。会议审议了金融监管改革进展，为全球系统重要性银行设定了更高的资本充足率标准，要求各国金融监管当局进一步推进落实场外衍生品改革，要求金融稳定理事会在布里斯班峰会前全面完成影子银行监管框架的核心要素。会议还强调将继续把 IMF 份额和治理改革作为 G20 的关键优先议题，并敦促美国在今年年底前核准 2010 年 IMF 改革方案
2015 年 11 月	会议议题集中以下三个方面：坚定落实 G20 已有承诺、促进投资增强增长动力、提高行动的包容性以确保共享增长红利。会议形成如下主要成果：与会各方从加强经济复苏和提升潜力、增强抗风险能力、支持可持续性三方面着手为世界经济的稳步增长开具药方。为加强经济复苏，各方将以合作的方式实施稳健的宏观经济政策，谨慎调整各项政策行动并保持沟通，特别是在主要货币政策和其他政策决定等方面，以减少不确定性，使负面溢出效应最小化。各方还同意把创造就业、促进投资、协助中小企业参与全球价值链、推动贸易便利化等作为促进经济复苏的主要手段。为提高金融体系的抗风险能力，与会各方敲定了全球系统重要性银行总损失吸收能力的共同国际标准。峰会还核准了《二十国集团/经合组织税基侵蚀和利润转移项目行动计划》，以打击跨境逃避税，并在全球范围内实现公平、现代化的国际税收体系

续表

时间	主要议题和成果
2016 年 9 月	就全球经济形势、“强劲、可持续和平衡增长框架”、投资和基础设施、国际金融架构、金融部门改革、国际税收合作、绿色金融、气候资金、反恐融资等议题进行讨论。最终，财金渠道形成以下主要成果和共识：在“创新”方面，强调创新增长方式，特别是通过深化结构性改革提高全要素生产率和潜在增长率，为全球经济的中长期增长提供持久动能。G20 在加强结构性改革“顶层设计”方面取得里程碑式的成果，明确了结构性改革的 9 大优先领域和 48 项指导原则，并制定了一套衡量结构性改革进展和成效的指标体系。这在 G20 历史上是第一次，体现了标本兼治促增长的理念。在“活力”方面，通过加强 G20 宏观经济政策协调保持经济活力，首次提出了综合运用包括货币、财政、结构性改革措施促进增长、稳定信心。通过完善全球经济治理释放经济活力，包括推动世界银行和国际货币基金组织改革、建立应对税基侵蚀和利润转移（BEPS）包容性框架、进一步推进国际金融监管、督促发达国家落实气候资金承诺、完善主权债务重组机制和全球金融安全网，为提高全球经济的活力和可持续性提供制度性保障。在“联动”方面，推动 G20 树立利益共同体意识，加强各国经济的良性密切互动，以合作应对挑战。特别是结合“一带一路”战略，推动多边开发银行扩大基础设施投资，提出了《全球基础设施互联互通联盟倡议》，积极寻求全球主要经济体在基础设施互联互通上的“最大利益集合”，提升全球基础设施互联互通水平，打造促进信息沟通、机制协调、项目合作的新平台。在“包容”方面，积极引导 G20 各成员高度重视经济增长包容性，特别是推动中小企业发展，通过了《基础设施和中小企业融资工具多元化政策指南》，并推动有效落实《中小企业融资高级别原则》等。将税收促发展作为一项重点议题，推动 G20 国家帮助发展中国家加强税收领域能力建设，增强这些国家动员国内资源促进增长的能力

附表 4　　历届 G20 峰会的主要成果

时间	国家	城市	主要成果
2008 年 11 月	美国	华盛顿	采取广泛而必要的措施应对经济危机；稳定金融市场
2009 年 4 月	英国	伦敦	增强 IMF 和世行等多边开发机构的资金实力；继续联手进行财政刺激；成立金融稳定理事会
2009 年 9 月	美国	匹兹堡	继续实施刺激政策直至经济复苏得到明显巩固；对世行和 IMF 投票权进行改革
2010 年 6 月	加拿大	多伦多	确保全面经济复苏和高质量的就业增长；控制赤字和债务规模；加强银行业监管
2011 年 11 月	法国	戛纳	全力应对欧债危机；通力协作以提振增长，创造就业；改革国际货币体系，是 SDR 更具代表性
2012 年 6 月	墨西哥	洛斯卡沃斯	妥善应对欧债危机，维护欧元区的完整与稳定；货币政策需继续支持经济复苏；构建更具弹性的金融体系

续表

时间	国家	城市	主要成果
2013 年 7 月	俄罗斯	圣彼得堡	继续通过扩大投资提振增长，改善长期投资；尽快落实 2010 年 IMF 份额改革方案
2014 年 11 月	澳大利亚	布里斯班	未来五年内使 G20 整体 GDP 额外增长 2%；提出全球基础设施倡议，建立全球基础设施中心；增强全球经济韧性
2015 年 11 月	土耳其	安塔利亚	采取共同行动，以实现包容和稳健增长，增加人民福祉；推动更多、更高质量就业；为中小企业提供支持；共同打击恐怖主义，应对难民危机
2016 年 9 月	中国	杭州	制定创新增长蓝图；制定落实 2030 年可持续发展议程行动计划；制定全球贸易增长战略和全球投资政策指导原则；综合运用包括货币、财政、结构性改革政策；制定结构性改革优先领域、指导原则和指标体系

（G20 课题组）

后记

国际财经中心（以下简称“中心”）是财政部国际财经智库，主要负责国际财经问题研究和国际财经交流等工作。本书收录了中心2016年部分研究成果，包括54篇研究报告。

财政部领导高度重视国际重大财经问题的研究，对中心研究工作给予了大力支持，要求中心充分利用国际、国内两种资源，从战略高度、以长远眼光把握国际财经大势，全面/准确理解中国经济新常态，围绕财政中心工作扩展研究的深度和广度，增强研究的战略性和前瞻性，为深化国内财税改革建言献策，为拓宽国际财经交流渠道添加动力，更好地服务国家政治、经济、外交大局。

财政部史耀斌副部长长期关心和指导中心的研究工作，中心周强武主任具体组织开展研究。同时，财政部国际财金合作司陈诗新司长、国际经济关系司刘健司长、北京国家会计学院秦荣生院长、上海国家会计学院李扣庆院长等对中心研究工作提出了许多宝贵意见。

中心陈茜、周波、胡振虎、陈立宏、帅扬、宋馨、董杨、乔慧、彭慧、陈霞、王虎、于晓、李明慧、贾静航、燕晓春、郭昊、陈艳等同志参与了课题研究和校对整理工作。在本书的汇编过程中，中国财政经济出版社做了大量、细致的工作，在此一并感谢。

编者

2017年8月